GABRIEL MARCEL – MAX PICARD

Correspondance

1947-1965

Présence de Gabriel Marcel, 21 rue de Tournon, 75006 PARIS
http://www.gabriel-marcel.com

www.librairieharmattan.com
diffusion.harmattan@wanadoo.fr
harmattan1@wanadoo.fr

ISBN : 2-296-01991-9
EAN : 9782296019911

GABRIEL MARCEL – MAX PICARD

Correspondance

1947-1965

Introduction de Xavier TILLIETTE

Texte établi par Anne Marcel et Michaël Picard

L'Harmattan
5-7, rue de l'École-Polytechnique ; 75005 Paris
FRANCE

L'Harmattan Hongrie
Könyvesbolt
Kossuth L. u. 14-16
1053 Budapest

Espace L'Harmattan Kinshasa
Fac..des Sc. Sociales, Pol. et
Adm. ; BP243, KIN XI
Université de Kinshasa – RDC

L'Harmattan Italia
Via Degli Artisti, 15
10124 Torino
ITALIE

L'Harmattan Burkina Faso
1200 logements villa 96
12B2260
Ouagadougou 12

Ouverture philosophique

Collection dirigée par Dominique Chateau, Agnès Lontrade et Bruno Péquignot

Une collection d'ouvrages qui se propose d'accueillir des travaux originaux sans exclusive d'écoles ou de thématiques.

Il s'agit de favoriser la confrontation de recherches et des réflexions qu'elles soient le fait de philosophes "professionnels" ou non. On n'y confondra donc pas la philosophie avec une discipline académique ; elle est réputée être le fait de tous ceux qu'habite la passion de penser, qu'ils soient professeurs de philosophie, spécialistes des sciences humaines, sociales ou naturelles, ou… polisseurs de verres de lunettes astronomiques.

Déjà parus

Jean C. BAUDET, *Une philosophie de la poésie*, 2006
Gaëll GUIBERT, *Félix Ravaisson,* 2006.
Frédéric STREICHER, *La phénoménologie cosmologique de Marc Richir et la question du sublime,* 2006.
André AUGÉ, *Mille et une pensées d'Alain*, 2006.
Marc DURAND, *Trois lectures du* Phédon *de Platon*, 2006.
Micheline et Vincent BOUNOURE, *Légendaire Mélanésien*, 2006.
Eustache Roger Koffi ADANHOUNMÉ, *L'utopie des inventions démocratiques,* 2006.
Nadia BOCCARA, *David Hume et le bon usage des passions,* 2006.
Alain TORNAY, *Emmanuel Lévinas, philosophie de l'Autre ou philosophie du Moi ?*, 2006.
Nadine ABOU ZAKI, *Introduction aux épîtres de la sagesse*, 2006.
Lambert NIEME, *Pour une éthique de la visibilité dans l'invisible*, 2006.
Michel DIAS, *Hannah Arendt. Culture et politique*, 2006.
Alain PANERO, *Corps, cerveau et esprit chez Bergson*, 2006.
Michel JORIS, *Nietzsche et le soufisme : proximités gnostico-hermétiques*, 2006.
Miguel ESPINOZA, *Théorie du déterminisme causal,* 2006.
Christian FROIDEFOND, *Ménon et Théétète*, 2006.

SOMMAIRE

UNE AMITIÉ EXEMPLAIRE

Xavier Tilliette

Schopenhauer n'était pas l'homme de sa philosophie, Max Scheler non plus et sans doute pas Heidegger. Au contraire, Gabriel Marcel. Ceux qui l'ont approché fût-ce brièvement, savent combien il était sensible à l'amitié, vulnérable, compatissant. Si une vie eût mérité pour titre « Les Grandes Amitiés », plus encore que l'autobiographie de Jacques et Raïssa Maritain, c'est bien la vie de Gabriel Marcel. J'en ai naguère donné un échantillon à propos de la correspondance avec le Père Gaston Fessard[1]. Mais si à la rigueur les amis de nos amis sont nos amis, les amitiés sont quand même par essence incomparables. Celle de G. Marcel et de Max Picard a des traits fortement personnalisés, c'est une dyade pure, ombrageuse, recluse hors de l'humanité à peine ouverte sur une petite communauté, et seulement de proche en proche. Elle montre qu'une intersubjectivité peut être vécue, intensément vécue, sans détriment et même dans une promotion des singularités.

Le courrier appartient à la dernière partie de la vie des deux penseurs, mais très vite il s'établit sur un plan d'intimité. Bien qu'ils se soient connus tard, ils ont eu le sentiment d'une prédestination : mon ami a priori, dit Max Picard dans la dédicace manuscrite du Monde du Silence. Il faut pourtant deviner beaucoup pour saisir la nuance de cette amitié. Car l'échange est dans une certaine mesure inégal. Le plus souvent G. Marcel écrit ou dicte à la hâte, il est l'homme pressé, le philosophe itinérant, l'éternel voyageur, allant d'une conférence à l'autre, courant les représentations de ses pièces. Max Picard, petit vieillard tôt chenu, est sédentaire, casanier, presque un troglodyte. De sorte que les deux amis jouent la fable des deux pigeons, et le pigeon resté au logis ne se prive pas de remontrances. G. Marcel, un peu las d'être morigéné, se rebiffe devant le grief réitéré de dispersion, d'éparpillement. Il explique franchement qu'il a besoin des honoraires pour boucler son

---

[1] Gabriel Marcel-Gaston Fessard. Correspondance. Présenté et annoté par H. de Lubac, Marie Rougié et Michel Sales. Beauchesne, 1985.

budget. Vater Picard - comme l'appelle affectueusement Hans Hasmussen par analogie avec Vater Arndt ou Vater Jahn - met alors une sourdine à ses reproches.

L'amitié de M. Picard est impulsive, sélective, attentive, mais dépourvue d'exigences et de donnant donnant. A la limite il répéterait avec l'héroïne de Wilhelm Meister : si je t'aime, que t'importe ? L'amitié ne cherche pas à être payée de retour, elle est un don, une grâce. Si néanmoins elle a besoin de signes et de présence, ils sont aussi de purs dons, des actes gracieux. La rencontre a lieu hors des chemins tracés, au Monomotapa. Par contre, chez Marcel, l'amitié est sertie dans un réseau affectif, fait de tendresse et d'anxiété pour *les siens* (*les miens*), les êtres chers, presque un pluriel collectif (si ce mot n'avait une consonance inquiétante), qui englobe les vivants et les morts. Les affections, toujours électives et singulières, émaillent une vie sentimentale diversifiée et frémissante. Max Picard, quant à lui, est fondamentalement un solitaire, un « homme de l'époque glaciaire », disait de lui son fils Michael, qui ajoute : la solitude fut son destin, il l'aimait et il en a souffert. Il ne l'a pas cultivée systématiquement, elle était une disposition innée, congénitale. II avait l'impression de tomber chaque jour du ciel « au bout d'un fil » ou d'avoir été déposé par terre évanoui comme Lao-Tsé, d'être un étranger, jusqu'à perdre la connaissance de sa personne. De là son horreur du bruit, de la radio, de la liesse populaire, sa peur du public et de la foule, et même parfois son agoraphobie. Et encore une tristesse foncière - la « prison de la tristesse » - quoique oscillante, il parle du « pendule de la tristesse ». Mais c'est par elle qu'il a accès aux êtres et aux choses. II ignore l'enthousiasme factice, la sympathie universelle. Quelques personnes suffisent, « cinq ou six en tout », qu'il faut aimer afin d'être homme, Dieu n'en demande pas plus, et d'ailleurs un homme ne peut pas en aimer davantage.

Il n'était pas larmoyant, rappelle son fils, mais il était la « voix de la tristesse », celle-ci donne à ses amitiés une qualité singulière, où l'échange et la communication n'ont pas la première place. Max Picard dément l'adage qui veut que tout soit commun entre amis. II ne se livrait pas, il était « muré par lui-même », « fanatiquement concentré sur son monde de pensées ». II est stupéfiant que ses plus proches n'aient rien su de sa conversion au catholicisme, tel le prêtre écrivain alsacien Karl Pfleger, ni du reste de son retour au judaïsme et à peine de son débat intérieur avec l'Église, tel Gabriel Marcel. L'amitié vit d'abord de confiance, non de confidences. Le besoin véhément d'être avec l'ami est besoin d'une présence, qui rompe un moment l'intraitable solitude. La présence sensible n'est pas en réalité l'occasion de dialoguer, comme on dit, elle n'interrompt pas le soliloque de Max Picard, mais elle apporte le visage, elle suscite ou ravive la confiance, prémices de la donation affective. Une lettre caractéristique du 16 juin 1951 à Karl Pfleger consigne la réaction à la visite d'un ami qui aurait pu être Gabriel Marcel (c'était probablement Benno Reifenberg) :

« Il me tient à cœur, il fait partie du petit nombre d'hommes qui me sont proches, c'est-à-dire dont la bonté et la sagesse m'ont attiré à eux ; ce fut un événement tout passif ; où je remarquai, justement parce que j'étais attiré, que *j'existe.* Attrahor, ergo sum, je suis attiré, donc je suis - le contraire de Descartes. Cher ami, avec vous ç'a été la même chose ».

La formule rappelle Franz Baader, lui aussi « homme sidérique » (homo dominatur astris). Il y a un destin, une fatalité, dans l'amitié comme dans l'amour. De par sa déréliction même, Max Picard se sent exister en face d'autrui, ce qui ne signifie nullement une fusion, mais une extroversion, l'attirance de l'autre pour lui-même, auquel on ne demande rien que d'être là.

Avec G. Marcel également ce fut l'expérience d'une eccéité. Plus heureux que Diogène, Max Picard a rencontré « un homme véritable », un « grand homme isolé ». La proximité philosophique n'a pas joué un rôle prépondérant. Max Picard, puisque c'est lui qui se livre le plus dans ce courrier et qui en est pour ainsi dire le sujet, le pivot - sans pourtant que Marcel soit satellisé -, a reçu l'image d'un homme de bien « comme une irruption pure » : l'existence de Gabriel Marcel « consolide les choses » et les « fait parler » ; c'est de lui que Picard dit qu'un « vrai visage d'homme change tout » ; ses lettres, ses pensées, sa « sagesse souriante » sont « la meilleure médecine » ; il a le don de « créer l'union des âmes », il lui est « nécessaire », il « fait du bien dans le gouffre des hommes », il agit comme par magie, car il est « l'esprit agissant », une « existence transparente », un « auteur originel », etc., toute une litanie d'éloges. Le contact de

Marcel assainit et purifie l'entourage, comme un radium il répand la vertu et la bonté.

Le dithyrambe ne laisse pas d'émouvoir le philosophe français : « je sens un lien qui m'unit à vous comme à peu d'êtres visibles ». Sa tendresse inquiète n'attend que l'occasion pour frémir. Dès que l'ami est affligé ou insomniaque ou malade, la sollicitude s'éveille. L'émoi d'une récente visite, qui l'a conduit au bord des larmes, lui fait adresser au Herzensfreund une effusion de remerciements, il l'« embrasse avec une tendresse presque douloureuse ». Nous sommes en juin 1960, l'amitié est au zénith. Ils ne se reverront plus, mais « un ami vit toujours dans mon âme », dit Max Picard, et le courrier maintient les liens. La mort de l'écrivain tessinois, en 1965, eut ce caractère inattendu qui avive les regrets du survivant.

C'est que leur histoire est un peu l'histoire de leurs rendez-vous manqués. Que de désistements de dernière heure ! A la présence tant désirée et à l'occasion enfuie ils suppléent par le courrier, par l'envoi de livres, et, de la part de Max Picard, de petits cadeaux dont on dit qu'ils entretiennent l'amitié. Avec la générosité des pauvres, alors que les restrictions sévissent encore en France, il prend l'habitude d'expédier de Neggio du café, de petites douceurs suisses, « cornets » de Solari, bonbons Lindt, pralinés, chocolats, en particulier le fameux chocolat Lindor. « Symbolique de quelque chose de précieux entre nous », écrit Marcel de sa friandise préférée, car le frugal philosophe n'était pas insensible à ces gâteries ; peut-être a-t-il moins goûté le conseil médical (Picard était médecin) d'absorber de l'huile de foie de morue comme fortifiant ! Un autre rite propre à Max Picard est la distribution de sa photographie. Peu suspect de narcissisme, le philosophe du visage qui affirme ne pas aimer l'image de ses amis, n'est guère avare de la sienne puisqu'il adresse à G. Marcel ses photographies de bébé à l'âge de six mois, à l'âge de neuf mois, d'enfant, puis de garçonnet de douze ans : cette dernière effigie a retenu l'attention du destinataire, qui « aime beaucoup ce visage de petit garçon, où (il le) trouve déjà tout entier ».

II n'y eut jamais entre eux de brouille ni de malentendu, tout au plus quelques dissentiments. L'algarade de Max Picard au sujet du Réarmement Moral, des Rencontres de Caux et de leur promoteur Frank Buchman, dont Gabriel Marcel s'était entiché, est pittoresque, assaisonnée de verve cruelle. Décontenancé, G. Marcel tient tête et se défend, il estime que son ami est « trop prophète ». « C'est mon défaut de ne jamais me tromper », rétorque Picard sans sourciller, apaisé mais non convaincu. Il en administre une preuve a contrario en politique, où il se montre infaillible dans l'erreur : ses prévisions, ses pronostics, ses jugements, sur la guerre froide, sur la future guerre, la Russie, les États-Unis, Pie XII, Adenauer, de Gaulle, etc. tombent régulièrement à côté. L'assurance tranchante, tout d'une pièce, fait partie du personnage. Une autre pomme de discorde est, on l'a vu, Gabriel Marcel globe-trotter. Une divergence encore s'amorçait probablement sur l'Église, le Pape, le Vatican ; elle eût pu se creuser vertigineusement si Max Picard, secret dans la proximité même, n'avait pas tu ses doutes les plus graves.

Le courrier est assurément dominé par la personnalité peu banale de Max Picard, bien qu'elle se chauffe au soleil de G. Marcel. Le mimétisme n'intervient pas. Nous n'avons pas affaire à des âmes jumelles, à Castor et Pollux, Nisus et Euryale, en dépit des similitudes d'âge, de veuvage, de pensée, d'occupation. Chacun garde son identité, sa physionomie. A l'encontre de sa philosophie exotérique, G. Marcel incline à la nomenclature, au compte rendu, il fournit des informations, des renseignements, selon la pratique du tiers - que rompt de loin en loin une bouffée sentimentale, un élan anxieux. Picard vaticine, émet des diagnostics, brandit l'anathème. En face de lui son interlocuteur, qui savait être mordant parfois, apparaît comme un ange Gabriel de douceur et de bienveillance. Il leur arrive à tous deux d'être déprimés, mais G. Marcel rebondit très vite, alors que M. Picard s'enfonce dans la taciturnité ; il succombe à la mélancolie, il est victime d'insomnies pénibles. Si bien que l'identité de pensée et le *Mitschwingen* dont s'enchante G. Marcel subit des décalages, connaît de sérieux passages à vide. De cette inégalité leur échange n'est d'ailleurs pas sans retirer un bénéfice, une marque d'humanité.

A leur propos G. Marcel a suggéré l'idée de réceptivité créatrice. En ce qui lui appartient, la vision catastrophique d'un monde menacé, profané, à la veille de s'engloutir, a pu déteindre sur lui, peut-être même accueille-t-il avec quelque crédulité les élucubrations historiques emportées par le vent. L'amer constat des *Hommes contre l'humain* est dédié à Max Picard. Également l'attention aux choses et à la Nature, l'anticipation et comme la préformation ontologiques des événements et des réalités - « les choses réelles qui n'arrivent pas » -, la précession et l'imminence d'une métahistoire, ont pu déterminer ou du moins influer sur l'antisubjectivisme déjà très avancé de G. Marcel. Mais ce qui chez l'auteur de *L'Homme de néant* et de la *Fuite devant Dieu* est jeté en fragments et visions est soumis par Marcel aux mesures d'une réflexion qui, pour être impétueuse, n'en est pas moins rigoureuse.

L'affinité prévalait et, comme on dit, ils avaient tout pour s'entendre. Ils appartenaient à l'espèce philosophique devenue rare des non-professeurs. Ils étaient de grands marcheurs, des promeneurs infatigables (G. Marcel avant son accident en 1953) et, malgré l'itinérance, enracinés dans un univers solidement fondé, le « monde indestructible ». Le veuvage a façonné leur *Schicksalsgemeinschaft.* Le courrier est pudique, mais le fantôme voilé d'Eurydice le hante par endroits, aux anniversaires surtout ou à l'occasion d'autres deuils. Les moments les plus émouvants de cette correspondance sont les signaux de détresse que les deux amis s'adressent du fond de leur chagrin transmué en mémoire. Si bien qu'entrecroisé avec la relation amicale, le souvenir des disparues réfléchit sa double lumière dans leurs deux esprits, ces miroirs fraternels. A peine si l'on entrevoit ou devine leurs traits : c'est le Noli me tangere de l'amour par-delà la mort, le mythe d'Orphée au cœur de l'existence de Max Picard comme de Gabriel Marcel. Le premier soulève peu à peu seulement un pan du mystère, assez pour faire pressentir ce que fut l'intensité de l'union. Écoutons-le évoquer celle dont l'absence a dépeuplé le monde :

« Je suis comme vous, en ces semaines proches de l'anniversaire de la mort de ma femme, c'est la tristesse. Je ne comprends pas les gens qui disent que le temps guérit. Plus le temps passe, plus s'agrandit la place où l'être qu'on aimait n'est plus, le vide est d'autant plus grand que le passé s'étend davantage. Chaque jour la place est plus vide... La brèche dans le temps se creuse, le vide s'accroît. Et pourtant... nous avons toujours un sentiment de présence... Maintenant l'être que nous aimons est protégé, intact, non plus par l'effet de l'amour mais par l'effet de la mort : l'amour et la mort ici se rejoignent ».

Donc le travail du deuil n'a pas eu lieu... Ces mots trouvent en Marcel « l'écho le plus intime ». Puis l'anniversaire exact (21 janvier 1957) de la mort de Mme Picard entraîne l'aveu suivant : « Il ne passe pas de jour sans qu'à la poste du matin je n'attende une lettre de ma femme, rien n'arrive et je sais que rien ne peut arriver, mais quand même j'attends ». La mort de son ami Hausenstein provoque la confidence que jadis, sous le coup, il était resté deux ans prostré : « Je souffrais si fort que c'est tout juste si je me hasardais hors de mon lit, je craignais de tomber dans le vide... » II continue :

« Rien ne console de la mort de quelqu'un qu'on aime. En face de la mort, les formules des prêtres et tout ce qui vient de l'Église ne font pas le poids, non plus qu'aucune musique, aucune poésie, aucune philosophie, si on ne veut pas se leurrer. La mort de quelqu'un qu'on aime, c'est d'un ordre différent... La mort est un absolu, vis-à-vis de la mort il n'existe pas de « vie antérieure » ou d'« autre vie ». Rien n'existe plus que la mort... C'est le seul cas où le sujet accède à l'absolu, par sa douleur extrême... C'est une grâce que le misérable être subjectif accède pour une fois, en face de la mort, à l'absolu... Et c'est une chose ineffaçable. Mais les gens d'Église enrobent tout cela ».

G. Marcel réplique deux jours plus tard pour corriger un propos inexorable et trop pessimiste. La mort d'autrui n'est pas le gouffre béant : « Je crois profondément qu'une expérience immémoriale et vénérable vient s'inscrire en faux... tous les liens ne sont pas rompus, toute présence n'est pas engloutie dans ce vide béant... ». M. Picard acquiesce d'autant mieux à cette protestation que les morts aimés lancent aux survivants quelques signes furtifs. Sa femme donne l'exemple, mais lui-même s'interdit d'exploiter « des dons médiumniques hors du commun », car « la frontière qui sépare irrévocablement les vivants et les morts » ne doit pas être franchie, ceux-ci nous invitent par leurs messages à les laisser en paix, sinon nous les attirons « dans notre inquiétude et notre tristesse », nous leur communiquons « notre angoisse et notre douleur excessive » qui les déchirent. Et cependant rien ne saurait remplacer la présence.

Cette méditation rilkéenne rencontre de nouveau G. Marcel à l'unisson. Lui-même, doué de perception extrasensorielle, avait promis à Jacqueline de ne pas l'importuner dans l'au-delà, il aurait eu un « sentiment de profanation ». Mais il éprouve constamment sa secrète assistance, sa présence tutélaire. Cet aveu est typique : « je ne puis vivre que si je suis relié ». Au tour de M. Picard d'approuver le beau texte de Présence et Immortalité. Enfin Gabriel Marcel, plus que septuagénaire, gémit sur les maux de l'âge, plus pénibles « quand on n'est plus deux, deux cheminant ensemble vers l'invisible » - « le monde invisible, sans lequel ce monde-ci ne peut plus être supporté ». La pure essence de l'espérance.

C'est le haut moment, celui des cœurs mis à nu, d'une correspondance empreinte de tant d'affection et de franc-parler. Elle ne s'est pas alanguie au cours de vingt années anxieuses, mais ce qui s'y est déposé, c'est moins l'écume des jours qu'un trésor de réflexions et un gisement de sentiments, chacun des interlocuteurs se peignant à vif sans soigner son image, l'un hâtif, primesautier, effusif, endolori, l'autre exigeant, grave et docte, scrutateur, corrosif aussi. C'est pourquoi elle ne laisse que des cendres chaudes, et les feux croisés d'une amitié exemplaire pourraient brûler encore dans nos âmes.

Ce texte a paru en 1989 dans les Actes du Colloque Gabriel Marcel (pp. 258-264) publié par la Bibliothèque Nationale de France, que nous remercions vivement de nous en autoriser la publication.

GABRIEL MARCEL : MAX PICARD OU L'UNIVERSALISME D'UN SOLITAIRE

C'est à peine si la presse française a signalé, l'automne dernier, la mort de Max Picard, survenue dans une clinique des environs de Lugano. Je n'hésite pourtant pas à dire que ce fut là un des penseurs les plus originaux de notre temps. Si l'usage me le permettait, je préférerais dire : les plus originels. Mais il n'y a pas dans notre langue, comme en allemand, de mots qui désignent ce qui peut correspondre spirituellement au jaillissement d'une source.

Je fis sa connaissance il y a une vingtaine d'années. Auparavant je ne savais de lui que ce que j'avais appris par des extraits de la presse suisse, et je comptais me procurer ses œuvres, lorsque je reçus, par l'intermédiaire du peintre Simon Lévy, ami de Jacques Rivière et de Charles Du Bos, la traduction de *Hitler in uns*, publié aux éditions de la Baconnière sous le titre: *L'homme du néant.* Je le dévorai aussitôt et écrivis à l'auteur pour lui faire part de l'impression profonde que me laissait son livre. Il m'invita à aller le voir à Caslano, au bord du lac de Lugano, où il habitait un petit appartement bourré de livres : c'est en juillet 1947 que je me rendis à cette invitation. Il m'attendait à la gare du petit train électrique et je fus aussitôt frappé par l'aspect insolite de ce petit homme, qui semblait d'un autre siècle, et par l'autorité singulière qui se dégageait de sa personne. J'ai tenté ailleurs de fixer la qualité inoubliable de son regard. « Nous n'usons en général de nos sens que d'une façon imparfaite, approximative, en conformité avec les besoins de l'existence commune... mais la qualité distinctive de son regard est d'exclure un relâchement généralement lié à l'accoutumance. On peut dire que son regard est plus indéfectiblement regard qu'aucun autre, il en est de même d'ailleurs de sa parole et chez lui entre regard et parole persiste comme une relation nuptiale presque partout ailleurs méconnue ou dissoute ». C'était un regard qui vous jaugeait et vous pénétrait à la fois. Un regard de clinicien, plutôt que de philosophe. « Mais y a-t-il un regard propre au philosophe ? Mon expérience m'incite à en douter ».

Max Picard est né à Schopfheim, dans le Grand-Duché de Bade, le 5 juin 1888. Ses parents étaient suisses et je ne sais pas pourquoi ils étaient venu se fixer dans ce village situé au bord de la Forêt-Noire. Wilhelm Hausenstein, qui fut un de ses meilleurs amis a eu raison de souligner le fait qu'il est né à proximité du lieu de naissance de ce Johann Peter Hebel, dont il devait se sentir spirituellement si proche.

Max Picard n'a guère parlé de son enfance dans ses livres, et il me semble que dans nos entretiens il n'en fut jamais question. Mais j'ai tout lieu de penser que cette enfance resta toujours en lui, non seulement comme une présence, mais comme une source, et qu'elle demeura comme au cœur de sa maturité elle-même. J'irai jusqu'à dire que cette maturité elle-même, ce sérieux, qui certes n'excluait pas l'humour, furent plutôt d'un enfant que d'un adulte. C'était, dirai-je, comme si la vie n'avait pas formé en lui ce dépôt quelque peu compact que nous appelons l'expérience ; et j'aurai à y revenir, ses affirmations semblent émaner d'une autre source que du donné empirique au nom duquel nous avons coutume de nous prononcer sur telle question de notre compétence. Le mot même de compétence me semble jurer avec l'espèce de savoir intuitif qui éclairait ou aimantait toutes ses paroles.

Il avait d'abord fait des études médicales et fut même assistant dans une clinique de Heidelberg. Il se rendit ensuite à Munich où il exerça sa profession pendant très peu de temps. C'était juste avant la guerre de 1914, mais la médecine telle qu'elle était conçue et pratiquée en Allemagne lui apparut très vite comme grevée d'une hypothèse matérialiste qui allait à l'encontre, se disons pas seulement de ses aspirations, mais des certitudes qui étaient dès cette époque les siennes.

J'ignore la date exacte de son mariage, mais ce qui est sûr c'est que par la suite, la santé délicate de sa femme le contraignit à aller se fixer avec elle dans un pays de soleil, et il fit choix du Tessin, où il devait vraiment prendre racine.

Son livre Le dernier homme, paru en 1914, attira très rapidement l'attention de quelques esprits supérieurs, dont Rainer Maria Rilke. Ce livre, que par la suite il désavoua, et dont il n'autorisa pas la réédition, est déjà comme une anticipation de toute son œuvre ultérieure. C'est, au sens le plus précis du mot, un livre prophétique : je ne prends pas ce terme dans l'acception quelque peu flottante qu'on lui donne lorsqu'on déclare que Péguy, que Claudel, ou, dans un registre bien différent, Simone Weil, sont des prophètes. Je ne veux pas non plus dire qu'il prophétise au sens usuel de ce mot. Mais il apparaît comme établi sur un plan tel qu'il est, faut-il dire, en situation par rapport à Dieu, ce qui lui permet de voir toutes choses dans un éclairage qui n'est pas celui du commun des hommes.

Voici, à titre d'exemple, une traduction approximative des premières lignes du *Dernier homme* :
« Les êtres qui aujourd'hui ont l'apparence d'êtres humains ne sont pas des humains,
Ils ont seulement l'air d'être des hommes,
Ils ne sont pas tenus d'apparaître comme des hommes, ils y sont seulement autorisés,
cela parait en quelque manière n'être plus qu'une permission, qui a donné cette permission ?

Nul ne sait combien de temps cette permission subsistera ». Ici apparaît déjà ce thème, central chez Max Picard, et sur lequel je reviendrai, de l'altération, de la dégradation du visage humain qui est de moins en moins image de Dieu.

Rien, il faut bien se l'avouer, n'est au premier abord plus déconcertant que cette sorte de vaticination qui ne porte pas sur l'avenir, mais se présente plutôt comme un regard qui aurait le pouvoir de transmuer les choses et les êtres regardés. Disons sans ambages que pour des raisons qui apparaîtront plus clairement par la suite, la psychologie est ici non pas dépassée, mais à proprement parler refusée. L'évidence qui est partout présupposée n'est aucunement celle d'un fait de conscience. Je ne pense pas que personne ait été moins introverti que Max Picard. Ce qu'on appelle peut-être improprement le monde extérieur lui était indéfectiblement présent avec tout son poids et tous ses reliefs. Les mots *être dans le monde*, ou plus exactement *être au monde*, qui ont une telle plénitude de signification pour la phénoménologie contemporaine, s'appliquent ici en toute rigueur. Parler d'un rapport ou d'une relation entre sujet et objet, c'est affaiblir et dénaturer ce qui exprime si fortement le mot *présence*. Je ne crois pas me tromper en disant que s'il a donné à ma propre pensée une adhésion aussi complète, c'est qu'il sentait justement que cette pensée était elle-même centrée sur la présence, et cela par opposition à un idéalisme qui, s'il ne la nie pas, tend presque toujours à la dissoudre ou à l'évider.

Mais il faut ajouter, bien entendu, que ce monde lui est présent comme créé, comme création, c'est-à-dire qu'il est rapporté à Dieu - au Dieu des Juifs et des chrétiens. Il me semble qu'on commettrait une grave erreur en disant simplement au Dieu chrétien, sans tenir compte du fait que l'élément juif en tant que tel est toujours resté incorporé à son être.

Chose singulière, je venais d'écrire ces lignes lorsque je reçus une lettre de son fils, Michel Picard, qui m'apprenait que dans les dix dernières années de sa vie il était retourné au judaïsme. Il déplorait d'être devenu catholique et ne voulait plus rien savoir du catholicisme, au point qu'il a interdit que ses obsèques eussent lieu selon le rite catholique. D'après cette lettre, qui constitue un témoignage capital, il semble que l'idée de l'homme comme *Imago Dei*, comme créé par Dieu à son image, ait été vivante en lui avant même qu'il ne se soit converti au catholicisme. Je hasarderai cette conjecture : c'est d'une part par fidélité à cette conviction qu'il a admis l'Incarnation au sens chrétien, mais d'autre part, pour des motifs que nous ne pouvons qu'entrevoir ou soupçonner, il a été conduit, dans ses dernières années, à dissocier l'idée pour lui toujours valable de l'*Imago Dei* et la croyance au Dieu incarné. Nous verrons d'ailleurs plus clairement que l'intuition fondamentale qui est la sienne est en effet difficile à accorder avec les dogmes fondamentaux de l'Église, et ce qui est plutôt singulier c'est qu'il s'en soit aperçu aussi tardivement. Je reconnais sans hésitation que le témoignage direct qu'apporte ici Michel Picard éclaire grandement l'œuvre de son père.

Entre les deux guerres, la vie de Max Picard n'a comporté, me semble-t-il, que peu d'événements extérieurs. Le plus douloureux fut la mort de sa femme, succombant à Montana à la maladie contre laquelle il l'avait aidée à lutter tenacement pendant des années, mais il ne parlait guère de cette épreuve dans nos conversations. Il eut la consolation de voir grandit près de lui son fils Michel auquel il devait être lié, non seulement par une tendresse paternelle normale, mais par la plus confiante amitié.

Sa vie fut ponctuée par quelques voyages en Allemagne, où l'attiraient quelques amis très fidèles, et surtout en Italie : c'était là vraiment la patrie de son cœur. Il aimait la France, mis n'y vint que très rarement, je n'ai jamais compris exactement pourquoi.

Piéton infatigable, il sillonnait sans relâche les sentiers de son cher Tessin. A Caslano, il sortait tous les jours à quatre heures du matin pour faire le tour de la petite presqu'île qui domine l'étranglement du lac, en-deçà de Ponte Tresa.

Le premier de ses livres qui eut du retentissement en France fut *l'Homme du néant.*

Dans la préface, il raconte que, voyageant en Allemagne en 1932, il reçut la visite du chef d'un grand parti politique allemand et que celui-ci lui demanda comment il pouvait se faire que Hitler ait pu recruter un si grand nombre d'adhérents. « Je lui désignai du doigt un illustré qui traînait sur la table et le priai d'y jeter un coup d'œil. Sur la première page s'étalait la photographie d'une danseuse presque nue. Sur la seconde, on voyait un bataillon s'exercer au tir à la mitrailleuse ; un peu plus loin, le savant X, était montré dans son laboratoire, et sur la page suivante était figurée la transformation de la bicyclette depuis le milieu du XIX° siècle. Après quoi, venait la reproduction d'un poème chinois, etc. C'est ainsi, lui dis-je, que l'homme d'aujourd'hui recueille ou ramène à soi les choses du monde extérieur. En un pêle-mêle dépourvu de toute cohérence. Mais c'est la preuve d'un pêle-mêle intérieur. L'homme d'aujourd'hui ne se trouve plus en face des choses données dans leur fixité... C'est un pêle-mêle extérieur qui se meut en direction de son pêle-mêle mental ».

Mais la discontinuité que l'on constate dans un illustré quelconque est peu de chose en regard de celle qui se manifeste à la radio. Celle-ci produit l'incohérence, et ceci revient à dire qu'il n'existe plus de monde extérieur susceptible d'être connu, puisque ce monde lui-même n'est plus que pur désordre, un désordre livré à des êtres qui sont eux-mêmes en proie au désordre intérieur. Un tel dérèglement rend possible le surgissement de n'importe quoi, serait-ce même Adolf Hitler. Max Picard notera que la grande ville est l'expression de cette incohérence, qui devient ici non pas même pierre mais ciment. Le ciel s'éloigne du même coup de la terre, mais hélas ! il est lui-même comme fendu par le vol des avions.

C'est dans cette perspective que Max Picard considérera le phénomène nazi, qui est pour lui l'expression de la déchéance de l'homme. Il est l'accomplissement de ce qu'est l'état d'une humanité réduite à la confusion intérieure. Le nazi ne connaît ni durée, ni repos, il est ou dans l'instant, ou en mouvement. Rien de plus effrayant, à cet égard, qu'un nazi immobile : il est comme une idole dotée d'un pouvoir magique et perturbateur.

Mais tous les thèmes de ce livre seront repris et approfondis dans ce qui m'apparaît aujourd'hui comme l'œuvre maîtresse de Max Picard, le livre qu'il a intitulé *La fuite devant Dieu*. Livre de visionnaire, à coup sûr, et dont l'intuition centrale pourrait peut-être être comparée à celle d'un William Blake. Tout se passe comme s'il avait atteint ici une donnée à ses yeux universelle et éclairante, dont le phénomène nazi ne serait après tout qu'une expression particulièrement voyante et hideuse.

Nous retrouvons ici, mais plus clairement et plus fortement exprimée, cette idée que les choses ont perdu leur solidité, parce qu'elles sont elles-mêmes comme emportées dans le tourbillon. Le monde de la Fuite n'est pas le monde de la nécessité, mais celui du possible et, de ce fait, les paysans, par exemple, qui pendant tant de siècles eurent la lenteur et comme le poids de la terre, sont eux-mêmes entraînés dans la fuite sans même s'en apercevoir, et cela par le fait que tout, maintenant, est quantifié : la qualité est réduite à la quantité.

Je ne sache pas que Max Picard ait beaucoup parlé de la Télévision. Elle ne devait pas être très répandue encore dans son cher Tessin, mais nul n'en a dénoncé par avance avec plus de force l'action maléfique, là où les téléspectateurs ne s'imposent pas à eux-mêmes une discipline rigoureuse. C'est comme si la Télévision était venue remplir un vide. Qu'est-ce donc que ce vide ? Max Picard répondrait sans aucun doute que c'est le vide de Dieu. Mais prenons garde au contenu tout à fait concret de cette phrase, qui pourrait être interprétée en un sens étroitement confessionnel et, par là même, absolument étranger et même contraire à sa pensée. Il n'est pas question de séparer ici Dieu du monde créé par Dieu, on pourrait dire peut-être du monde vu selon l'optique originelle, pour laquelle il n'est rien dans la création elle-même qui n'ait forme, consistance et beauté. C'est ce monde qui semble aujourd'hui perdu, ou mieux vaudrait dire en perdition.

Je serais très tenté, ici encore, de faire un rapprochement avec Heidegger, et de me demander si cette perdition n'est pas, sous certains rapports, comparable à ce que l'auteur de *Sein und Zeit* a appelé l'oubli de l'être. Il est très significatif que l'un et l'autre penseur ait professé une égale dilection pour le conteur et poète déjà nommé que fut Johann Peter Hebel. Mais un autre rapprochement s'impose à coup sûr avec le Rilke des *Élégies de Duino*, très particulièrement de la Neuvième, et de l'admirable lettre à Hulewicz, qui en est le commentaire saisissant. « Pour nos grands-parents, une maison, une fontaine, une tour, un vêtement, un manteau étaient des choses familières et comme des réceptacles dans lesquels ils trouvaient une réserve d'humanité et affrontaient leurs épreuves humaines. Mais voici que nous arrivent en masse d'Amérique des choses vides, indifférentes, des sortes d'attrapes... Une maison de ce pays, ou une pomme, ou une vigne, n'a plus rien de commun avec la maison, le fruit, dans lesquels nos ancêtres avaient fait passer leur espérance et leur sollicitude... Les choses auxquelles s'est incorporée la vie et qui ont été comme les associés de l'homme, déclinent et ne peuvent plus être remplacées. Peut-être sommes-nous les derniers qui auront connu de telles choses. A nous incombe la responsabilité non pas seulement de garder leur souvenir... mais de sauvegarder leur valeur humaine et larique » (Lettres de Muzot, pp. 374-375).

Avec une sorte de fureur prophétique, Max Picard dénonce cette immense dérive dans laquelle l'humanité est comme emportée. Et pourtant les toutes dernières pages de la *Fuite devant Dieu* nous apportent comme une assurance apaisante. Quelle puissance de corruption et d'anéantissement est immanente à la fuite - et pourtant comme cette corruption et cet anéantissement ont été en fait peu de chose, si on les compare à la puissance (Dynamis) qui est ici déchaînée ; cette puissance n'est pas en mesure de faire ce qu'elle veut, car tous les fugitifs rencontrent Dieu, car tout ce qui fuit est Sa propriété, les fugitifs ne pourraient même pas se rassembler s'ils ne portaient pas tous comme le sceau divin. Et Dieu apparaît ici comme le poursuivant qui, d'un instant à l'autre a le pouvoir de les retenir de sa main puissante. Et notre auteur lui-même est comme saisi d'effroi, un effroi lié à l'adoration devant cette image qui s'impose à lui : Dieu au milieu et autour de lui les lunes mortes que sont les fugitifs, toujours attirés par lui, mais sans le connaître.

Si on me demande comment il convient, selon moi, de considérer cette œuvre dont je n'ai pas cherché à signaler la singularité et le caractère délibérément anachronique, je dirai avant tout que c'est à mes yeux un contre-poison.

Il faut bien reconnaître qu'à la suite de Kierkegaard, la plupart des penseurs contemporains et même des théologiens se sont habitués à mettre l'accent le plus fort sur l'angoisse et sur le désespoir. Il est très significatif que maints théologiens, et non pas seulement dans l'Église Réformée, s'inscrivent en faux contre le recours à la notion de religion. Sans doute pour autant que celle-ci traduit une expérience eu une volonté de reliement. La mode, il faut bien dire la mode, car ces pensées sont véhiculées et vulgarisées par la littérature d'avant-garde, est de considérer la condition humaine sous le signe exclusif de la déficience radicale et de la déréliction. Heureusement, il nous a été donné d'écouter les orgues claudéliennes célébrant la grande Octave de la Création. Max Picard est du côté de Claudel, non de celui d'Adamov, bien sûr, et cela bien qu'entre eux il y ait peu de traits communs désignables. Ce qui les rapproche n'est guère conceptualisable. Mais il me paraît important que cette nouvelle herméneutique - pour employer un mot dont on abuse d'ailleurs - ne soit pas à proprement parler placée sous le signe du catholicisme.

Je dirais assez volontiers que l'œuvre de Max Picard apporte une contribution originale à cet œcuménisme de la Vérité ou de la Lumière, par rapport auquel le catholicisme post-conciliaire semble devoir s'ordonner de plus en plus directement. Il n'est pas indifférent de savoir que l'auteur de la *Fuite devant Dieu* a trouvé au Japon un traducteur enthousiaste et des lecteurs fervents: il y a là un témoignage précieux de l'universalité qui palpite au cœur de cette œuvre.

GABRIEL MARCEL
Voir aussi, de Gabriel Marcel :
« Max Picard ou le retour à l'originel ». La Nef, 1948
« Le regard » Hommage pour les 70 ans de Max Picard, Rentsch, 1958.

DIALOGUE DU SILENCE ET DE LA PAROLE, MAX PICARD ET GABRIEL MARCEL

Gabriel Germain

« L'homme dont l'être est encore habité par le silence va du silence au monde extérieur ; le silence est le centre de l'homme »[1]. Qui ne cohabite pas avec le silence, qui n'a point bâti sa maison autour du silence, quel sens vital peut-il découvrir dans cette affirmation de Max Picard ? Tout au plus voudra-t-on lui reconnaître, ainsi détachée, cet intérêt que l'on porte aux aphorismes tronçonnés des Présocratiques, d'autant plus séduisants qu'ils laissent plus à compléter. Serait-ce donc un jeu de l'esprit que de mettre en parallèle l'homme du Tessin, pris dans son propre silence comme un vieux montagnard dans l'ombre de sa vallée, et le philosophe de la communication entre les personnes, de « l'inter-subjectivité » qu'est Gabriel Marcel, deux fois homme de dialogue puisqu'il est aussi auteur dramatique ?

Mais c'est Gabriel Marcel lui-même qui invite à cette confrontation : il a présenté au public français *Le monde du silence* et depuis, plus d'une fois, il a salué au passage dans ses œuvres la pensée de Max Picard[2]. Il n'a pas caché son embarras à la première lecture de ce livre : « Je n'arrivais pas à me persuader que ce silence, dont il est continuellement fait mention avec tant de révérence et de façon si insistante, soit quelque chose de positif, que ce soit plus qu'une absence. Il dit comment il lui a fallu quelques textes de Heidegger pour prendre une conscience plus complète de « la valeur ontologique du langage humain » et pénétrer du même coup, avec Max Picard, dans cette « plénitude du silence » qui confère au langage « sa légitimation »[3].

Gêne compréhensible, mais il vaut la peine de la surmonter. Ce qu'atteint Max Picard, c'est l'articulation de la parole sur le silence, le passage du recueillement à la sortie de l'homme vers l'autre

---

1 Le monde du silence, p. 41. La traduction française, qui date de 1953, est épuisée. Les P.U.F. seraient bien inspirées si elles la rééditaient. Les trois ouvrages de Max Picard rendus en français l'ont été, avec beaucoup de soins, par J.-J. Anstett.

2 Encore dernièrement dans *Pour une sagesse tragique*, p. 221.

3 Pp. XI et XII de la préface au *Monde du silence.*

homme[4]. Au fond : toute la question de la balance à établir entre la vie intérieure et l'action.

***

Pour peu que l'on soit attentif aux remuements de notre âge (ce ne sont pas tous de vrais mouvements vers...) on ne saurait se cacher que « la vie intérieure » est un terme qui indispose certains.

Vie intérieure : tentative d'évasion. Et donc vie coupable, voilà qui va de soi. Je n'entreprendrai pas ici de polémiquer (encore que tout acte de pensée vraiment indépendant devienne, un jour ou l'autre, un acte de guerre contre quelqu'un, quelques-uns ou quelque multitude). Il serait facile de rappeler, avec des mots cruels, qu'il est bien des chemins pour fuir le monde et ses réalités déplaisantes ou tragiques. Les plus fréquentés, à coup sûr, ne sont pas aujourd'hui ceux de la vie intérieure[5].

Max Picard justement, dans La fuite devant Dieu[6], a fait saisir comment l'homme s'effrite, se troue, perd sa continuité et son identité à courir sans repos jusqu'au « bord ultime », à la « situation limite », où il n'est plus que contour, « forme extérieure » et même point « mensonge véritable ». L'homme qui a perdu son « centre » (quel que soit le nom que l'on donne à ce « centre ») est condamné à l'inauthentique ; c'est Epiménide le Crétois, dont on ne peut jamais savoir s'il profère le mensonge ou la vérité.

On ne saurait passer sa vie sur la pointe d'un pied, le corps tendu sur un précipice. Revenir à soi, se rassembler, c'est, qu'on le veuille ou non, un premier pas vers cet intérieur qui n'a jamais abrité les fuyards et les lâches. Il n'est pas un abri. On n'y peut avancer qu'au prix d'épreuves certaines, longuement subies. Qui en doute, c'est qu'il n'a pas pénétré plus loin que certains vestibules encore encombrés de

---

[4] L'homme saisi, respecté, aimé, dans sa valeur de sujet vivant, le « toi » en face de « moi », non pas *l'autre* anonyme, grossière et insultante abstraction.

[5] Ceux de « l'explication » brillante et définitive n'ont pas perdu leur nocivité depuis Péguy : « Un homme qui est si bien doué pour expliquer tout est mûr pour toutes les capitulations. Une capitulation est essentiellement une opération par laquelle on se met à expliquer au lieu d'agir. Et les lâches sont des gens qui regorgent d'explications ». (Ed. Pléiade *Œuvres en prose,* t. I, p. 856).

[6] Je tire les expressions suivantes des pp. 25-26. La traduction française date de 1956.

sonorités et d'images venues de la rue - cinéma volontiers médiocre, sinon détestable.

Le 11 décembre 1932, à un moment où ses écrits ne mentionnent pas encore Max Picard, Gabriel Marcel s'arrête « sur le recueillement » [7]. Il y a là une donnée essentielle et fort peu élaborée, il me semble. Non seulement je suis en mesure d'imposer silence aux voix criardes qui remplissent ordinairement ma conscience - mais ce silence est affecté d'un indice positif. C'est en lui que je puis me ressaisir. Il est en soi un principe de récupération ». « Reprise de contact avec l'être », dit-il plus fortement quelques semaines après[8].

Près de vingt ans plus tard[9], il lui est arrivé de s'arrêter aux rapports de la contemplation (celle d'un paysage, d'une œuvre d'art, de quelque réalité sensible) avec le recueillement. Le contemplateur dans son attitude diffère du simple spectateur d'une manière fondamentale. « La contemplation exclut foncièrement la curiosité ». Elle « n'est possible que pour un être qui a assuré ses prises sur la réalité; elle est au contraire inconcevable pour quelqu'un qui flotte en quelque sorte à la surface du réel »[10]. Mais cette contemplation profonde, qui devient « un mode de participation, et l'un des plus intimes qui soient », présuppose le recueillement. « Contempler, c'est se recueillir en présence de » et cela de telle façon que la réalité en présence de laquelle on se recueille entre de quelque façon dans le recueillement lui-même.

Alors, « un certain coesse se réalise entre le paysage et moi[11]. Ainsi, de même que la contemplation devient créatrice chez l'artiste et le poète, le recueillement s'achève en accroissement de vie. « Se recueillir n'est pas s'abstraire », ni non plus aboutir à une abstraction. Sans quoi « ce serait l'opération, si l'on peut dire contre nature, par laquelle un être se soustrairait à la vie ».

---

[7] Être et avoir, p. 164. « Journal métaphysique ». C'est lui qui souligne « le recueillement ».

[8] Op. cit., p. 192, à la date du 21 février 1933.

[9] Le mystère de l'Être, dont je vais utiliser les pp. 138 à 148 (t. I) repose sur des cours faits en 1949 et 1950.

[10] Voilà qui éclaire, dirai-je dans la marge, un des dangers majeurs de notre temps. Les moyens qui mettent le monde sur nos écrans transforment en pur « spectacle » ses horreurs ou ses merveilles, du moins pour les esprits, si nombreux, qui « flottent à la surface du réel ». Ces « spectateurs » sont entraînés à la curiosité pure et simple, à l'indifférence envers tout sens profond, voire à des complicités sournoises.

[11] De même à propos des paysages japonais dans *Pour* une *sagesse tragique*, p. 171.

Gabriel Marcel, de propos délibéré, s'en tient ici à la contemplation du monde visible. Mais ce qu'il vient de dire peut se transposer et se grandir quand on en vient à la vie des mystiques, de ceux surtout qui se tournent vers un Dieu vivant[12], éprouvé avec ses « qualités » de vivant. Dans la mesure où le contemplatif se sent élevé vers un coesse (sous quelque mode que l'on envisage celui-ci), il se vivifie dans son propre effacement, par l'effet même de son effacement. Au reste il est arrivé à Gabriel Marcel de déplorer que « l'idée antique reprise et approfondie par les Pères de l'Église d'après laquelle la contemplation est l'activité la plus haute soit une idée complètement perdue »[13].

Par l'intermédiaire du recueillement, la contemplation, toute liée qu'elle soit à la vue quand elle se porte sur le monde sensible, communique avec le silence. C'est en se référant explicitement, cette fois, à Max Picard, que Gabriel Marcel écrit : « Il y a lieu de penser que le recueillement est lié à l'acte par lequel le sujet fait silence en lui-même, ce silence n'étant pas du tout une simple absence, mais présentant au contraire une valeur profondément positive. On pourrait dire qu'il est une plénitude qui se rétablit par la résorption ou le refoulement du langage ». Celui-ci (et Gabriel Marcel renvoie alors à Bergson) est « naturellement apte à traduire des rapports spatiaux, des rapports par juxtaposition, ceux-là même qu'exclut l'intériorité »[14].

***

« Le silence est, de manière générale, la base naturelle de l'esprit » reprend de son côté Max Picard[15]. Il contient en lui une « errance lointaine », un quelque chose qui « appartient aux temps qui précédèrent le monde »[16]. « Long est le silence qui, par la longue série des animaux, mène jusqu'à la première parole de l'homme »[17].

---

[12] La contemplation bouddhique demande d'autres interprétations.

[13] *Être et avoir, p, 278.*

[14] Le mystère *de l'Être,* t. I, p. 142. Tout l'art du poète, dirai-je pour réserver ses droits, c'est de tirer de ce langage à juxtaposition un parler par fusion intime.

[15] *Le monde du silence*, p. 20.

[16] P. 10.

[17] Le visage humain, p. 79. Mais il faut spécifier que l'ouvrage présenté en français sous ce titre en 1962 n'est pas *Das Menschen gesicht* (1929), ouvrage le plus connu de Max Picard, mais *Die Grenzen der Physiognomonik* (1937).

C'est encore trop peu de dire qu'il est « un phénomène premier (...) une donnée primaire que l'on ne peut ramener à rien (...) le premier né des phénomènes premiers »[18]. Il faut, pour le rendre dans son vécu, descendre aux images-mères : « Il est couché là comme un animal primitif non point mort, mais vivant. On voit encore le large dos du silence, mais l'animal entier s'enfonce toujours plus dans les broussailles du bruit d'aujourd'hui. On dirait que cet animal s'enfonce peu à peu dans la profondeur de son propre silence. Cependant, tout le bruit d'aujourd'hui paraît n'être parfois que bourdonnement d'insectes sur le large dos de cet animal du silence »[19]. Il prend statut d'« être » mythologique, de monstre numineux, à ranger dans une théogonie germanique. On s'attend à le trouver dans l'Edda - où il manque.

Sous cet aspect épique, il échappe au monde de Gabriel Marcel, que la réflexion ordonne sous une lumière constante. Par la place qu'il occupe au centre de l'homme, comme une « substance » qui empêche « les oppositions (...) de devenir agressives les unes envers les autres », parce que « chacune doit d'abord franchir la vaste et apaisante plaine du silence avant de pouvoir parvenir à une autre » (et ainsi « l'existence de l'homme se joue non pas dans une alternative, à son extrême pointe, mais dans la médiation »)[20] ce Silence, qui mérite la plus puissante des majuscules, fait passer maintenant la réflexion sous un autre ciel, du côté de la Chine. N'apparaît-il pas à la fois comme une figure du Vide taoïste, qui permet au vase de contenir, à la maison d'abriter, et comme une sorte de réplique du Tao lui-même, Voie de l'équilibre universel ? « Le silence a tout en soi ; il n'attend rien ; il est toujours entièrement là et remplit toujours entièrement l'espace où il apparaît »[21]. Et le Tao-te-King : « La Voie est comme un bol vide et que l'usage ne comble ; un sans-fond dont toute chose a tiré son origine. » « Cachée, sans nom, la Voie soutient et accomplit ». « Voie : réservoir secret de toutes choses »[22]. Ce détour n'est pas gratuit. Quelles que soient les différences d'orientation dernière des deux pensées (Max Picard était catholique ; de plus, ceux de ses textes que l'on a traduits ne

[18] Le monde du silence, p. 6.

[19] P. 7.

[20] P. 45.

[21] P. 3.

[22] IV, XLI, LXII, cité dans la traduction de Houang-Kia-Tcheng et Pierre Leyris.

permettent pas de se rendre compte s'il avait médité le Tao), elles reposent l'une et l'autre sur une expérience interne d'une valeur fondamentale pour qui l'a opérée. Il n'est que d'écouter Max Picard comme il convient, c'est-à-dire au sein du silence, pour n'éprouver aucun doute : il exprime, avec la difficulté que nous éprouvons tous en pareils cas, un contact interne avec une réalité au fond de lui-même dont la présence le domine. On ne saurait le comprendre par les purs concepts. Il relève de la lecture poétique. Tous les poètes peuvent reconnaître dans son silence celui dont ils ont une connaissance, exaltante ou déprimante suivant leur nature, dans l'attente qui précède la naissance du poème. Question d'expérience, une deuxième fois.

Le taoïste reconnaît au sein du Vide la toute puissante manifestation du Non-agir. Le poète épie l'éclosion de la parole créatrice. Pour Max Picard « le silence s'accomplit seulement du fait que la parole naît de lui ; c'est seulement par la parole qu'il reçoit sens et dignité. De sauvage, de pré-humain qu'il était, le silence devient, par la parole domestique, humain »[23]. Du non-manifesté au manifesté, de l'indistinct à l'inexprimé, du recueillement à la communication.

***

Nous parvenons ainsi au moment où l'homme affermi dans le silence va se diriger vers le monde et vers son semblable. Il commence par porter sur eux son regard. La considération attentive, la contemplation, supposent toujours un certain temps de recueillement et de silence. Mais le regard pénètre plus profond quand le contemplateur ou l'observateur a pris modèle sur « l'ampleur du silence ». « L'esprit humain ne perçoit pas seulement l'objet tel qu'il est devant lui ; son mouvement le porte au-delà[24]. Il possède en lui-même de quoi avancer davantage. « Mais l'ampleur du silence qui vient de la nature est une exhortation pour l'esprit à être ample. Lorsque le regard de l'homme vient de l'ampleur du silence, il ne demeure pas attaché à ce qui est spécialisé (...). Le silence est, dans l'immanent, l'impulsion grâce à quoi le regard de l'homme peut

[23] *Le monde du silence*, p. 12.

[24] P. 50, comme toutes les citations de ce paragraphe. Ici Max Picard se réfère à Husserl, sans autre précision.

devenir capable d'envelopper toute une chose. Tout un homme, ajouterai-je et c'est encore plus capital. Accueillir son semblable dans l'ampleur et la profondeur d'un regard imprégné de silence, ou au contraire l'effleurer, à peine d'un rayon impersonnel qui se détourne aussitôt pour se porter dans le vide, la différence est celle de l'homme avec la machine.

Un homme très épris de silence, adonné à la spiritualité du silence, me faisait, il y a peu, la remarque suivante : « De nos jours on ne sait plus regarder un interlocuteur ». Je saisis maintenant le lien, qui m'avait échappé tout d'abord entre cette absence de regard et la discontinuité intérieure dont la perte du silence est une des causes. Le regard plein d'attention (et du même coup d'attentions) doit émaner du centre du regardant, entourer le regardé et le placer dans la perspective qui lui donne tout son relief, qui le fait sortir de l'indistinct, du non-vécu. Le silence n'y fait pas tout, mais il habitue en effet à l'attention immobile, toute concentrée sur l'être qui vient à elle. Avant même de l'apercevoir elle était capable de le contenir, pour grand qu'il fût.

Pour ma part, un fois dépassée la jeunesse, je n'ai plus ressenti un regard porté sur moi comme une cause d'« aliénation ». Ou bien, le plus souvent, ce n'est pas un regard qui regarde ; il est mort, et quel souci pourrais-je en concevoir ? Ou bien il vit et me rencontre dans ma qualité de vivant : adversaires ou amis, nous serons d'égal à égal. Le Dhammapada l'a proclamé depuis plus de vingt siècles : « Le vigilant seul est en vie, le négligent est déjà mort ». Précisément, Gabriel Marcel a écrit de Max Picard qu'il était impossible de le rencontrer « sans être immédiatement frappé par la qualité unique de son regard (...). Elle exclut cette sorte de relâchement qui n'est si souvent qu'un autre aspect de l'accoutumance. On peut dire en ce sens que son regard est plus indéfectiblement regard qu'aucun autre, et il en est de même de sa parole, et chez lui, entre le regard et la parole, persiste une relation nuptiale presque partout ailleurs méconnue ou dissoute »[25]. Un vrai « vigilant », on le voit.

Tout naturellement nous voilà ramenés à la parole. Elle a pour effet d'humaniser le silence, mieux encore : de l'accomplir. A la

[25] Dans le recueil collectif *Max Picard, zum siebzigsten Geburtstag* (1958), cité par Jacques Buge, « Max Picard et la sagesse », *Cahiers du Sud,* n° 368 (oct.-nov. 1962), p. 98.

condition qu'elle soit vérité. « Dans le silence, la vérité est passive, elle sommeille en lui ; mais dans la parole, la vérité est éveillée. » La parole « ne reçoit de durée que par la vérité (...) et parce que, par la vérité, la durée pénètre dans la parole, la parole ne passe pas (...). Sans la vérité, la parole serait seulement un brouillard verbal général au-dessus du silence »[26].

Mais qu'est-ce que la parole fondée en vérité ? Elle est manifestation de la vérité en vertu de « la puissance logique qui apparaît dans une proposition » ; « par la structure du langage, la vérité est donnée *antérieurement* à l'homme »[27]. En ce sens, le langage n'est jamais tout à fait adéquat à cette vérité préexistante. Cette part d'ineffable que contient la parole, encore qu'elle suscite chez l'homme de la tristesse[28], est aussi ce qui lui conserve ses attaches avec le silence. Née de lui, elle y retourne pour s'y renouveler. « Dans le silence, la parole retient son souffle et s'emplit à nouveau de vie originelle »[29]. « C'est comme si, derrière le silence, se trouvait la parole absolue vers qui la parole humaine se dirige à travers le silence. C'est comme si la parole humaine était tenue par la parole absolue. Parce que cette dernière est là, la parole humaine ne se dissipe pas dans l'air »[30]. Vérité ? Parole absolue ? Là encore nous n'allons pas nous en tirer par une lecture conceptuelle. Il faut remonter à l'expérience, que connaissent tous ceux qui tentent de créer, au moyen de la parole, une œuvre adéquate à leur exigence intérieure, quand celle-ci est tellement insoutenable qu'il faut essayer de la proférer ou bien mourir. Gabriel Marcel, interprète de Rilke, donnerait ici son assentiment.

A ce compte, la parole authentique n'est pas fréquente, pas plus que l'homme authentique ; peut-être moins : certaines natures closes n'arrivent pas à dire leur être. En revanche, quand la conjonction s'opère entre la parole et l'être, « l'homme cesse d'être simple apparence ; il est là ». Plus fortement, « il émane de la parole une force productrice de réalité présente »[31].

---

26 *Le monde du silence,* p. 15.

27 P. 21.

28 Ailleurs, dans une perspective théologique, Max Picard rattache cette tristesse au péché originel : « l'homme a chu dans la parole, par le fait du péché » (*Le visage humain*, p. 13).

29 *Le monde du silence,* p. 21.

30 P. 25.

31 P. 76-77.

Cet effort de révélation, de percée à travers l'apparence, de venue « là », telle est la condition profonde du dialogue effectif. Dans la vie, mais aussi au théâtre quand on cherche, comme Gabriel Marcel, à y dénoncer l'inauthentique pour tirer au jour ce qu'il y a de vérité dans le cœur humain.

Mais on peut concevoir que deux hommes, aussi sortis que possible de l'apparence, aussi présents l'un et l'autre dans leur « là », mais pressés de s'exprimer, contraints peut-être, par une nécessité interne, parlent l'un à côté de l'autre et non en face. Or la pratique du silence peut rétablir la communication. « Quand deux hommes s'entretiennent, il y a toujours un tiers présent : le silence ; il écoute »[32]. Disons, moins optimistes, qu'il devrait s'y trouver. Rien à faire si celui qui ne parle pas ne consent pas à établir en lui-même le silence ; « écouter est possible seulement si le silence est en l'homme »[33]. Entendons qu'il ne faut pas s'en tenir à l'absence de paroles, qui n'est pas encore le vrai silence ; il faut faire taire en soi sa propre pensée pour accueillir celle d'autrui, se vider de soi-même pour devenir lui. Dure opération.

A propos de la radio que l'auditeur finit par ne plus écouter tout en l'entendant, Max Picard remarquait : « Le mépris le plus profond de la parole, c'est de la laisser parler et de ne pas la prendre pour parole »[34]. Combien plus grand le mépris s'il s'adresse à un homme que l'on rencontre non pour l'entendre, mais seulement pour se faire entendre de lui ! Pourtant, et même sans mauvaise intention, n'est-ce pas le désir de s'affirmer aux dépens d'autrui qui rend si dérisoires, par moments, les colloques où chacun ne pense qu'à fourbir son objection et, s'il pouvait, en frapperait l'orateur avant même que celui-ci ait achevé son propos ?

Ainsi sommes-nous confrontés, toujours à travers le silence, aux exigences de l'accueil bienveillant, de metta pour parler bouddhiste, de l'ahimsa (c'en est une forme), de la caritas - que chacun choisisse le mot qui lui fera le moins peur. A vrai dire, la réalité que ces termes recouvrent est assez redoutable si l'on a le souci de l'introduire dans la vie. L'« amour révérenciel du créé » selon la forte expression de Gabriel Marcel[35], suppose l'oubli de soi, l'humilité, le

---

[32] P. 9.

[33] P. 164.

[34] P. 164.

[35] *Homo viator*, p. 341.

sens du sacré, l'imagination qui doit se mettre à la place d'autrui[36], toutes dispositions qui sont des vertus au sens le plus fort du terme. Non pas seulement des vertus « pratiques » (oui, même l'imagination), mais des exigences fondamentales pour un exercice complet de l'intelligence.

« Une expérience philosophique qui n'est pas capable d'accueillir pour la comprendre (...) une expérience autre qu'elle-même doit être regardée comme négligeable ». A cette pensée de Gabriel Marcel[37], juxtaposons celle-ci qui résume une de ses inspirations les plus permanentes : « L'existence ou, si vous voulez, le sujet existant, ne peut être effectivement pensé que là où on lui donne la parole »[38]. Nous arrivons au point où l'exigence métaphysique ne fait plus qu'un avec la revendication humaine la plus sacrée : le droit à être écouté avant d'être jugé[39], c'est-à-dire le droit de se voir reconnu pour un vrai vivant, un vivant à vie entière. Droit pour la ligne de pensée[40] comme pour l'individu.

Du silence pour accueillir à la parole pour « reconnaître », pour révérer s'il le faut[41] : toujours le même mouvement qui sort du premier pour prendre forme par la vertu de la seconde. C'est une vérité d'expérience que « dans l'amour, il y a plus de silence que de parole », comme le dit Max Picard de l'amour des amants[42] ; et combien plus vrai encore de l'amour divin[43]. Mais ce qui est vrai de

---

[36] « La réflexion ne peut pas s'exercer là où l'imagination fait défaut (...) il n'y a pas de charité, *d'agapè* digne de ce nom sans imagination. » *Pour une sagesse tragique*, p. 195.

[37] Op. cit., p. 23.

[38] *Entretiens*, p. 53.

[39] Quand on remonte aux civilisations antiques, on constate que les premières revendications populaires portent sur la justice avant même la liberté : le droit de connaître la loi, de la voir publiée, d'en discuter l'application à l'affaire en cause.

[40] L'expérience philosophique appelle l'idée de « ligne de pensée » plutôt que de système. On sait l'aversion de Gabriel Marcel pour l'esprit de système.

[41] Tandis que j'écris cet article me tombe sous les yeux la remarque suivante, inspirée par la Règle monastique de saint Augustin : « Le silence (...) n'est pas considéré comme recueillement personnel, mais comme respect de la personne d'autrui. Dans la perspective augustinienne, il ne doit jamais étouffer la communication, car elle est le but de tout le reste. » T. VAN Bavel,, o.s.a., dans *La vie spirituelle*, nov. 1969, p. 480.

[42] *Le monde du silence*, p. 69.

[43] « La parole de Dieu est silence qui se donne, qui se donne à l'homme » (p. 183).

l'éros, on peut le transposer aux relations humaines fondées sur l'agapè[44]. « C'est seulement la parole qui donne à l'amour délimitation et netteté (...) C'est seulement par la parole que l'amour devient concret, c'est seulement la parole qui l'établit sur la vérité ; c'est par elle seule qu'il devient amour de l'être humain »[45]. De même que son libre exercice a sacré « sujet » l'homme qui parle et que l'on écoute, quand elle vient de celui qui répond elle conduit et astreint au réel un élan de l'âme qui, autrement, est exposé à se perdre dans l'illimité. Aimer on ne sait qui : n'aimer personne.

***

Donner et recevoir, c'est l'amour, c'est la création. « L'être le plus authentiquement réceptif, dit Gabriel Marcel, est en même temps le plus essentiellement créateur »[46]. Ce qu'il dit là d'une lettre de Rilke, où il admire « une patience suprême, une suprême humilité en face de l'éternel », c'est une pensée qui se vérifie à propos de toute création réellement créatrice. Seuls les êtres sans « nature », singes des autres ou d'eux-mêmes (les pires, ces derniers) multiplient sans humilité ni patience les livres, les toiles, les paroles, les « manifestations » de tout genre, celles qui ne tirent à la lumière rien d'irremplaçable. Ils ne savent pas mourir et renaître dans une traversée du silence. Ils ignorent cette épreuve du genre initiatique, mais qui ne confère pas une fois pour toutes le don sacré ; il faut la renouveler avant toute profération ou tout geste qui engagent. Max Picard en résume ainsi le sens : « Dans le silence, l'homme n'est comme plus là, mais avec la première parole il renaît (...) Par là, l'acte de l'élément créateur est incorporé à la structure fondamentale de l'homme. L'élément créateur pénètre ainsi l'homme ; il n'est donc point chose singulière en lui, mais chose allant de soi »[47].

C'est quand elle va de soi que la création n'avorte pas. Si, de notre temps, quelques-uns des philosophes les plus purs aiment à étudier l'élan créateur chez le poète[48] et si mon goût, ma vie, me

---

[44] Que l'on se rappelle, à propos de l'amitié profonde, le beau texte de Péguy sur ses Promenades en silence aux côtés de Daniel Halévy (Ed. Pléiade, *Oeuvres en prose,* t. II, p. 662, *Solvuntur objecta).* Max Picard le cite de son côté.

[45] *Le monde du silence*, p. 71-72.

[46] *Homo viator*, p. 337.

[47] *Le monde du silence*, p. 29.

[48] Max Picard n'y manque pas non plus, qui écrit de la poésie : « Elle est comme un vol au-dessus du silence, elle tournoie au-dessus de lui. » (p. 112).

portent à les suivre, je tiens à marquer ici, puisque les pensées que j'étudie sont dirigées vers la communauté entre les hommes, qu'un mouvement vers autrui, dès qu'il est tout personnel, tout « d'origine », est aussi une création. Elle aussi, il faut qu'elle « aille de soi » pour qu'elle n'avorte pas dès le principe ; ensuite, qu'elle soit reçue comme « allant de soi » pour qu'elle parvienne à son fruit. De part et d'autre un temps de silence, un hiver pour le repos de la terre, sont une condition de succès.

L'action collective, si liée qu'elle soit souvent à la parole, échappe-t-elle à cette règle ? Gandhi, au plus fort de son action politique, avait gardé l'habitude d'observer chaque semaine un jour de silence complet. C'est qu'il appartenait à l'une de ces races riches d'avenir qui accordent leur sensibilité aux pulsations de la nature, qui respirent et se taisent avec elle. Il reprenait le lendemain ses pérégrinations et ses réunions de masses comme qui vient de renaître. Le meilleur du monde reviendra aux « deux fois nés », comme dit l'Inde ; plus sûrement encore aux « mille fois nés », sans cesse replongés dans un silence baptismal.

Il ne faut pas moins que cette descente dans notre mer primitive pour tâter notre être spirituel, pour assurer ainsi notre sum sur un cogito qui fait bien mieux que cogiter. En dessous du silence lié à la parole et qui la fonde, il existe en effet le silence de la pensée elle-même, de tous nos mouvements intérieurs suspendus. Les Occidentaux répugnent à l'admettre ; ils n'ont pas l'habitude de s'y exercer. Gabriel Marcel, je le lui ai entendu dire au Maroc, la seule fois que je l'ai rencontré, se méfie de l'Asie ; mais il a depuis goûté le Japon. Max Picard, lui, dans son expérience du silence, a dû approcher de très près ce vide mental ; mais ses textes ne sont pas explicites à cet égard. Il ne serait pas superflu de songer sérieusement, dans notre petit coin de monde, de plus en plus rencogné, à étudier, à vérifier sur nous-mêmes les formes diverses de l'expérience du Vide[49]. On s'apercevrait que ce n'est pas un exercice pour mystiques bizarres ou hippies en miniature qui champignonnent quelques mois sur notre putréfaction.

A la dispersion constante de la pensée, à la chute de la parole dans la parlote, à la noyade de l'homme « spectateur » dans l'égout des images plates, sans troisième dimension spatiale ou affective, à la

[49] Les 330 pages du cahier d'*Hermès*, n° 6, « Le Vide. Expérience spirituelle en Occident et en Orient » (1969), dégagent certains aspects de la question, sans prétendre l'épuiser.

dégénérescence des engagements fondamentaux en « activismes » d'un jour, veut-on trouver des remèdes ? Il faudra aller les chercher de ce côté-là, dans ce fond, tout au fond. A l'heure où la lutte contre le bruit devient affaire de gouvernement, ce serait un paradoxe de méconnaître le silence de l'esprit.

Ainsi le dialogue du silence et de la parole n'éloigne jamais des expériences vitales; bien au contraire il les exige[50]. Ce parallèle n'avait d'autre fin que de plaider, au moyen de deux exemples remarquables, pour le primat de l'expérience et de la vie.

Ce texte a paru dans le Dictionnaire de la Littérature française et francophone, Édition Larousse, que nous remercions vivement de nous en avoir autorisé la publication.

[50] On n'accentue jamais trop le mot *expérience,* ce pourquoi je n'ai pas craint de le répéter dans cette fin.

1

21 rue de Tournon, 18 janvier (1947)

Monsieur

Je vous remercie infiniment de m'avoir envoyé *Die Grenzen der Physionomik*[1] que j'ai aussitôt commencé, et qui m'intéresse au plus haut point. Je considère comme providentiel le fait d'avoir été mis en contact avec vous grâce à Simon Lévy. J'ai déjà écrit un article que je vous enverrai quand il paraîtra, sur *L'homme du néant* [2], et je compte vous consacrer une étude importante qui figurera dans un prochain livre lorsque j'aurai lu vos autres ouvrages. Il y a un accord fondamental entre ma position et la vôtre. Je vais vous faire envoyer mon dernier livre, *Homo Viator*, paru l'an dernier[3]. Mon grand désir serait de pouvoir aller un jour jusqu'à vous, de manière à prendre contact avec vous personnellement. En attendant je me réjouis d'être l'un des premiers sinon le premier à vous faire connaître du public français. Je me demande si nous ne pourrions pas donner chez Plon dans la collection « l'épi » soit une édition française (j'entends : pour la France)[4] soit la traduction d'un de vos autres livres, peut-être de celui que je viens de recevoir, mais il faudrait absolument y faire figurer les reproductions et cela augmenterait considérablement le prix du livre. Il y a là un problème technique qui regarde exclusivement l'éditeur.

Veuillez agréer, Monsieur...

G. Marcel

2

Caslano, 20.1.47

Monsieur

Je vous remercie de votre aimable lettre... Dans quelques jours, j'aurai l'occasion de parler avec un des directeurs de l'Amitié Franco-Suisse, afin qu'on vous invite à tenir une conférence dans nos grandes villes,

---

1 *Le visage humain*. Buchet-Chastel 1962.

2 *L'homme du néant*. La Baconnière - le Seuil, 1947.

3 Réédité en 1998.

4 De *L'homme du néant*.

mais je crains que pour cet hiver le programme ne soit complet. Je serais heureux de pouvoir vous parler dans mon pays et avant tout chez moi à Caslano, comme je suis heureux de pouvoir lire votre livre, que vous avez eu l'amabilité de m'envoyer.

Je ne peux pas finir ma lettre sans vous écrire une chose admirable de mon ami Simon-Lévy. Je l'ai rencontré à Paris en 1938 et il m'a dit : « En 1928, vous m'avez parlé de la destruction de l'homme d'aujourd'hui, je n'ai rien compris. Maintenant je vous comprends, mais il vaut mieux souffrir, seulement souffrir, comme j'ai fait en 1928, *il vaut mieux souffrir que comprendre* comme je fais aujourd'hui en 1938 ».

C'est parler avec une profondeur extraordinaire, et parler en chrétien, c'est une anima naturaliter christiana.

Agréez, Monsieur, etc.

Max Picard

3

24 janvier (1947)

Cher Monsieur

J'ai maintenant reçu tous vos livres, ainsi que votre carte. Combien je vous remercie de tout cela ! Mais mon sentiment très net est que nous devrions publier le livre sur le mariage avant la *Fuite devant Dieu*[1] qui risquerait de déconcerter beaucoup le public français. Le livre sur le *Mariage* que je suis en train de lire me semble tout à fait admirable, je vais lui consacrer une causerie, qui se fera au Quartier Latin, dans une librairie qui a été naguère celle de Péguy et qu'ont reprise de jeunes gens pleins d'ardeur et de générosité. Ils ont déjà fait venir le plus grand nombre possible d'exemplaires de l'*Homme du néant* ; votre pensée les passionne et va rayonner. J'en suis profondément heureux. Je suis de plus en plus décidé à consacrer à votre oeuvre une étude d'ensemble qui paraîtra peut-être comme introduction à la version

[1] Presses Universitaires de France, 1956

française de votre livre. Plon s'est mis en rapport avec Rentsch. On m'a demandé de parler à Genève et à Lausanne, peut-être en mai. Malgré la distance je saisirai peut-être cette occasion d'aller vous rendre visite. Mais rien n'est encore décidé. Il se peut que je doive remettre ma venue en Suisse, car je dois encore aller en Scandinavie, et à Vienne, où j'ai été récemment, mais où je dois retourner.

Mon livre partira aujourd'hui ou demain, je m'excuse de ne vous l'avoir pas encore envoyé ; j'ai été terriblement bousculé tous ces temps-ci.

Veuillez agréer, Monsieur…

G. Marcel

4

Caslano 21 janvier 1947

Cher Monsieur

De retour d'un petit voyage, je trouve ici votre livre « Homo viator » ; je vous en remercie beaucoup, je vous écrirai une lettre dans quelques jours. J'ai tant de confiance en vous que je vous laisse, à vous, de décider quel de mes livres il faudrait traduire d'abord.

De tout mon cœur je vous remercie de tout le bien que vous faites pour mes livres en France et je vous prie d'agréer, etc.

Max Picard

5

Caslano le 8 février 1947

Très honoré M. Gabriel Marcel

Tout d'abord je vous prie de bien vouloir m'excuser de vous écrire en allemand ; une lettre un peu longue en français me donne beaucoup de peine. Excusez-moi aussi de vous écrire à la machine : je craindrais que mes caractères minuscules ne fussent trop fatigants à déchiffrer.

Merci beaucoup de m'avoir envoyé *Homo Viator*. C'est un existentialisme, seulement, ici, l'homme n'est pas face au néant, mais devant Dieu ; il ne tremble pas devant le néant, c'est la trace du Créateur qui frémit en lui, et elle frémit, la créature, parce que le choc de la Chute est passé sur elle, désespérée, parce que le choc, de toute façon, l'atteint au passage, bienheureuse, cependant, de n'avoir pas été totalement foulée.

Je considère votre existentialisme comme plus juste que celui de Kierkegaard qui, d'une certaine manière, me paraît trop triomphal et qui, en même temps, tient du savoir secret, de l'esprit de secte, ou du petit groupe fermé d'initiés, ce qui est toujours le signe d'un manque d'amour. La *personne* de Kierkegaard était amour, bien entendu, mais cela ne passe pas dans sa philosophie et voilà peut-être l'origine de la tristesse de Kierkegaard : l'amour, ne trouvant pas sa place dans sa pensée, s'est métamorphosé en tristesse. Dans votre livre, l'existentialisme ne se trouve pas isolé comme chez Kierkegaard, parce que l'amour est venu à lui.

J'ai eu grand plaisir à noter que dans « Le mystère familial » vous arrivez aux mêmes conclusions que moi par le simple regard. Oui, j'en ai été très heureux. Je crois que mon livre sur le Mariage est peut-être le plus polymorphe, le plus riche de mes écrits, mais jamais je n'aurais espéré être si proche des Français ; ma manière de penser à partir du regard, d'unir le regard à la pensée, peut paraître inusitée en France, et d'ailleurs elle déconcerte bien d'autres publics. Vous avez sûrement raison , il faut traduire en premier ce livre, je vous fais toute confiance. A propos : pourquoi traduit-on « mariage indissoluble » et non « inébranlable » ? C'est une question, je n'ai pas la réponse.

Ce que j'ai tenté là, comme dans tous mes livres d'ailleurs, c'est de prendre un phénomène, ici le mariage, le dégager des multiples faits accessoires où il se trouve empêtré de nos jours, et le présenter aux hommes dans ce qu'il a d'authentique et de primordial. Je peux aussi dire, inversement, qu'en montrant l'authenticité principielle, je fais tomber les multiples détails contingents, qui dégringolent d'eux-mêmes. Lorsque je lis Adalbert Stifter (je l'ai écrit quelque part, à propos de poésie)[1] j'ai le sentiment que le poème existait , puis le poète est arrivé ; le poème a été créé avant le poète. De même, à la vue des phénomènes principiels, il faut sentir qu'il préexistent à leur propre fonctionnement et à l'activité des hommes, ce sont les premier-nés de la Création et, à leur vue, l'homme doit reconnaître non seulement leur caractère principiel mais celui qui est l'origine de toute origine, Dieu. Il faut absolument libérer l'homme de cet esclavage qui consiste à ne considérer que les parties, les morceaux de quelque chose qui passe, qui coule. Il faut qu'il apprenne la rencontre, préalable à l'usure, et le « phénomène » comme un fait, une chose en soi.

C'est ainsi qu'il faut considérer le mariage. Tout ce qui est propre au mariage, son caractère indissoluble, etc. en est la conséquence. Aujourd'hui, l'homme a perdu la capacité de considérer les choses en elle-mêmes, il les voit a priori comme des parties du chaos. Il me semble que si l'existentialisme de Sartre a rencontré tant d'audience, c'est que les choses réémergent du néant comme originales, - seulement ce n'est pas pour vivre au-dessus du néant, mais pour s'engloutir ensuite une par une dans le néant. Voilà le tour de passe-passe qui mène à la décadence sartrienne, le monde n'est plus un tout, il se dissipe poussière par poussière entre le mains d'un prestidigitateur de foire.

Je m'arrête pour aujourd'hui et vous dis encore toute ma reconnaissance,

Max Picard

---

[1] Voir lettre 147.

6

24 février (1947)

Cher Monsieur

J'avais bien reçu votre si aimable lettre avant de partir pour la Hollande, et je trouve votre carte à mon retour. J'ai été heureux de savoir, ce qui ne m'a pas surpris, que vous aviez constaté ces affinités entre votre pensée et la mienne en ce qui concerne la famille.

L'intention de Plon est de rééditer en français *l'Homme du Néant* en dehors de la collection « l'épi » et de donner le livre sur le mariage dans cette collection même. Peut-être pourrait-on plus tard donner la *Fuite devant Dieu* et le *Visage humain.* Mais il est trop tôt pour le décider.

Je n'ai encore eu moi-même aucune réponse de Suisse au sujet des conférences que je pense faire en mai. Je connais personnellement M. Spoerri et serais heureux d'être introduit par lui à Zurich. Votre ravissante carte me donne encore plus envie d'aller vous voir. Je connais très bien la région de Lugano et je l'aime énormément. J'aimerais que cette occasion me fût donnée d'y retourner. Espérons que ce sera possible. Veuillez agréer, cher Monsieur...

G. Marcel

Je compte écrire avant l'été une étude sur votre oeuvre qu'il sera facile de publier dans une revue ici[1].

7

Caslano le 18 mars 1947

Cher Monsieur

Par le même courrier, je vous envoie, recommandé, ma nouvelle édition de *L'Homme du Néant* parce que j'y ai ajouté deux chap. nouv. Le premier est intitulé « Possibilité de la pédagogie » et l'autre

---

[1] Voir *La Nef*, septembre 1948 : « Max Picard ou le retour à l'originel ».

« Pauvreté », Je crois que vous serez d'accord avec l'un comme avec l'autre. Le premier est peut-être le plus important. Comment veut-on, à l'heure qu'il est, enseigner quoi que ce soit, alors que les gens ne sont même pas en état d'entendre ? C'est le tohu-bohu. Les hommes primitifs, ceux de l'ère glaciaire, portaient en eux un chaos d'avant la création, mais maintenant c'est le chaos de la fin, de l'écroulement, le tohu-bohu où voudrait se cacher l'angoisse des hommes. Il existe une correspondance entre les formes du tout commencement et de la toute fin : n'avez-vous jamais été frappé par l'allure d'ichtyosaure de nos autobus, quand ils rampent par nos rues ? Au commencement des temps, c'étaient de vrais ichtyosaures, maintenant, des bêtes de tôle et d'acier.

Et néanmoins, lorsque, dans ce monde en fin de course, il m'arrive de rencontrer un homme véritable, brusquement, il n'y a plus de décadence, ou plutôt, la descente devient une chose sans conséquence ; à cause de l'apparition pure d'un homme véritable et de son évidence sans mélange, voici que l'ordre des choses est restauré. Rien ne me cause plus de joie que de voir le chaos du monde céder non aux hommes, certes, mais à la bonté qui se trouve dans les choses et les anime. (Parmi les « choses », j'inclus l'homme qui agit, non comme un juge, mais comme irruption pure).

Il faut que je termine, pour aujourd'hui. Je vous écrirai prochainement une lettre au sujet de Rilke, que j'ai très bien connu, votre texte sur lui m'a rappelé beaucoup de souvenirs,

Avec mes sentiments, etc.

Max Picard

8

Caslano, 22 Avril 1947

Cher Monsieur

Je ne sais pas si vous avez reçu ma lettre du 9 crt., où je vous informais que la *Zürche Studentschaft* serait heureuse de patronner votre conférence. Pour le cas où ma lettre se serait perdue, voici l'adresse : M.Steffen, Vortragsausschuss der Studentschaft, Zürich, Künstlergasse.

Quant à votre visite chez moi, qui me ferait un grand plaisir, je vous prie de m'indiquer la date le plus tôt possible ; j'en serais très reconnaissant.

Je vous ai promis de vous écrire sur Rilke, nous parlerons de lui. Aujourd'hui je veux vous dire seulement qu'à mon avis ses poèmes sont *trop* parfaits, Rilke ne se permet pas d'écrire un mot un peu moins beau, moins adéquat : s'il le faisait, tout l'édifice du poème s'effondrerait. Rilke n'a pas le courage de mettre une petite note de banalité, le petit rien qui, à l'intérieur d'un grand poème, est nécessaire, parce qu'il a lui aussi sa place dans l'existence. Cette exclusive provient d'un cœur à qui manque l'amour. J'admire notre Jeremias Gotthelf[1] que je crois être le plus grand romancier suisse de langue allemande, je l'admire de mettre dans ses romans des pages entières vides, sans que cela puisse troubler, parce que ce n'est pas le vide du rien, mais le vide de la nature : un paysage détruit par un tremblement de terre n'est pas contraire à la nature, c'est une part d'elle, de l'ensemble.

Salutations distinguées

Max Picard

9

Montana, 8 juillet (1947)

Cher Monsieur

Me voici de nouveau en Suisse chez nos amis de Montana ; et je viens vous demander très simplement si je pourrais aller vous voir sans vous déranger la semaine prochaine (par exemple du 14 au 16). Ce

---

[1] Gotthelf (1797-1854). Suisse d'expression allemande. Pasteur, artiste, plus encore que pédagogue et polémiste. Le plus grand écrivain réaliste de la Suisse. *Peines et joies d'un maître d'école. Annabäbi Jowager. Esprit du temps et esprit de Berne.*

serait une grande joie pour moi, et cela me faciliterait l'étude d'ensemble que je compte écrire sur votre oeuvre, peut-être dans *Hommes et Mondes*. Je ne voudrais seulement pas être indiscret.

Croyez, cher Monsieur...

G. Marcel

Je me demande si vous connaissez Ludwig Binswanger[1], dont je lis avec le plus profond intérêt *Die Grunddformen des menschlichen Daseins* ; Pourriez-vous par hasard m'indiquer son adresse ?

Peut-être pourriez-vous téléphoner votre réponse à notre ami M. Chessex, qui est le directeur de la poste à Montana.

10

18 juillet (1947)

Cher Monsieur

J'ai fait bon voyage, par un temps affreux naturellement, et j'ai retrouvé ici ma femme en assez bonne santé. Elle a été infiniment touchée de votre attention pour elle et vous en remerciera elle-même. Je me sens extraordinairement enrichi par ces jours passés auprès de vous dans ce pays auquel je suis attaché par mes fibres les plus intimes. Tout ce que vous m'avez dit me demeure présent. Une fois de plus, j'ai expérimenté ce que c'est que la proximité spirituelle. Vous avez peut-être été surpris que je vous aie demandé au dernier moment si je pouvais voir une photographie de votre fils ; c'est que j'ai eu conscience de ne pas emporter en moi une image distincte de ses traits ; et comme il m'a tout de suite conquis, il y a là quelque chose qui ne va pas. Ce que vous m'avez dit de sa santé me préoccupe. Il ne faut pas qu'il abuse de ses forces ; il faut qu'il vous écoute si vous lui dites de se ménager. Si jamais je vais voir M. Szilassy qui m'a invité à Brisgau je passerai lui dire bonjour. Mais il est douteux que cela s'organise. Figurez-vous que M. Binswanger, à qui j'avais écrit

[1] Psychiatre suisse, auteur de livres sur l'« Existenzanalyse » (Analyse de l'existence).

chaleureusement au sujet de son livre, me propose d'aller le voir à Kreuzlingen. Je suis refroidi par ce que vous m'avez dit ; mais si je vais à St-Gall j'irai tout de même le voir par curiosité. Vous êtes d'ailleurs dans ce cas un peu trop sévère, je ne dis pas pour l'homme mais pour la pensée qui est tout de même intéressante. C'est un livre utile, je vous assure.

Encore merci du fond du cœur pour tout ce que vous m'avez apporté, et croyez-moi, cher Monsieur, etc.

G. Marcel

Broussaille, Randogne (Valais)

C'est l'adresse précise ; Randogne est tout près de Montana.

11

Montana, 24 juillet (1947)

Cher Monsieur

Merci infiniment pour votre lettre, pour le livre et pour la petite photographie de votre Michael. Tout cela m'a fait le plus grand plaisir. J'ai lu déjà beaucoup de poèmes de Trakl[1] ainsi que les émouvants témoignages qui figurent en annexe. Nous rentrons demain à Paris passer quelques jours et je vous enverrai aussitôt les deux volumes promis. Je compte achever la lecture de vos oeuvres et rédiger pendant ces vacances l'étude d'ensemble sur votre pensée. Je suis heureux de savoir que vous écrivez un roman comique ; je suis sûr que ce sera extraordinairement savoureux. Je relirai les chapitres sur *Expérience et Poésie* dans le livre sur le *Mariage*. Je pense qu'il y a quelque chose de tout à fait fondé dans votre interprétation.

Nous avons eu ces jours-ci un temps admirable. Je regrette de n'avoir pas eu cette lumière-là dans le Tessin. Figurez-vous que j'ai fait ici la connaissance d'un de vos voisins, M. Bodmer[2], qui a, paraît-il, une

---

[1] Georg Trakl (1887-1914). Autrichien. Poète maudit, à la vie difficile. *Sébastien dans le rêve* (1915, publication posthume)

[2] Martin Bodmer, savant suisse.

très grande propriété tout près de vous. Et j'ai rendu visite à M. Kassner[1], qui est en traitement ici. Nous avons parlé de vous. Il a une mine affreuse et souffre d'un catarrhe intestinal. Nous avons été singulièrement d'accord sur bien des points, notamment sur Gide, sur le Faust de Valéry, etc.

Avez-vous lu *Pilote de guerre*, de Saint-Exupéry ? Je pense que c'est le plus beau livre qu'on ait écrit en France depuis Péguy. Je viens seulement de le lire. Il avait paru en 1942 et été interdit par les Allemands.

Si vous avez une réponse de St-Gall, le mieux serait que vous m'écriviez à Paris.

Veuillez croire, cher Monsieur, etc.

G. Marcel

12

Caslano, 27 août 1947

Cela me fait beaucoup de chagrin de vous savoir dans un tel souci au sujet de Madame Marcel. Mais que vous ne puissiez prier en ce moment, cela ne fait rien. N'essayez même pas, vous vous mettriez dans un état convulsif où la prière ne ferait que s'étouffer. La seule chose importante, c'est de savoir qu'il y a des gens qui prient pour vous, pendant que vous ne le pouvez pas et qu'il y a la communion des saints, avec sa prière que nous ne percevons pas. Si bien qu'il ne se produit pas de hiatus durant la période où vous ne priez pas. Savoir cela, c'est plus important que de faire une prière tout en crampe.

Par ailleurs, il faudrait essayer d'exercer une action, quelque chose qui soit bien en soi, qui fasse du bien aux autres, dans le sens de la sérénité, de la joie. C'est un fait, on peut réattirer à soi ce qui est bon,

---

1 Rudolf Kassner (1873-1959). Philosophe autrichien, dans la lignée de Nietzsche et de Kierkegaard. Préfère la parabole à la pensée conceptuelle. *Physiognomonie de l'histoire. Le Christ et l'âme du monde. Les mythes de l'âme.* Ami de Rilke et de Max Picard.

ce qui est amical, en allant soi-même à sa rencontre, en commençant par être soi-même amical et serein. Pour moi, c'est une preuve de l'existence réelle, en dehors des Hommes du Bien, de l'Amitié.

Je vous remercie pour le volume « Existentialisme chrétien ». Comme c'est beau de voir votre existentialisme s'articuler sur les autres grandes philosophies, mais néanmoins s'en séparer clairement car il est tout autre chose, et c'est vous qui éclairez les philosophies antérieures, en leur donnant un sens nouveau pour notre présent.

De tout cœur votre dévoué

Max Picard

13

9 septembre (1947)

Cher Monsieur

Je vous envoie seulement maintenant l'article sur vous qui a paru dans « Ici-France » le 25 juillet. Je viens seulement de le recevoir ; je l'ai écrit avant de vous avoir vu. En ce moment je rédige l'étude sur vous qui paraîtra d'abord dans la « Nef », puis comme introduction à la traduction de votre livre. Ce livre, ce sera peut-être la *Fuite devant Dieu.* Mais non : ce sera plutôt *le Mariage.* Seulement, je parle beaucoup de la *Fuite devant Dieu* dans mon introduction. Mon ami Briod à qui j'avais pensé comme traducteur est bien déconcerté par votre pensée et par votre mode d'expression. Je crois que je demanderai conseil à R. d'Harcourt.

Ici, hélas ! cela ne va pas mieux. Le pronostic est très sombre, et il faudrait un miracle pour que la maladie évoluât vers la guérison. Et surtout quand elle souffre trop c'est vraiment affreux pour nous tous qui nous sentons si impuissants à la soulager. Par moments je suis comme transpercé par le chagrin. Ce qui nous soutient - et ceci rejoint ce que vous m'écriviez - c'est l'extraordinaire affection que nous sentons autour de nous et dont chaque jour apporte de nouveaux témoignages. Il me semble quelquefois que c'est par là que nos prières sont tout de même exaucées. A d'autres moments le sentiment de cette misère physique submerge tout.

Je m'efforce de travailler un peu ; vous-même m'y aidez ; je suis heureux d'avoir entrepris ce travail sur vous, sur votre pensée, avec les difficultés qui s'attachent à la découverte des équivalents linguistiques. C'est une sorte d'anesthésique, qui n'agit pas très longtemps, il est vrai.

J'ai regardé la traduction du *Visage humain*, elle n'est pas très bonne. Vous êtes un auteur difficile.

Votre fils m'a écrit un mot gentil, remerciez-le pour moi, voulez-vous ? Je pense tous les jours à Caslano, à nos entretiens, au petit couvent de Neggio…

Je vous serre la main bien affectueusement, etc.

G. Marcel

14

6 octobre (1947)

Cher Monsieur

Je vous remercie de votre carte. Qui est cet Anglais dont vous me donnez l'adresse ? - Ici il n'y a rien de très nouveau. Ma Femme maigrit et s'affaiblit, mais les dernières nuits ont été meilleures, la journée d'hier aussi. On vit au jour le jour. Elle est arrivée à un calme et à un détachement admirables ...

J'ai fait demander à Béguin l'adresse de Jean Rousset, à qui nous allons demander de traduire votre livre. Je vous envoie ci-joint le texte de mon introduction qui paraîtra d'abord dans la revue la Nef. Si vous le voulez bien, vous me retournerez ce texte quand vous l'aurez lu. Je pense souvent à vous, je vous cite dans un essai que je viens d'écrire et qui est intitulé *Pessimisme et Conscience eschatologique* [1].

Croyez, je vous prie…

G. Marcel

15

8 novembre (1947)

Cher Monsieur

Je trouve votre carte à mon retour d'Angleterre, où j'ai été faire deux conférences. Jusqu'au dernier moment je ne savais pas si je pourrais partir. L'état de ma femme ne s'est pas sensiblement aggravé, tout de même elle ne cesse de s'affaiblir. On a essayé un nouveau sérum qui n'a pas donné de résultats très appréciables. Elle a beaucoup souffert d'un œdème contre lequel on lutte activement.

Quel plaisir j'aurai à vous revoir à Caslano ! Mais je ne sais quand ce sera possible. Je ne peux songer à un voyage quelconque pour le moment[2].

Nous sommes entrés en rapport avec M. Jean Rousset qui est mon voisin, il a le livre entre les mains, mais n'a pas encore donné de réponse.

Mes conférences ont été très bien accueillies à Londres et à Manchester. Ma pensée va maintenant se répandre en Angleterre.

Pardon pour ce mot trop bref. Croyez, je vous prie.

G. Marcel

---

[1] A été publié dans *Les hommes contre l'humain*, 1951, 1991.

[2] Jacqueline Marcel est morte le 13 novembre 1947.

16

8 janvier (1948)

Mon bien cher ami

Je reçois à l'instant votre carte. Merci. Je ne suis jamais longtemps de mon côté sans penser à vous. La fin de l'année a été très dure, vous vous en doutez.

En effet, les traducteurs auxquels nous avons soumis le livre sur le Mariage se sont déclarés les uns après les autres incapables d'assumer cette tâche, aussi nous nous rabattons sur la *Fuite devant Dieu*. Même là ce ne sera pas facile. Mais il faut trouver.

J'espère toujours aller auprès de vous aux quand j'irai en Suisse la mois prochain entre une conférence à Fribourg et une à St-Gall. D'ici là, j'aurai été en Bretagne, en Belgique et en Angleterre. Je suis terriblement harcelé, peut-être que cela vaut mieux.

Je vous dis toute ma profonde affection.

G. Marcel

17

Paris le 20 janvier 1948

Cher Monsieur et ami

Je vous remercie de tout cœur de votre carte. C'est en principe entre le 9 et le 16 mars que je dois venir en Suisse. Si je ne me trompe je parle le 9 à Fribourg à l'Association Gallia, le 16 à St-Gall. J'écris d'ailleurs par le même courrier dans cette dernière ville pour être sûr que l'on compte bien sur moi. Peut-être dans l'intervalle pourrais-je aller passer deux ou trois jours chez mes amis de Montana, et deux ou trois jours chez vous. Ce sera à examiner de près parce qu'à cette époque il faudrait passer par les Cento Valli et je crains que le voyage ne soit très long et très compliqué. J'écrirai d'ailleurs aussi à Thévenaz à Zurich pour lui demander si on désirerait que je parle à cette occasion à l'Université. Je tâcherai de tirer tout cela au clair avant mon départ pour Oxford le 13 février. J'espère beaucoup que Jean Rousset acceptera de traduire la *Fuite devant Dieu* mais je ne suis pas tout à fait aussi optimiste que vous, je crois qu'il a très peu de temps à lui.

Merci de ce que vous me dites ; nul ne sent mieux que moi l'inestimable bienfait de l'amitié en de telles circonstances…

G. Marcel

18

2 mars 1948

Cher Monsieur et ami

Je vous ai demandé de me prévenir en temps utile de la date de votre venue, parce que je devais aller faire une conférence en Italie vers le milieu de mars. Mais en fait, je suis encore mal en point, à la suite d'une grippe, et je n'irai pas. Envoyez-moi une dépêche, quand vous viendrez, mais je ne voudrais absolument pas que le voyage jusqu'à moi vous cause le moindre ennui.

Je suis content de savoir que vous êtes un si grand voyageur, et que vous irez en Espagne et au Portugal. Pour moi, je suis bien trop pesant, et pourtant, comme j'aimerais voir l'Espagne ! Lorsque je suis dans un pays nouveau pour moi, j'ai l'impression d'une sorte de naissance, tout ce que je sais se détache de moi et j'ouvre les yeux comme pour la première fois de ma vie. Mais auparavant, quel mal pour me décider à un voyage ! Il faut qu'on m'arrache. Il est déjà arrivé que mon fils, ou le bon curé de Pambio-Moranco, soient obligés de m'empoigner et de me charger comme un colis dans le wagon, mais il leur fallait faire le voyage avec moi, pour que je puisse faire la conférence annoncée. Mon éditeur italien a mis sa voiture à ma disposition - mais j'aurais besoin de quelqu'un qui m'asseye dedans. Curieusement, une fois parti, je ne regrette plus mon chez-moi, je suis pleinement dans le voyage et ne me fatigue pas. Enfin j'ai toujours le sentiment au réveil, d'arriver sur la terre au bout d'un fil - et de la quitter de même, le soir. Je n'arrive pas à croire que j'étais déjà là la veille et pourtant, en vertu d'une grâce inouïe, il y a en moi une continuité. Non pas à cause d'un quelconque mérite de ma part, mais par grâce.

Avec toute mon amitié, etc.

Max Picard

19

23 mars 1948

Cher Monsieur et ami

Je devrais être à Zurich, en raison de la mort de mon éditeur, Rentsch, mais je suis revenu tout de suite dans l'espoir que vous pourriez encore venir. Cela m'a fait de la peine, que vous ne soyez pas venu.

Comment était-ce, à Saint-Gall ? C'est une ville que j'aime beaucoup, une vraie ville, qui est si sûre de sa personnalité qu'elle n'a même pas besoin de monuments anciens pour en donner la preuve. Zurich, elle, se croit toujours obligée de prouver qu'elle est bien une ville.

Vous ai-je dit qu'il faut que vous lisiez, de Carlo Levi, *Le Christ s'est arrêté à Eboli* ? C'est un tableau d'une humanité pré-chrétienne, même pré-antique, qui vit dans le sud de l'Italie, de nos jours. J'ai comme l'impression que ces hommes, en dépit de leurs mœurs préhistoriques, sont plus près du vrai christianisme que les chrétiens officiels. C'est du christianisme, manifestement, mais d'avant la Révélation ou peut-être un christianisme d'une telle force qu'il n'a pas besoin de révélation. Il y a aussi de ces paysans-là au Tessin.

Mon éditeur américain vient me voir au début de juin. Quels sont ceux de vos livres que vous aimeriez que je lui propose ? Pourriez-vous me les envoyer ? Avec tous mes vœux de santé, etc.

Max Picard

20

17 mai (1948)

Bien cher ami

Vous devez vous imaginer que je vous oublie, et ce n'est pas vrai ; oh non, ce n'est pas vrai. Votre photographie est avec deux cartes qui représentent votre lac sur la table de chevet auprès de notre lit...

Je suis rentré il y a peu de jours du Portugal après un assez long séjour dans la Péninsule. Un séjour qui m'a beaucoup apporté : d'abord de nouveaux amis, l'un surtout, qui suit mon œuvre à Lisbonne depuis quinze ans et qui est un être d'une vérité et d'une loyauté admirables. J'ai été merveilleusement accueilli là-bas. Mais à Madrid aussi j'ai eu des contacts très intéressants, notamment avec Ortega Y Gasset et avec son meilleur disciple, Julian Marias. Il me semble que vous devriez aller dans ces pays, vous y seriez compris. Et maintenant je vais tâcher de m'atteler au gros et dur travail des Gifford Lectures. Je renonce au congrès d'Amsterdam et à diverses autres choses.

Il y a à peu près un an que notre calvaire a commencé. Chaque jour maintenant sera un anniversaire. La vie est parfois lourde à porter, bien lourde. Le lot de survivant n'est pas enviable, vous le savez bien. Donnez-moi des nouvelles de votre Fils, je vous en prie.

Aux dernières nouvelles Rousset n'avait pas encore donné de réponse définitive pour la *Flucht*. Mais on avait plutôt bon espoir.

La chaleur est accablante, et je suis harcelé. Mes enfants et mes petits-enfants vont bien, heureusement ; c'est le point lumineux dans cette nuit.

Je vous serre la main, etc.

G. Marcel

21

4 juin 1948

Mon très cher ami

Je veux tout d'abord vous dire que je vous ai envoyé le 26 mai un petit paquet de café, recommandé.

Je suis triste de vous savoir si abattu, si éperdu. Lorsque cela va mal, lorsqu'on voit qu'on va être accablé par le sort, il faut, durant quelque temps, se laisser faire complètement, céder au mouvement de la destinée, mais ensuite il faut faire quelque chose *contre* ce mouvement du sort qui entraîne vers le bas, il faut être gai *sans raison*, il faut dépenser de l'argent, même si l'on n'en a pas, faire des cadeaux, être amical quand on a envie d'être méchant. Cela équivaut à redresser le virage qui s'en allait vers le bas, c'est comme ça que cela se passe, le trajet s'infléchit et le destin obéit. D'abord le destin entraîne l'homme vers le bas, ensuite c'est l'homme qui tire le destin vers le haut et il n'y a rien de plus beau qu'un homme qui marche devant son propre destin. C'est comme pour les étoiles : l'homme dit à l'avance l'influence qu'elle peuvent avoir sur lui, l'homme peut diriger les étoiles, c'est sa grandeur, l'homme peut faire marcher les étoiles à son pas.

Il m'est arrivé quelque chose de très beau. La maison que j'habite va être vendue et on me l'a fait savoir, ce qui m'a beaucoup déprimé, une semaine durant, car je redoute tous les changements. Après cela je me suis dit qu'il y avait des choses plus graves et j'ai cessé de me faire du souci ; je ne me suis même pas occupé de trouver une autre maison. Et voici ce qui s'est passé : il y a trois semaines, à six heures, on sonne à la porte, il y a un monsieur, avec sa femme ; il m'explique qu'il va faire construire une maison à vingt mètres de celle que j'habite, une maison d'un étage seulement, pour y passer trois semaines dans l'année ; qu'il a appris que j'étais en difficultés, qu'il apprécie fort mes livres, et que ce serait un grand honneur pour lui si je venais habiter dans sa maison ; dans ce cas, il ferait faire un étage de plus, qui serait mon appartement. J'étais si bouleversé que je ne pouvais répondre un mot.

Tout cela se passait dehors, devant ma porte. Il me demande de venir avec lui pour lui donner mes idées sur la construction de la maison !

Michel, mon fils, se trouvait là, par bonheur, car l'émotion m'empêchait d'articuler un mot.

Je suis bien sûr que si je m'étais évertué à chercher une maison, ceci ne serait jamais arrivé. Ce qui me fait plaisir, c'est moins la possibilité d'un appartement que le geste de cet homme, que je ne connaissais nullement jusqu'alors ; c'est un simple médecin de campagne de Saint-Gall.

Écrivez--moi bientôt, mais à la machine ; j'ai toutes les peines du monde à lire votre écriture.

A vous, etc.

Max Picard

22

16 juin 1948

Cher Monsieur et ami

Je vous remercie bien vivement de votre lettre, ainsi que de l'envoi de café, que vous avez eu la grande gentillesse de vouloir m'adresser, mais qui n'est pas encore parvenu ; il peut encore arriver. Je suis ennuyé de ne pouvoir vous donner encore de réponse catégorique pour la traduction ; on n'arrive pas à obtenir de réponse de Rousset. Je crois qu'il faudra passer outre, et j'en parlerai à Mme Gidon.

J'ai accepté de me rendre aux Rencontres Internationales de Genève au début de septembre. Mon intention actuelle serait de me rendre ensuite dans le Tessin et peut-être, si c'était possible, de faire un séjour d'une dizaine de jours dans cette charmante petite pension de Neggio que nous avions vue ensemble, en compagnie de mon amie et disciple Madame Delhomme et de son mari. Mme Delhomme est devenue pour moi une collaboratrice tout à fait indispensable pour la préparation des Gifford Lectures[1]. Livré à moi-même, je crois bien que je ne m'en tirerais pas. Je suis extrêmement fatigué par cette

[1] *Le Mystère de l'être*, 1951, 1997.

année de voyages et de sorties continuelles et je n'ai pas besoin de vous dire que ma peine m'a beaucoup usé. Avant Genève, je passerai six ou sept semaines dans ma propriété de Corrèze avec mes enfants, j'espère y trouver le moyen de me ressaisir un peu. A Paris, ce serait presque impossible. A Neggio, j'aurai la grande douceur d'être près de vous sans cependant peser sur vous. La question pécuniaire ne présentera pas de difficulté, car j'ai dès à présent un peu d'argent en Suisse et le Comité des Rencontres est vraiment très généreux. Peut-être à l'occasion pourriez-vous faire demander aux religieuses de Neggio si elles pensent que vers le 12 ou le 13 septembre nous pourrions trouver deux chambres, l'une pour moi, l'autre pour mes amis. Je m'excuse de vous importuner et vous prie de croire...

G. Marcel

23

23.6.48

Cher Monsieur et ami

Cela me fait beaucoup de peine de vous savoir si tourmenté. Pourquoi vous tourmentez-vous ? Essayez plutôt de retrouver les traces de l'amitié qu'ont les Choses, le monde extérieur, pour l'homme. Il y a une sollicitude, une amitié généreuse des Choses, et les Choses accèdent à l'être lorsqu'elles peuvent combler l'homme de leur amitié, et l'homme à son tour regagne de l'être, tandis que les Choses s'évanouissent et deviennent plus réelles s'il accepte leur amitié.

Ne vous ai-je pas raconté, dans ma dernière lettre, l'acte d'amitié de la création à mon égard, quand un inconnu a surgi devant ma porte pour me proposer une maison : moi-même, je ne m'étais pas du tout préoccupé d'en chercher une, et voilà que les Choses ont été plus adroites et plus sages que moi. Essayez un tant soit peu de vivre de la sorte et venez bientôt ici, vous verrez ce qui en est. Seulement je serai absent tout le mois de septembre, car je dois faire une cure aux eaux de Chianciano en Italie : peut-être pourriez-vous arranger de venir ici en août, avant les conférences de Genève ? Cela doit être possible, en tout cas je le souhaite.

De tout cœur, etc.

Max Picard

Le café est-il arrivé ? Un mot de nouvelles, s.v.p.

24

5 juillet 1948

Cher Monsieur et ami

Comme je vous remercie de tout ce que vous faites pour moi ! Le premier envoi de café m'est finalement bien parvenu ; et voici que vous m'en annoncez un second, c'est vraiment trop me gâter. Merci aussi pour la jolie petite photo et pour l'article sur votre anniversaire. Ai-je besoin de dire que je joins mes vœux et mes compliments à tous ceux de vos amis.

Je fais écrire par Plon à Denis de Rougemont, mais je crains qu'il ne soit surchargé de besogne et je me demande s'il acceptera. C'est aujourd'hui un personnage assez considérable[1].

Malheureusement il m'est tout à fait impossible de changer la date de mon séjour en Suisse. Puisque vous ne serez pas à Caslano en septembre, je renonce bien entendu à aller à Neggio avec mes amis. Ce serait trop triste d'être à la fois près de vous et loin de vous. Voyez-vous dans le Tessin, dans un endroit tranquille et favorable à la contemplation, un hôtel ou une pension à me conseiller ? J'avais pensé à Ronco, mais est-ce habitable ? Il y a aussi le merveilleux Val Bavona, mais je ne suis pas sûr qu'on puisse y loger, sauf à Bignasco qui est trop bas et que je n'aime pas beaucoup. J'ai pensé aussi à la région de Tesserete et de Sonvico. Un conseil de vous me serait utile ; je quitte Paris lundi.

1 Penseur suisse (1906-1985). *Penser avec les mains* (1936). *L'amour et l'Occident* (1939). *L'avenir est notre affaire* (1977).

Je vous souhaite un bon été. Je me demande, non sans mélancolie, quand nous nous reverrons. A partir de la rentrée, je serai complètement absorbé par les Gifford Lectures.

Très amicalement, etc.

G. Marcel

25

Le 17 Juillet 1948

Cher ami

Je suis content de penser que vous êtes à la campagne ; cela vous sera bienfaisant. Essayez de ne penser, exclusivement, qu'à ce qui est devant vos yeux, de contempler seulement ce qui est là, maintenant, sans jamais laisser la pensée errer dans le passé ou l'avenir, mais en vous abandonnant au présent, la route jaune, les arbres qui semblent venir à votre rencontre, le rivière dont le murmure met une unité dans le paysage alentour. Ne faiblissez pas, restez au présent, ce sera pour vous une sorte de « thérapie ». Rien n'est plus difficile que d'être quelqu'un de complètement présent, mais c'est là une attitude éminemment chrétienne, reconnaître la Création, être disponible à sa présence. Ce que le monde d'aujourd'hui a de diabolique, c'est qu'il nous entraîne perpétuellement hors du présent, pour un avenir qui n'en est même pas un.

Je voulais vous dire aussi que je suis ici, à Caslano jusqu'au 10 septembre. Peut-être pourriez-vous venir à ce moment-là ? Je ne puis vous conseiller Ronco, la redoutable proximité d'Ascona vous gâterait tout. Tesserete est beau, mais il n'y a qu'un restaurant avec quelques chambres qui ne vous conviendraient pas. Malgré tout, je vous conseille Neggio, vous y rencontreriez le professeur Cameron, de l'Université de Leeds, c'est lui qui traduit mes livres en anglais, c'est pour cette raison qu'il est venu et je suis bien content d'avoir fait sa connaissance, nous nous entendons très bien. J'ai toujours une chance extraordinaire dans mes amitiés. Je crois que personne n'a rencontré davantage d'hommes remarquables, dont à peu près aucun ne connaît les autres, et pourtant il y a un lien entre eux tous : tous, ils sont sauvés d'un grand naufrage, ou plutôt ce sont les gardiens, ils sauvent ce qui peut être sauvé. Autre chose : en octobre, mon éditeur américain vient me voir. Dites-moi s.v.p., quel livre de vous il faudrait traduire (par l'intermédiaire de cet éditeur, il fait partie des sauvés, lui aussi, c'est certain) et envoyez-moi-en un exemplaire...

Max Picard

26

Le Peuch, Ligneyrac par Meyssac (Corrèze)

8 août (1948)

Cher Ami

Un mot seulement, pour vous dire que le café est bien arrivé ; nous l'avons fait griller, il est délicieux.

Nous avons pu beaucoup nous promener en voiture dans ce pays magnifique où il faudra que vous veniez un jour ; vous l'aimerez.

A vous, etc.

G. Marcel

27

17 août 1948

Mon cher ami

A partir du 13 septembre une chambre à deux lits et une à un lit sont prêtes à Neggio. J'espère réussir à être au moins le 13 encore à Caslano pour vous voir. - J'ai eu la visite du Prof. Oesterreicher, émigrant catholique à New-York, qui écrit un livre sur Bergson, sur vous et sur moi. Il voulait rester ici (il était à Neggio) pour causer avec moi pendant un mois, mais je lui ai dit que c'est lui qui doit savoir ce qu'il faudrait écrire, pas moi. Mais c'est un homme aimable et de bonne volonté. Je ne me suis pas montré terrible comme dans des cas pareils. L'homme m'a plu beaucoup. Tous mes bons sentiments, etc.

Max Picard

28

Le Peuch, 22 août (1948)

Merci de tout cœur, cher ami. Je suis sûr que c'est grâce à vous que nous avons ces chambres à Neggio. J'espère avoir encore le plaisir de vous apercevoir le 13 au soir.

Rien de nouveau ici. J'ai continué à travailler. L'abbé Oesterreicher m'a fait téléphoner d'Innsbrück. Il espérait me voir, à Paris, à la fin du mois. Mais ce ne sera pas possible.

Je n'ai pas de nouvelles de Plon. Je ne sais si on s'est mis en rapport avec Vialatte pour la traduction.

Encore merci, et croyez, etc.

G. Marcel

29

Genève, 3 septembre (1948)

Cher ami

Merci beaucoup pour votre mot et pour le bel article de M. Pfleger[1], que je vous rapporterai. Vu les complications de bagages je crois que

[1] Ch. Pfleger, prêtre et écrivain alsacien. Cf. lettre 127.

cela ne serait guère pratique de passer la nuit du 13 au 14 chez vous comme vous l'offrez si amicalement. Mais ne pourriez-vous venir dîner à Neggio avec mes amis Delhomme et moi ? en venant bien entendu un peu plus tôt. J'ignore les heures de car entre Agno et Neggio.

Les entretiens ont commencé ici, on entend des absurdités et aussi des remarques très intelligentes. C'est le chaos.

A bientôt, et très affectueusement.

G. Marcel

L'étude de M. Pfleger est excellente.

30

Genève, 4 septembre (1948)

Cher ami

Une circonstance imprévue va me mettre, hélas ! dans l'impossibilité de vous rencontrer. Les organisateurs des Rencontres et les personnalités italiennes qui sont ici ont tellement insisté que j'ai accepté d'aller trois jours à Venise à la Biennale et par conséquent je n'arriverai que le 17 à Neggio. A moins que vous ne soyez vous-même en Italie à ce moment et que nous puissions par hasard nous rencontrer à Venise ou à Milan. Mais ce serait trop beau. Peut-être aurais-je dû refuser. Mais ils avaient l'air de tenir tellement à m'emmener...

Il faut que vous veniez quelques jours à Paris cet hiver. Vous habiteriez cher moi. Cela serait facile, j'ai une bonne chambre pour vous et suis bien servi. Pardon pour cette déception, qui est d'abord mienne, et croyez-moi bien affectueusement votre[1].

G. Marcel

---

[1] Ils se sont néanmoins rencontrés : voir lettre suivante.

31

17 septembre 1948 Milan

Mon cher ami

Je suis très triste d'avoir dû vous quitter, mais l'établissement où je dois faire la « Kur » se ferme le 3 octobre, je n'arrive pas à mes trois semaines nécessaires, mais ça ne fait rien, je suis heureux de vous avoir revu. Il ne me semble pas vous connaître seulement depuis une année. La rencontre fut si intense que la présence est plus que remplie, elle « *überfliesst* » (déborde) et est en état de se verser aussi vers le passé, le remplissant aussi, en manière que j'ai l'impression que vous êtes une partie de ma jeunesse. C'est la suppression du temps, qui est seulement possible par la sympathie et l'affection.

Veuillez saluer vos amis, etc.

Max Picard

32

20 septembre 1948 Neggio

Bien cher ami

Je vous remercie de tout cœur de votre carte. Je ne peux vous dire combien j'ai senti mon affection pour vous grandie encore pendant ces quelques heures passées ensemble... et quelle Schicksalsgemeinschaft (communauté de destin) je sens entre nous !

Nous avons fait d'admirables promenades et mes amis se montrent dignes de ce pays qui est de plus en plus pour moi une Herzensheimat (patrie du cœur).

Nous commençons à travailler. Mon rhume qui a failli prendre mauvaise tournure est passé. Nous partons vendredi et après une pause à Locarno gagnerons Montana d'où nous rentrerons le 27 ou le 28.

Je suis très ennuyé de penser que votre cure aura été écourtée par ma faute. J'en ai un vrai remords.

Je vous envoie, etc.

G. Marcel

33

25 septembre 1948

Chianciano

Mon très cher ami

Je ne vous ai pas écrit qu'il m'a fallu partir pour vous faire des remords, je l'ai écrit pour vous dire combien j'ai regretté de devoir vous quitter. Je regrette aussi que vous n'ayez pas vu mon fils ...

Je regrette infiniment que nous nous voyions si rarement, ce peu d'hommes unis, dans un cercle qui n'est pas bâti par eux-mêmes, doivent réaliser cette union en se rencontrant souvent.

Veuillez croire, etc.

Max Picard

34

Neggio, mardi

(septembre 1948)

Cher ami

Votre bonté m'émeut aux larmes, je n'exagère pas, je vous assure. Nous venons de recevoir les merveilleux cornets de chez Solari, et voici votre carte de Florence. Cela va, mon rhume est passé. Je tâcherai d'aller voir votre ami, vous m'avez donné une si grande envie de le connaître. Nous partons vendredi pour Locarno et passerons l'après-midi dans le Val Verzasca, samedi nous serons à Montana et y resterons deux ou trois jours. J'ai recommencé à écrire. Vous avez fait la conquête de mes amis. Ils sont si heureux de vous avoir vu. J'ai eu à écrire hier à Béguin et lui ai demandé de m'indiquer un traducteur pour la Flucht, au cas où Vialatte ne pourrait pas accepter.

Nous avons fait avant-hier une admirable promenade à Cademario et hier j'ai mené mes amis à Lugano.

Je vous dis ma profonde affection etc.

G. Marcel

Votre première carte s'est croisée avec la mienne.

35

Non datée

timbrée d'Arezzo

Mon cher ami, le voyage s'est fait sous des astres funestes ; d'abord c'est moi qui suis tombé malade, après on m'a télégraphié que Michel était au lit avec 40,5 degrés de fièvre ; je suis parti pendant la nuit pour Cortone où il était et est encore, et ni moi ni le médecin n'avons pu constater s'il s'agissait d'une « sepsis » (septicémie) ou d'une scarlatine. Il m'a paru plus probable que c'était une forte angine et j'ai eu raison. Maintenant la température est à 37, on peut dire qu'il est guéri ; dans quelques jours nous partirons pour Caslano. Le voyage avait commencé par la mort de la Comtesse Douglas, à Florence, qui m'avait invité : elle est morte la veille de mon arrivée. Un ami astrologue m'avait fait un mauvais pronostic pour le voyage ; *homo dominatur astris*, mais je crois que l'homme commence à devenir homme quand il rejette l'influence des astres et des forces démoniaques, aussi ai-je fait le voyage sans la moindre réticence. Et en effet nous vivons encore, nous sommes tous les deux en bon état, nous avons triomphé des astres, ce qui est le plus beau triomphe.

Amicalement, etc.

Max Picard

Le 12 octobre je serai à Caslano.

36

Paris, 30 septembre 1948

Mon bien cher ami

Merci de tout cœur pour votre carte, que j'ai trouvée ici à mon retour. J'espère que vous vous êtes bien trouvé de votre cure à Chianciano. Je suis sûr en tout cas que vous avez été heureux de ce temps passé auprès de votre fils. Comme je souhaite le revoir un jour !

Je vous ai écrit une carte de Locarno après avoir vu le Val Verzasca qui est bien beau. Nous nous sommes ensuite arrêtés avec mes amis deux jours chez les Chessex à Montana. Le temps était splendide et la sympathie la plus vive s'est créée tout de suite entre ces êtres qui ne s'étaient jamais vus.

Seulement le voyage de retour, qui s'est fait de nuit dans un train comble, a été très fatigant, et comme malheureusement on est tout de suite happé ici par un véritable tourbillon, je me demande avec une certaine angoisse comment je vais faire pour me remettre au travail très lourd, très difficile qui est le mien.

Je viens de téléphoner à Plon. Vialatte, dont je vous ai parlé, et qui est un excellent traducteur, a accepté en principe de traduire *La fuite devant Dieu*. Il n'y a plus à s'entendre avec lui que sur la question des droits. L'éditeur ne peut pas être très généreux car la situation du livre devient ici extrêmement difficile. Mais enfin je pense bien que tout s'arrangera.

Cher ami, combien j'ai le sentiment que nos liens se sont encore resserrés au cours de ces heures trop brèves ! Vous avez eu l'extrême bonté de me dire que vous me dédieriez l'un de vos livres; ce serait pour moi une grande joie et de mon côté je ne vois pas ce qui m'empêcherait de vous dédier un prochain recueil d'études.

Jamais je ne pourrai vous être assez reconnaissant de m'avoir signalé la Casa del Sole. Mes amis et moi, nous en gardons un souvenir unique.

Je suis un peu triste de penser que je ne vous verrai plus dans cette maison qui est liée pour moi à nos rencontres. Mais enfin il ne faut pas exagérer l'importance de ces changements-là. Je vous envoie...

G. Marcel

37

Paris, 12 octobre (1948)

Mon cher Ami

J'ai été désolé d'apprendre que vous avez eu tous ces soucis, toutes ces inquiétudes. Je connais Cortone qui est certes très pittoresque mais qui n'est vraiment qu'une bourgade assez malpropre, et j'imagine ce que cela a été pour vous d'y être avec votre fils malade. Heureusement ce n'était pas une scarlatine.

Je suis sûr que vous aurez plaisir à vous retrouver à Caslano mais il va falloir vous occuper du déménagement et c'est bien ennuyeux. Je pense que votre fils et votre belle-fille vous aideront.

Ce pays m'est devenu naturellement encore plus proche et plus cher depuis notre séjour à Neggio, qui nous laisse, à mes amis et à moi, un souvenir si précieux, si profond.

J'ai parlé de vous hier avec le Directeur actuel de Hochland. C'était à une réunion franco-allemande où il y avait aussi un de vos amis, M. Hausenstein[1], avec qui j'aurais voulu causer, mais je n'en ai pas eu l'occasion. J'ai repris ici mon existence qui est très lourde et très fatigante, en particulier à cause des très fréquentes sorties théâtrales.

---

1 Wilhelm Hausenstein (1882-1957). Diplomate, écrivain, historien d'art. Voir lettre du 2 juillet 1957 sqq.

J'ai pu néanmoins terminer une pièce que j'avais commencé en 45[1]. Elle paraîtra sans doute assez prochainement et je vous l'enverrai aussi. Vous allez recevoir très prochainement le volume sur le Mal, avec mon étude sur les techniques d'avilissement[2].

Croyez, cher ami, etc.

G. Marcel

Ma machine est en mauvais état, aussi ai-je dicté cette lettre à ma secrétaire, pour que vous la lisiez plus facilement.

38

14 novembre 1948

Cher ami

Un tout petit mot pour vous dire que je pars pour Beyrouth comme délégué à la conférence de l'Unesco. C'est très lourd (trois semaines au moins) mais j'ai cru que mon devoir était d'accepter.

Je pense à vous, à tout ce que vous avez été pour moi, et je vous serre très affectueusement la main.

G. Marcel

39

Paris le 17 décembre 1948

Mon cher ami

Je trouve votre petit mot à mon retour du Liban et m'empresse de vous donner de mes nouvelles. Ce voyage a été tout à fait passionnant

---

[1] Sans doute « l'émissaire », paru dans *Vers un autre royaume*, Plon, 1949.

[2] *Les hommes contre l'humain* 1951, 1991.

et je suis extrêmement heureux de l'avoir fait. Mais je ne vous surprendrai pas en vous disant qu'il m'a fatigué, et j'éprouve quelque difficulté à me réadapter à la vie de Paris qui est fort lourde. Il faudra sûrement quelques jours avant que je puisse fournir un travail sérieux. Mais j'espère à la longue recueillir même spirituellement le bénéfice de tout ce que j'ai vu et entendu au Liban.

J'espère sans en être sûr, hélas, que l'année 1949 ne se passera pas sans que j'aie pu vous rendre visite à Caslano. Mais il est difficile de faire des projets précis pour le moment. Noël approche. Permettez-moi de vous adresser pour vous et votre fils mes vœux les plus affectueux pour l'année qui vient. J'espère que nous aurons bientôt la joie de voir paraître le livre dont vous ne m'avez dit que le titre. Il est à peu près sûr que c'est Vialatte, le traducteur de Kafka, qui traduira la *Fuite devant Dieu.* On lui récrit pour avoir son accord définitif.

Veuillez croire, etc.

G. Marcel

40

24 décembre (1948)

Mon bien cher ami

Je vous écris à la main, parce que ma secrétaire est absente. Merci de tout cœur pour votre lettre et pour le livre que j'ai commencé à lire[1]. Il y a comme toujours de grandes beautés. J'ai un peu de peine à penser au silence comme vous le faites ; je ne l'éprouve pas, en tant que silence, comme une réalité. Pourtant je vous comprends, et il y a une très haute vérité au fond de ce livre.

La traduction de la *Fuite devant Dieu* est, parait-il, terminée ; Vialatte va nous l'apporter. Je vous dirai ce que j'en pense, on pourra du reste vous envoyer le manuscrit.

---

[1] *Le Monde du silence*, en allemand. Édité en français aux Presses Universitaires de France, 1953.

Cette fin d'année est particulièrement lourde et cruelle ; je suis bien fatigué et accablé de besogne.

J'irai en janvier en Alsace où l'on va jouer mon *Homme de Dieu*, et plus tard à Bruxelles.

Merci pour les « pralinés » , que je n'ai pas encore reçus ; vous me gâtez trop.

Je vous adresse, etc.

G. Marcel

41

27 décembre 1948 Caslano

Mon cher ami

D'abord il faut que je vous dise que la boîte de pralinés qui devait arriver pour Noël vous parviendra au tout début de l'année : l'ami bâlois qui se charge de cette commission va à St-Louis dans quelques jours. En ce moment on ne peut pas envoyer de paquet directement en France, et c'est bien dommage.

Je n'ai pas pu lire le passage de votre lettre où il était question d'une traduction par le traducteur de Kafka. Excusez-moi si je n'ai pas été capable de lire votre écriture: je suis très peu doué pour la lecture, donc veuillez m'excuser. Mais j'ai tout de même compris que *Die Welt des Schweigens* vous a plu. C'est mon meilleur livre, je crois, la somme des autres, Stanley Godman en a parlé dans le *New English Weekly* :

> « Ce livre possède la vertu bienfaisante du silence, dont il parle ; il est lui-même une création du silence. Par son *intégrité* impossible à analyser, c'est un poème, avec lequel il faut vivre, par lequel il faut se laisser transformer l'âme. Rares sont les livres dont l'essence est celle du sujet qu'ils traitent. Celui-ci, en fait comme en titre, est un *Monde du silence* »,

Cela me désole de penser à votre tristesse. Trop de tristesse est un mal pour l'âme et pour l'esprit, la tristesse sépare l'homme des autres hommes et finalement de Dieu, elle attaque la substance de l'âme et de l'esprit, elle s'en nourrit, alors que cette substance pourrait servir pour les autres et pour autre chose ; au fond, la tristesse excessive est un égoïsme. Je sais bien qu'actuellement, puisqu'il n'existe plus de communauté véritable entre les hommes, la tristesse se trouve être presque l'unique fondement sur lequel les hommes puissent se retrouver. Mais il ne faut pas oublier qu'une telle communauté, fondée sur la tristesse, n'est qu' un succédané.

Revenez me voir, bientôt, nous serons gais, au-dessus de cette sombre Mélancolie nous lâcherons les ballons bleus, verts, rouges de la gaieté et nous les regarderons monter. M. le comte d'Harcourt a été très gai, ici, il a beaucoup ri.

Tous mes vœux pour la nouvelle année, etc.

Max Picard

42

Paris, 22 janvier

Mon bien cher ami

Je viens de recevoir les délicieux bonbons Lindt que vous avez eu l'extrême gentillesse de me faire envoyer par ce Monsieur de Berne. Je ne saurais vous dire combien cette attention, après tant d'autres, m'émeut.

Comme j'aimerais qu'une fois vous veniez passer quelques jours chez moi. Ce serait enfin pour moi une occasion de vous témoigner mon affection et ma gratitude. Nous avons depuis une quinzaine la traduction de la *Fuite devant Dieu* ; je ne l'ai regardée encore que superficiellement, j'ai l'impression qu'elle est trop littérale, on n'a pas le sentiment que le traducteur ait assez profondément compris votre pensée pour la recréer en quelque sorte dans notre langue.

Voulez-vous que je vous la fasse envoyer par Plon ; elle est malheureusement manuscrite mais elle me paraît lisible. Si vous le souhaitiez, Plon accepterait d'ailleurs de la faire dactylographier. Nous ferons ce que vous voudrez. Je ne crois pas d'ailleurs que la traduction puisse être sérieusement améliorée : l'expérience montre que c'est à peu près impossible.

J'ai passé une semaine en Alsace, où l'on créait mon *Homme de Dieu.* La pièce a été très bien jouée et a obtenu un vif succès, au moins à Colmar. Cela vous intéressera de savoir que j'ai vu longuement un certain Thumann, qui a traduit le livre de Pfleger dont vous m'aviez parlé si chaudement. J'ai le livre entre les mains, mais ne l'ai lu qu'en partie ; il me paraît, en effet, remarquable. Si j'avais eu le temps, j'aurais été rendre visite à l'auteur, cela n'a malheureusement pas été possible, nous aurions parlé de vous.

Je vais la semaine prochaine à Bruxelles, où je dois faire une conférence, et où on doit jouer une autre pièce de moi. En février, je serai relativement tranquille, mais j'aurai à terminer mes leçons pour Aberdeen, que je dois faire au mois de mai. Je dois aller à Lausanne, à Marseille, à Nantes, et faire vraisemblablement un rapide voyage en Amérique du Sud, tout cela avant l'Écosse. Il y a de quoi donner le vertige. Ma ferme intention est d'aller en Suisse cet été et naturellement de vous voir. Je ne sais trop dans quel état je serai après tous ces voyages, toutes ces fatigues. Mais en même temps tout cela semble presque nécessaire à mon équilibre ; autrement je m'enfonce.

J'espère vivement que vous allez bien. Je vous enverrai, quand elles paraîtront, les deux pièces importantes dont je corrige actuellement les dernières épreuves.

Cher ami, je pense à vous etc.

G. Marcel

43

2 février 1949

Cher ami

Je vous envoie une description du chemin de Caslano à Magliaso, au dessus du golf, ce chemin que nous avons suivi ensemble et dont vous disiez qu'il vous faisait penser à un parc anglais.

Au sujet de la traduction de la *Fuite devant Dieu*, je vous demande, encore une fois, de faire tout pour qu'elle soit bonne : je vous le répète, je préfère un retard de parution de trois ou quatre mois, pourvu que le texte soit bien au point. Il ne faut pas que ce soit un mot-à-mot, mais une sorte de transposition, de re-création. Il le faut. Je vous en prie, aidez-moi.

Cela me fait de la peine que vous couriez la planète de la sorte. Quel sens y a-t-il à ces pérégrinations ? Les hommes n'en seront pas rendus meilleurs et vous, vous vous épuisez, peut-être au détriment de travaux plus importants. Lorsqu'on est, comme vous, un centre, on attire à soi ce qui doit venir. C'est mon idée.

Nous souhaitons vous revoir bientôt ici - Cela vaudrait mieux qu'un voyage en Amérique du Sud !

De tout cœur, etc.

Max Picard

J'attends avec impatience votre pièce : a-t-elle été jouée à Paris ?

44

Paris le 4 février 1949

Mon cher ami

Je vous remercie beaucoup de m'avoir envoyé cette description d'un chemin dont je garde naturellement le souvenir le plus précis. Je me rappelle particulièrement la promenade que nous avions faite là à mon premier passage en 1947. J'ai aussi été très heureux de lire l'article de M. Hausenstein, que je vous retourne. Il cite une phrase de votre livre que je compte citer à mon tour dans la conférence que je ferai à Lausanne vers la fin du mois sur l'homme et les techniques.

J'ai parlé chez Plon de soumettre à M. Jean Rousset la traduction de Vialatte. Mais aura-t-il le temps de la réviser ? C'est douteux. En ce qui me concerne il ne peut pas en être question ; j'ai constaté souvent, d'ailleurs, qu'il est presque plus difficile de réviser que de traduire soi-même, parce qu'on est continuellement gêné par les phrases qui viennent s'interposer entre l'esprit et le texte original. Je dois avouer d'ailleurs que j'ai des doutes quant à la possibilité d'effectuer ce travail de re-création dont vous parlez. Cependant tandis que je vous écris je pense à une femme remarquablement intelligente qui peut-être pourrait entreprendre ce travail de révision. Nous allons voir.

Je comprends que vous vous étonniez de me voir accepter tant de déplacements. Mais contrairement à ce que vous pensez, ils sont, je crois, actuellement nécessaires à mon équilibre, assez précaire du reste. En outre - et cela d'un point de vue tout à fait différent - je suis à peu près sûr que j'ai le devoir d'aller montrer à l'étranger que la pensée française ne se réduit pas à l'image caricaturale et parfois tout à fait offensante que certains tendent à s'en faire. On a souvent très mal choisi les personnalités chargées d'aller représenter la pensée française au dehors. Je risque de vous sembler un peu prétentieux en m'exprimant ainsi, mais les expériences que j'ai faites par exemple au Portugal et au Liban ont été absolument démonstratives.

Je vous l'ai dit, j'ai la ferme intention d'aller vous voir cet été, et je me réjouis de nouer plus ample connaissance avec votre fils qui, vous vous en souvenez, a fait immédiatement ma conquête.

Encore merci de tout cœur pour toutes les marques d'amitié que vous ne cessez de me donner, et croyez, mon cher ami, etc.

G. Marcel

45

10 février 1949

Cher monsieur et ami

Si vous allez à Lausanne à la fin de Février, je vous prie de venir nous trouver, vous pouvez faire la route Lausanne - Domodossola - Lucerne. Je serais très heureux de vous avoir ici pour quelques jours. L'Amérique du Sud est lointaine, le Tessin est voisin, il vaut mieux cultiver les amis que les gens étrangers...

Avec mes plus cordiales salutations...

Max Picard

46

17 mars 1949

Mon bien cher ami

Je suis terriblement en retard avec vous et je m'en excuse. Je n'ai passé que trois jours en Suisse en février (à Lausanne) et il ne pouvait être question pour moi, malheureusement, d'aller jusqu'à vous. Une autre occasion se présentera plus que certainement plus tard, car je passerai vraisemblablement une grande partie de mes vacances en Suisse et en Italie, et vous savez quelle joie j'aurais à vous revoir et à me retrouver dans ce Caslano que j'aime tant. Ce pays m'est familier comme si j'y avais longtemps vécu, il fait partie de moi-même. Vous serez sûrement content de savoir que j'ai renoncé au voyage d'Argentine qui aurait été très fatigant, très déraisonnable, car je me sens assez épuisé. On joue une de mes pièces avec grand succès à Marseille et on va en créer une autre à Nantes (*Le Divertissement posthume*) : j'irai à cette occasion, d'autant que j' ai là un ami très cher.

J'ai fini de rédiger mes Gifford Lectures en français et la traduction anglaise avance mais me donne une certaine inquiétude. C'est pour le mois de mai.

Mon ami Georges Poupet est en train d'examiner de près la traduction français de la *Fuite devant Dieu.* Il paraît assez inquiet de ce que sera la réaction du public français. Il n'est pas démontré qu'on puisse réaliser la transposition vous souhaitez ; peut-être est-on à peu près condamné à une littéralité qui risque de vous trahir justement parce qu'elle est littéralité. Je vous donnerai d'autres nouvelles quand nous y verrons plus clair.

J'ai parlé de vous l'autre soir avec le Ministre de Suisse à Paris, M. Carl Burckhardt, qui me fait l'effet d'un homme des plus remarquables et qui vous estime beaucoup.

Veuillez croire, etc.

G. Marcel

47

7 avril 1949

Cher ami

Il y a quelques jours, j'ai eu la visite du professeur de Zurich, et en même temps du recteur de Bonn. X. est un théologien protestant mais surtout un sonneur de trompette. Voici ce que je veux dire : il ne dit pas son néant, il le proclame à son de trompette, tandis que l'autre, le catholique, susurre son propre néant à la flûte : au milieu, il y avait moi, parfaitement silencieux, écoutant le concerto, X. a une grosse barbe, et c'est de ce buisson de poils que sortaient les sons de trompe, son néant prenait des airs de mystère si bien que le catholique de Bonn, intimidé, cessa peu à peu de flûter ses convictions; rien n'existait plus dans mon bureau que la barbe sonore de X.

Il est rare, après avoir vu quelqu'un, de sentir que la rencontre avait un caractère de nécessité. Presque toujours ce n'est qu'une perte de temps. La rencontre avec vous fait partie de cette toute petite minorité, qui va de soi, qui est naturelle, qui a sa raison en elle-même.

On dirait qu'un lien entre nous a toujours existé, et qu'il n'a fait que devenir visible depuis quelque temps : quel bonheur il y a dans cette reconnaissance, cette découverte de l'un par l'autre. Toute mon amitié, etc.

Max Picard

48

22 avril 1949

Cher ami, un prêtre noir catholique est venu me trouver hier. Ayant lu « Hitler en nous-même » il voulait s'informer en détail de l'auteur, mais je ne lui ai pas parlé de moi, seulement de vous et recommandé de lire vos livres. Mon traducteur anglais Stanley Godman m'a envoyé un article sur votre ami Thibon, dont j'ai eu plaisir. Je vous envoie cette carte postale qui vous montre la montagne au milieu, sur laquelle je monte tous les matins à cinq heures. Tous mes bons vœux pour votre voyage en Angleterre et pour vos conférences à Aberdeen, veuillez etc.

Max Picard

49

22 avril 1949

Cher ami

J'ai lu pour la première fois Augustin Thierry, « Récits des temps mérovingiens ». Cela me plaît beaucoup que l'auteur ne parle pas des faits, c'est comme si les faits se racontaient l'un à l'autre.

Pendant les Pâques J'ai été dans la Brianza, la partie méridionale du Lac de Côme, invité par un lecteur italien de mes livres. J'aime ce paysage : une plaine avec les collines voisines et plus loin les Alpes Comasques. On ne marche pas dans la plaine, on est élevé entre la plaine et la hauteur des Alpes.

Toujours votre

Max Picard

50

25 juin 1949

Cher ami

Avez-vous lu le dernier numéro de la Dublin Review ? L'article sur moi cite un passage d'une lettre de Rilke à Gide : (10 décembre 1921)

> « Picard est l'homme le plus simple, le plus candide que je connaisse. C'est tout le contraire d'un littérateur, ce n'est peut-être même pas un écrivain. C'est un homme qui souffre et dont la souffrance a l'avantage d'être d'une précision épouvantable. Il a la sainte timidité de ceux dont tout le courage se trouve à jamais engagé dans un grand combat intérieur ».

C'est très beau... Je m'étais mis, pour la première fois, à l'âge de quarante ans, à écrire de vrais livres ; auparavant, ce n'était que de la broutille. Mais malgré ce que dit si bien Rilke, il n'est pas vrai qu'à cette époque, 1921, j'avais souffert. Peut-être avais-je souffert d'avance avant que la souffrance ne soit là en fait. Et il n'est pas vrai non plus, comme on pourrait le conclure du passage de Rilke, que la souffrance est la chose la plus haute. Non. C'est faux. La joie est supérieure. La souffrance de toute souffrance est liée en quelque manière au péché, tandis que la joie est du Paradis.

Comment allez-vous ? Je voudrais que vous soyez ou à Paris, ou dans votre manoir, ou à Caslano - mais pas en voyage. Ci-joint une vue de Neggio. Restez en bonne santé, mon très cher ami, travaillez bien : le travail peut être fait avant d'être fait, et c'est le plus grand bonheur qui puisse nous arriver : encore une fois, restez en bonne santé et dans cette belle tranquillité qui appartient à votre être même. Veuillez me croire, il y a peu de gens qui puissent comprendre comme moi ce qu'est votre oeuvre et votre vie.

Oui, que la vie vous soit *bonne*

Max Picard

51

29 juin 1949

Mon cher ami

Je vous remercie beaucoup de vos dernières lettres et je m'excuse d'être resté si longtemps sans vous donner signe de vie. J'ai été extrêmement occupé de bien des façons depuis mon retour d'Écosse. Non, je n'ai pas eu entre les mains le numéro de la *Dublin Review* dont vous parlez, je ne sais pas pourquoi on ne me l'a pas envoyé. L'appréciation de Rilke sur vous m'a beaucoup intéressé. Il faudrait que vous me donniez un jour plus de détails sur les relations que vous avez eues avec lui. Je ne crois pas que votre suggestion en ce qui concerne Jean Rousset puisse être retenue. On ne peut certainement pas dire que la traduction de Vialatte soit mauvaise en elle-même, mais il y a quelque chose dans 1e style même de votre pensée qui se transpose très difficilement en français. J'en ai parlé avec Béguin l'autre jour; il se demandait non sans inquiétude si techniquement pour ainsi dire, la *Fuite devant Dieu* était traduisible. Il faudra tout de même bien arriver à une décision.

On joue maintenant mon *Homme de Dieu* en spectacle régulier au théâtre de l'Oeuvre et, compte tenu de la saison trop avancée, c'est incontestablement un grand succès. Il est probable que la pièce sera reprise à la rentrée avec un grand acteur dans le rôle principal. Il est vraisemblable aussi que deux ou trois pièces de moi seront jouées la saison prochaine. Il semble bien qu'à cet égard ma situation soit assez profondément modifiée.

Je ne sais pas encore très bien comment mon été va s'organiser. Je passerai sans doute tout le mois de juillet à Paris, je voudrais pouvoir me remettre à mon travail philosophique mais cela m'est difficile parce que je suis très fatigué par une année vraiment très lourde. Nous attendons pour une date très prochaine la naissance du troisième enfant de mon fils. Ensuite il est à peu près certain que nous irons en Italie en voiture. C'est Assise qui sera notre principal objectif, mon fils devant y faire des photographies. Mais nous reverrons par la même occasion un certain nombre d'autres villes. Ensuite, en principe j'assisterai cette année encore aux Rencontres Internationales de Genève. Mais il pourrait se faire aussi que j'y renonce et que je vienne vous voir.

Je vous remercie beaucoup de ce que vous me dites à la fin de votre lettre et qui m'émeut beaucoup. La vie est difficile. Je vous envoie, etc.

G. Marcel

52

17 juillet 1949

Mon cher ami

Je vous ai promis de vous raconter mon amitié avec Rilke. Aujourd'hui je vous parlerai des débuts, le reste, ce sera de vive voix. Cela se passe en novembre 1916. Je vivais avec mes parents à Schopfheim, une petite ville près de Bâle, lorsqu'on m'invita à Munich, pour faire une conférence sur l'art paysan : je venais d'écrire un livre sur la peinture des paysans. C'étaient mes premiers pas dans le monde, et je n'avais jamais fréquenté d'écrivains. Voilà qu'en arrivant à Munich, je m'aperçois que je ne voulais plus faire cette conférence. Je vais chez une vieille amie, je m'installe devant le poêle et je n'en bouge plus de toute la journée, je ne fais que répéter : « Je ne ferai pas cette conférence, je ne peux pas. » Je refuse de venir à table, on me sert le repas sur une petite table devant le poêle. Le soir, au moment de partir pour la conférence, la vieille dame me dit :

« Qu'est-ce que vous avez fait ! Votre redingote est toute brûlée, contre le poêle » Je réponds : « C'est parfait ; maintenant, en aucun cas je ne peux y aller ». Mais mon amie me prend par le bras et m'entraîne dans la rue, jusqu'à la salle des conférences. Là, dans un bureau attenant à la salle, je m'assieds et je ne bouge plus. L'organisateur des conférences vient me chercher, je ne réponds pas un mot. Le professeur d'histoire de l'art à l'Université vient me prier de commencer – je ne bouge pas. La vieille amie revient me voir – rien. Il était déjà huit heures 20, vingt minutes de retard. Alors arrive, tout riant, un homme assez mince, pas très grand, grosse moustache blonde, les yeux bleu ciel, lumineux : il me passe la main sur le bras, puis sur la tête, puis encore sur le bras, il me tient la main longuement, il m'emmène dans la salle de conférences, je suis au pupitre, et l'homme qui m'avait pris par la main, c'était Rilke. A partir de ce moment-là tout s'est bien passé, et c'est de ce soir-là que date notre amitié. Rilke d'ailleurs a toujours été plus fidèle en amitié que moi ; il voulait toujours savoir où je me trouvais, ce que je faisais, et lorsque je ne répondais pas aux lettres il prenait de mes nouvelles par des amis communs. Ce qui est curieux, c'est que je n'avais encore rien écrit d'important, les livres qui comptent ont été écrits après la mort de Rilke. Mais il est dit dans un ouvrage sur Rilke qu'il pensait toujours à un livre de moi, « *le dernier homme* », où j'avais tracé le portrait de l'homme déshumanisé à venir. D'ailleurs je crois que c'est à moi que Rilke a écrit sa dernière lettre.

Comment allez-vous ? Je vous suis reconnaissant du fond du cœur de vous donner tant de mal pour la traduction de la *Fuite devant Dieu* ; je ne l'oublierai jamais, ma reconnaissance sera toujours présente en moi.

Je me réjouis du succès de votre pièce, et du succès en Angleterre. En septembre il y aura une conférence sur moi à Londres, à St-Anne House (institut de la High Church anglaise). Espérons qu'on parlera de vous à ce propos. J'y prendrai garde. Qui est Patrice de la Tour du Pin ? Je n'ai rien lu de lui.

Je suis content que vous veniez me voir en automne, mais ne venez pas avant la fin de septembre, car j'irai sans doute en Italie. J'y suis toujours très heureux, car les gens là-bas vivent sans angoisse. Ici, en Suisse, tout le monde vit dans l'angoisse et beaucoup de gens de l'angoisse (psychologie des profondeurs !)

Vous ai-je dit que Gaston Bachelard, dans son semestre d'hiver à la Sorbonne, va parler du *Monde du Silence* ? Connaissez-vous Bachelard ?

Portez-vous bien, ménagez-vous. J'espère que vous allez cesser de parcourir la terre. Il le faut absolument, et pour moi, ce sera un soulagement de le savoir. Fidèlement votre

Max Picard

Un autre souvenir : un journal de Munich avait parlé de ma conférence en ces terme « Nous avons vu un homme au visage jeune et aux cheveux blancs comme neige (c'est vrai, j'ai les cheveux blancs depuis l'âge de vingt ans) et les mots qui sortaient de sa bouche ressemblaient aux inscriptions sur les banderoles au-dessus des anges dans les miniatures des anciens manuscrits » - N'est-ce pas beau ?

53

Le 22 juillet 1949

Mon cher ami,

Merci beaucoup pour votre lettre si intéressante. J'ignorais tout des conditions dans lesquelles vous avez fait la connaissance de Rilke. Je me demande si vous avez de lui des lettres significatives, j'aimerais bien les lire un jour, à Caslano.

Je ne sais toujours pas très bien comment mon été va s'organiser. J'ai un petit-fils depuis une semaine, tout s'est bien passé et ma belle-fille est aussi bien que possible. L'enfant, qui se nomme Antoine, paraît tout à fait vigoureux. Nous comptons, mon fils et moi, nous rendre en Italie dans la seconde quinzaine d'août et il se peut que je puisse vous rendre visite au retour. Mais rien n'est certain. J'étais invité aux Rencontres Internationales de Genève, mais comme je devrai sans doute rentrer d'assez bonne heure à Paris, en septembre, il sera plus raisonnable, je crois, d'aller faire un petit séjour en haute montagne. Ce sera beaucoup plus profitable à ma santé.

La traduction de votre livre n'est pas du tout considérée comme mauvaise, mais on craint fort chez Plon que l'ouvrage n'en demeure par moins lettre morte pour le lecteur français. Nous avons pensé qu'on pourrait peut-être demander une introduction à M. Karl Burckhardt, que vous connaissez, et qui vous apprécie beaucoup. Je suis moi-même en bons termes avec lui. Qu'en pensez-vous ?

J'ai commencé à rédiger un peu mes leçons de l'an prochain, mais la chaleur et la fatigue me rendent ce travail très difficile. Je vais passer quelques jours en Bretagne avec des amis. J'espère que cela me fera du bien.

Veuillez, etc.

G. Marcel

54

Le 25 juillet 1949

Mon cher ami

Avant tout, je tiens à m'associer à votre joie, à la naissance de votre petit-fils. Votre personne rayonne tant de bonté, que vous êtes fait pour avoir des petits-enfants.

Ce que je préférerais, c'est que l'introduction de la *Fuite devant Dieu* soit de vous. Cela donnerait sa meilleure chance au livre. Personne en France ne le comprend comme vous, personne ne saurait comme vous le présenter aux lecteurs français. Il suffirait de huit à dix pages. Vous me rendriez bien heureux.

Le Conseil International de philosophie, en lien avec l'UNESCO, m'a demandé, par l'intermédiaire de M. Jacques Rueff, de l'Institut de France, de travailler au rapport sur la genèse du Nazisme et de participer au congrès du 30 août au 2 septembre. Je ne sais pas encore s'il me sera possible de faire le voyage de Paris. Comme je préférerais avoir votre visite ici, à Caslano. Celle de l'année dernière avait été si bienfaisante et si pleine qu'en quelque sorte elle déborde sur le passé : c'est comme si nous nous étions connus depuis des années, et qu'il existe une continuité de ce passé à l'avenir, sans que nous fassions rien pour cela. Michel vous salue, je l'ai vu hier. De tout cœur, etc.

Max Picard

55

12 septembre 1949 Montana

Mon bien cher ami

Vous pouvez compter que j'arriverai chez vous vendredi prochain presque certainement à 20H20. Si l'heure était modifiée je vous téléphonerais ou vous télégraphierais. Il se peut que je m'arrête vingt-quatre heures chez M. Szilassy.

Je me réjouis beaucoup de vous revoir, Croyez-moi, etc.

G. Marcel

Je vous proposerai de vous emmener trente-six heures dans le Val Mesacco (?) que je ne connais pas et d'où je compte regagner Paris par le San Bernardino et Coire ; je dois être rentré mercredi soir.

56

21 rue de Tournon, 21 septembre

(1949 ?)

Très cher ami

Merci pour tout. Mon cœur est plein de tendresse pour vous deux. Le retour en auto a été terriblement long ; la voiture était neuve et le temps très mauvais Nous sommes partis de Genève à cinq heures et demie du matin et arrivés ici à minuit trois quarts. Il y a eu des arrêts, bien entendu. Je suis fatigué et même accablé par l'énorme courrier que je trouve ici et je n'ai pas ma secrétaire. Je n'ai personne à qui dicter ce petit mot. Je compte parler à Plon aujourd'hui ou demain de la révision par Rousset. Croyez à ma profonde affection, etc.

G. Marcel

57

29 septembre 1949

Mon bien cher ami

Je vous remercie bien vivement de vos cartes, en particulier de celle de Florence que j'ai reçue hier. Je ne puis vous dire combien est précieux le souvenir que je garde de ces moments passés auprès de vous deux à Caslano. Merci aussi pour ce que vous avez dit à Rentsch. Il a eu la grande amabilité de m'envoyer le livre de Kassner. Je l'ai reçu et il me paraît des plus intéressants. Peut-être la Table Ronde publiera-t-elle l'étude sur Faust et l'homme baroque. Vous trouverez à votre retour le *Journal Métaphysique* et l'exemplaire[1] destiné aux éditions de la Communità. Je suis littéralement débordé, et je pars mardi matin pour assister aux dernières répétitions du *Chemin de crête* à Bruxelles. J'espère que vous vous ferez du bien à Chianciano. Je vous suivrai par la pensée dans ce pays que j'aime tant. Je pense que vous avez bien reçu la lettre où je vous envoyais le petit mot pour les

[1] De *Homo Viator*.

Contucci. Vous serez gentil à votre retour de me renvoyer le livre de Rehm que je n'ai pas terminé et que je ne pourrais pas me procurer autrement.

Encore merci pour votre merveilleuse amitié, etc.

G. Marcel

58

19 octobre (1949)

Mon bien cher ami

Vous n' oubliez rien, vous êtes merveilleux. Merci de tout cœur pour les volumes que vous m'avez envoyés. Je songe d'ailleurs à donner dans ma collection un recueil de nouvelles de Pirandello.

Malheureusement Rousset qui a lu la traduction de Vialatte dit qu'elle est complètement à refaire mais n'a absolument pas le temps de s'en charger. Nous avons peut-être quelqu'un d'autre pour ce travail difficile. On s'en occupe. J'ai eu les mêmes ennuis avec la traduction anglaise de mes Gifford Lectures. Mon *Chemin de crête*, admirablement interprété, a remporté à Bruxelles un succès inespéré. Il est très probable que la pièce viendra à Paris cette saison. On reprend *Un homme de Dieu*, ce soir, à l'Oeuvre. Tout cela m'absorbe et me fatigue terriblement. Il y a des moments où j'ai l'impression que je ne supporterai pas très longtemps une existence aussi harcelée et aussi énervante. Car la critique dramatique me prend aussi beaucoup, et ce que je vois est souvent bien mauvais. Les photographies de mon fils sont décidément magnifiques. Je pense que Plon enverra peut-être quelques spécimens à Rentsch pour savoir si cela peut l'intéresser ; pardon pour cette mauvaise lettre. Je pense à vous avec l'affection et la gratitude, etc.

G. Marcel

Avez-vous vu les Contucci à Montepulciano ?

59

Le 2 novembre 1949

Mon cher ami

Je vous remercie de votre longue lettre qui m'a profondément touché. J'ai malheureusement été victime d'un accident des plus fâcheux : une chute dans la rue qui a entraîné une fracture du col de l'humérus. Je suis complètement immobilisé chez moi dans un appareil affreusement pesant et gênant qui me fait passer des nuits vraiment terribles. On m'a dit que je devrais, en principe, le garder un mois, mais je ne sais comment je tiendrai jusque-là. Inutile de vous dire que je ne peux pas écrire, ni fournir aucun effort intellectuel, et cela à un moment où j'avais un gros travail à faire.

Je suis heureux qui vous ayez fait la connaissance des Contucci. Il ne m'étonne pas que vous ayez aimé ce pays d'une extraordinaire harmonie.

Sans doute Plon enverra-t-il à Rentsch une maquette avec quelques photographies qui lui permettront de se faire une idée du livre sur les paysages franciscains. Les photos sont très belles. Nous avons quelqu'un d'autre qui semble pouvoir amender la traduction de Vialatte car Rousset se refuse absolument à le faire. Que tout cela est compliqué.

Je pense à vous avec une infinie gratitude et avec tendresse, votre

G. M.

60

Le 7 novembre 1949

Mon cher ami

Mon état s'améliore lentement, trop lentement, - mais j'ai eu une idée qui me paraît excellente, et qui a l'agrément de Jean-Marie et de Plon, ce qui est beaucoup plus important encore. C'est que vous, qui connaissez si bien l'Ombrie, vous fassiez l'introduction à l'édition de langue allemande des photographies de mon fils sur les paysages franciscains. Il se trouve qu'il ira à Zurich dans huit jours pour un reportage sur une succursale de grande maison de couture qui va être créée dans cette ville. C'est Charles Veillon qui s'en occupe. Le local très grand comportera une salle d'exposition et Ch. Veillon, qui a vu les photos de mon fils et les a beaucoup appréciées, est tout disposé à ce qu'elles soient exposées dans ce local à Zurich. Ceci serait, me semble-t-il, d'un grand intérêt pour Rentsch.

Je ne puis dicter plus longtemps aujourd'hui, et je vous prie de croire, etc.

Gabriel Marcel

61

11 novembre 1949

Mon très cher ami

De retour d'un petit voyage, je trouve votre lettre et suis horrifié d'apprendre que vous vous êtes cassé le bras. Comme je voudrais pouvoir m'installer à votre chevet et vous raconter des histoires. Il est vrai, on l'a assez dit, qu'une conversation n'est pas une chose indispensable, mais justement une conversation est indépendante de toute nécessité, c'est un foisonnement, une surabondance ; l'homme est soumis à la nécessité, la surabondance a un caractère divin : n'est-il pas vrai ?

Je voudrais bien savoir ce que vous, vous pensez du livre de Rehm. Des livres comme celui-là n'engendrent rien, ne métamorphosent rien, ils n'ont pas de rayonnement, ce sont des rapports ou des comptes-rendus. Si l'on y trouve une idée, ce n'est qu'un moyen pour rassembler les pages lues, il n'en rayonne aucune lumière sur la substance du sujet, même du sujet reconstitué - à plus forte raison sur le lecteur.

Je ne puis pas écrire la préface au livre sur Assise car il y a trop longtemps que je ne suis allé en Ombrie et les paysages ne me sont pas présents à l'esprit. Mais un texte de Mauriac ferait une excellente présentation.

Bon rétablissement, de tout cœur etc.

Max Picard

62

22 novembre 1949

Mon très cher ami, je vous ai envoyé ce matin un peu de chocolat, j'espère qu'il arrivera. Nous pensons toujours à vous et je suis sûr que les bonnes et vraies choses de la terre se trouvent consolidées par votre existence, et cela me plaît que vous n'en sachiez rien, ni les choses, et que c'est seulement marqué dans mon âme. Nous avons maintenant la pluie comme s'il n'y avait pas d'autre chose sur le monde que la pluie. Cela me plaît ; aux autres c'est ennuyant. Comment vous trouvez-vous ? Votre bras est-il guéri ? Je l'espère, Tous mes bons vœux, etc.

Max Picard

63

Le 2 décembre 1949

Mon très cher ami

Je viens de téléphoner avec Rentsch au sujet du livre de votre fils. Rentsch serait disposé à le prendre mais ne le prendra tout de même pas car il craint qu'il ne vienne à disparaître dans le brouhaha de l'Année Sainte, ce qui, à son avis, serait bien dommage. Il aimerait attendre deux ans, que le brouhaha soit éteint. Mais cela lui est très dur de prendre cette décision parce qu'il a beaucoup de sympathie pour vous et ne voudrait vous contrarier en rien. Il m'a dit au téléphone que tout ceci lui est tellement pénible que, lorsqu'il a reçu une lettre de vous (ou de votre fils), il n'a pas pu l'ouvrir lui-même mais a demandé à sa femme d'en prendre connaissance. Si votre fils ne veut pas de ce délai, je suis tout prêt à écrire à l'éditeur catholique Hess à Bâle, et à Otto Walter à Olten. Dites-moi ce qu'il faut faire. Rentsch m'a dit aussi que son ami Keckeis, du Benzingerverlag, avait éprouvé les mêmes hésitations au sujet d'une parution en ce moment. En revanche, il y a toutes les chances pour que Regnery prenne le livre, carrément pour l'Année Sainte. Il m'a fait la meilleure impression, c'est moins un Américain qu'un Européen, sans aucun positivisme, ombrageux, de la manière la plus sympathique, et en même temps plein de hardiesse, avec quelque chose d'authentique et de discret. Il m'a posé des questions sur vos livres et je lui ai vivement conseillé de prendre votre œuvre : j'ai tenté de lui tracer une image de vous bien distincte.

J'ai été nommé membre de l'Académie des Beaux-Arts de Bavière à Munich : je l'ai appris par le journal avant d'avoir reçu la lettre, et cette lettre, je l'ai perdue dans le chaos de ma table.

De tout cœur, etc.

Max Picard

64

21 décembre 1949

Mon cher ami

Pour les fêtes je vous envoie mes meilleurs vœux et pour toute l'année et je vous dis que je désire que nous nous rencontrions bientôt. C'est dommage que nous sommes séparés l'un de l'autre pendant que l'union des malpensants se forme toujours plus fortement. Votre fils ne m'a pas écrit à propos des éditeurs suisses Hess à Bâle et Walter à Olten. Vous savez que Rentsch le publiera d'ici un an ou un an et demi, mais il voudrait éviter que le livre se perde dans les masses de publications pour l'Année Sainte. Que dites-vous du dernier livre de Graham Greene : Grâce et pouvoir ?[1] Le clergé est d'accord, mais en consentant l'Église cherche peut-être à détruire l'effet de ce livre ? C'est possible, même probable. Je serais très content si vous pouviez me dire quelque chose de la traduction de la *Fuite devant Dieu* et plus heureux encore si vous m'écrivez que vous allez bien. Toujours amicalement

Max Picard

65

6 janvier 1950

Mon bien cher ami

Je m'excuse de n'avoir pas répondu à vos deux cartes. Depuis que mon bras est théoriquement guéri, j'ai repris une vie extrêmement active et terriblement harcelée et je suis obligé de me livrer à un véritable équilibrisme pour concilier les tâches si diverses dont j'ai à m'acquitter. Je dis théoriquement guéri, parce que mon épaule reste douloureuse et qu'il y a bien des mouvements que je ne peux pas encore faire. J'espère que vous avez bien commencé l'année. Nous souffrons ici d'une humidité très éprouvante. Mon fils a reçu un mot de Regnery de Chicago, qui accepte de sortir mille exemplaires du livre sur l'Ombrie... Nous sommes toujours malheureusement au même point pour la *Fuite devant Dieu*, je ne sais vraiment pas ce qu'il faut faire. J'en reparlerai ces jours prochains.

J'espère que Michel et les siens vont bien et vous charge pour eux de toutes mes amitiés. Croyez-moi très affectueusement, etc.

G. Marcel

[1] *La puissance et la gloire.*

66

Le 8 janvier 1950

Cher ami

J'ai lu par hasard que vous vous êtes engagé pour demander la mise en liberté de Maurras, et cela m'a fait plaisir. Si je ne partage pas l'antisémitisme et l'anglophobie de Maurras, je ne peux admettre le délit d'opinion. J'ai toujours pensé que ses écrits posent une question de forme et de fond. Peut-être, en un temps où le fond est en miettes, faut-il rendre la forme particulièrement explicite, en attendant que le fond se décante.

Tous mes vœux, etc.

Max Picard

Je vous ai envoyé pour les étrennes un recueil de Gotthelf. Vous savez combien j'apprécie cet auteur. Gotthelf, c'est la soupe, la viande, les légumes, le poisson, le poulet : Gottfried Keller, ce n'est que du dessert ![1]

67

16 janvier 1950

Mon bien cher ami

Je suis profondément heureux de la nouvelle que vous me donnez, et vous charge pour votre fils et pour votre belle-fille de mes plus affectueuses félicitations. Je suis sûr que votre petit-fils vous donnera les joies que me donne le mien, j'éprouve un réel plaisir à savoir qu'il porte mon prénom, cela me donne le sentiment très doux d'une sorte de parrainage.

Je vous avais fait envoyer *La vingt-cinquième heure*[2] (dès mon retour du Tessin au début d'octobre). Il faut croire ou bien que mes instructions

[1] Gottfried Keller (1819-1890). Poèmes, essais, contes. *Henri le vert.* Considéré comme un des plus grands écrivains suisses de langue allemande.

[2] De Virgil Gheorghiu.

n'ont pas été suivies ou que l'exemplaire a été perdu. En tout état de cause, je vais vous en faire envoyer un autre. Le livre est un immense succès.

J'attends d'avoir plus de loisirs pour lire le Gotthelf, qui comblera pour moi une lacune importante.

Je suis toujours aussi harcelé. Mon travail philosophique avance un peu mais je n'en suis pas satisfait. Je me demande d'ailleurs si dans la dernière partie de mon existence je ne serai pas amené à m'éloigner de plus en plus de la pure spéculation. C'est mon impression actuelle, peut-être n'est-elle que passagère.

Regnery publiera, je pense, mes Gifford Lectures. Il m'inspire grande confiance. Très affectueusement à vous, et n'oubliez pas de dire à vos enfants combien je m'associe à leur joie.

G. Marcel

68

10 janvier 1950, Caslano

Cher ami, merci pour votre lettre.

Moi aussi, M. Regnery m'a beaucoup plu. On rencontre assez rarement, de nos jours, des gens comme lui, qui s'expriment par gestes, si bien qu'il se passe un certain temps avant que n'émerge le sens des mots qu'il n'a pas dits. Sa personnalité m'a tellement frappé que ni lui ni moi n'avons songé à parler de mes propres livres, et ce n'est qu'une fois en Angleterre qu'il s'est aperçu de cette omission. Il sortira le *Monde du silence* cette année, la traduction est prête. Je suis content qu'il prenne vos conférences en anglais. A vous, etc.

Max Picard

69

3 février 1950

Cher ami

C'est dommage que vous ne soyez pas ici, pour voir le petit Gabriel. Au début, il m'était complètement étranger, aussi compréhensible que du sanscrit, mais cela provenait du fait que cet enfant, en réalité, fait partie d'un monde absolument différent, et la certitude qu'un tel monde existe a quelque chose de merveilleux. Le petit Gabriel n'est pas le portrait de son père, ni de sa mère, ni d'aucun membre de la famille.

Il a sa personnalité, et je pense à un passage de Dante, où il dit qu'il ne faut pas s'étonner de voir le fils du grand empereur absolument différent de son père, car chaque âme créée par Dieu est nouvelle. Je ne crois pas aux théories de l'atavisme. Bien plus que l'héritage somatique, c'es la fréquentation des membres de la famille qui agit sur l'enfant : comment serait-il possible que tant de nobles se ressemblent, sinon parce que l'image de l'un s'imprime sur l'autre. On ne fait plus de portrait, notre monde est sans image, les hommes ont perdu la force qui émane de l'image, et même le fait pour les hommes d'être ensemble n'a plus grande vertu, il manque au visage, au geste, le caractère, la possibilité de devenir image, portrait, ressemblance, l'âme même en est privée. Et bien entendu le somatique se met à dominer, les gènes, le poids de l'hérédité prend lourdement le pas et c'est cela qui donne sa forme à l'homme. Ce n'est pas un hasard si les théories de l'hérédité ont fait leur apparition en même temps que l'Image, elle, disparaissait.

Oui, je voudrais bien que vous voyiez bientôt le petit Gabriel… Il fait doux, il y a du soleil, on peut se tenir dehors, seules les nuits restent froides. Votre visite serait une grande joie. Faites un bond au-dessus de vous-mêmes et venez.

De tout cœur, votre

Max Picard

Vous savez bien qu'un tel bond hors du travail est bienfaisant pour le travail même, le changement est une « thérapie », une médication, même le simple fait de changer de médicament est souvent bénéfique.

70

25 février 1950

Mon bien cher ami

Je m'aperçois que je suis horriblement en retard avec vous. Je ne me refuse pas à écrire une brève introduction au *Monde du Silence* mais je ne pourrai m'en occuper qu'après avoir expédié des besognes urgentes. Je viens de recevoir l'article où votre ami Godman, dans la *Neue Rundschau* marque la convergence qui existe entre votre pensée, la mienne et celle de Thibon. Cet article m'a fait plaisir.

Je suis plus harcelé que jamais et vais passer trois jours à Genève à l'occasion des représentations du *Chemin de crête.* J'espère vous écrire un peu plus longuement lorsque j'aurai l'esprit plus libre.

Croyez, etc.

G. Marcel

71

11 juillet 1950

Mon bien cher ami

Je suis heureux de pouvoir enfin vous communiquer des nouvelles qui vous feront plaisir. Je viens d'apprendre que conformément à votre désir on avait enfin confié la révision de la traduction de la *Fuite devant Dieu* à M. Gillard, qui a accepté de s'en charger. Dans ces conditions il n'y aura pas de raison de ne pas publier votre livre au cours de la saison prochaine.

D'autre part, répondant à la demande de la Harvill Press, je lui ai envoyé un guise de préface à la traduction anglaise mon article de la Nef, en le faisant précéder de deux pages inédites qui amorçaient ma préface à la traduction du *Monde du silence.*

Il y a longtemps que je ne vous ai écrit et je m'en excuse, mais depuis mon retour de Grande-Bretagne, j'ai eu une vie très chargée et très fatigante. Nous partons jeudi pour la Corrèze. J'avoue que je suis très angoissé par les événements extérieurs, j'aimerais savoir ce que vous en pensez.

Sauf imprévu, je dois faire une conférence à Milan le 12 octobre prochain, peut-être pourrai-je profiter de cette circonstance pour aller vous serrer la main. Ou bien peut-être est-ce vous qui pourrez me joindre à Milan ou à Pavie, où je dois aussi parler.

Mais que se sera-t-il passé d'ici là ?

Je vous serre la main, etc.

G. Marcel

72

Le 5 août 1950

Mon bien cher ami

Je ne comprends pas pourquoi vous avez si grand peur de la guerre. Jusqu'à présent les choses se passent comme je l'avais pronostiqué. Il y a quelque cinq semaines, un éminent diplomate européen m'a demandé de lui exposer mes vues sur la situation politique. J'ai écrit que la politique russe procède de deux principes:

1) en aucun cas, ne faire la guerre *en ce moment.* Je suis sûr que les Russes abandonneraient la Hongrie, la Roumanie etc. si l'Amérique voulait faire la guerre à ce sujet, *maintenant.* Les Russes ne feront la guerre qu'après être sûrs de l'Inde, de la Chine et de toute l'Asie. Et à ce moment-là, ils n'auront même plus besoin de faire la guerre. Tout leur tombera dans les bras de soi-même. Et contre un double continent s'étendant de Gibraltar aux Philippines, à quoi servirait la bombe à hydrogène ?

2) Le second principe vise à endormir les nations occidentales. Pour cette raison, je ne crois pas à des agressions russes à découvert, ils soutiendront des luttes intestines (Indochine) mais n'interviendront

plus directement comme en Corée. Et les autres nations se laissent endormir, elles ne demandent que cela.

Comment est-il possible que les Français pensent qu'on peut faire son salut en restant neutres ? Le mouton dit au loup : ne me dévore pas, je suis neutre. Comment est-il possible que les Français et les Anglais réduisent au minimum leurs dépenses militaires, par crainte d'un déséquilibre budgétaire ? Cela me rappelle le temps où j'étais à Berlin, auprès du professeur Israël, et les Juifs polonais qui venaient le trouver : M. le professeur, j'ai un cor au pied, enlevez-le-moi, je vous en prie. Seulement ces Juifs polonais, sous leur cor au pied, ils avaient un cancer qui leur montait jusqu'au nombril. Le cancer ne comptait pas, on ne le voyait pas, mais le cor au pied, alors ça ! L'Amérique non plus ne s'arme guère, pour des raisons commerciales. Tous les Américains n'ont pas encore leurs trois voitures, leurs deux frigos, leurs trois machines à laver, et tant que ces besoins-là ne sont pas couverts, les grandes firmes n'ont aucun intérêt à reconvertir leurs productions du temps de paix en productions pour la guerre.

A mon sens, tout cela est significatif de la décadence de l'Europe. Il n'y a rien à faire. L'Europe veut sa propre décadence et si jamais elle est sauvée, ce sera *contra spem hominis et contra voluntatem hominis.*

Il y a quelques jours, un professeur anglais m'a écrit qu'on n'a pas le droit d'employer la bombe atomique, que si l'Europe fait naufrage faute d'avoir fait usage de la bombe, c'est l'affaire de Dieu, c'est sa responsabilité. Je lui ai répondu que nous n'avons pas à mettre toutes les responsabilités sur le dos de Dieu. C'est le contraire, on doit agir de telle sorte que Dieu ne soit pas obligé d'intervenir, j'entends telle intervention particulière. Nous devons décharger Dieu du soin d'intervenir. Si nous nous conduisons en attendant toujours une intervention de Dieu, cela équivaut à vouloir forcer le Christ à revenir prématurément, à vouloir provoquer le retour du Christ avant son heure.

Il faut faire usage de la bombe atomique et ce serait une bonne chose si cela se produisait *maintenant.* J'entends bien qu'il serait nécessaire auparavant d'adresser aux Russes un avertissement parfaitement clair. Si l'homme recourait à la bombe atomique sans avertissement préalable, ce serait comme si la bombe s'abattait d'elle-même sur son but, ce serait démoniaque. La bombe elle-même et son action serait confondues ; qu'on la lance, ce ne serait que le prolongement de la bombe elle-même. Pour que l'homme soit vraiment homme, il doit se tenir sur cette voie étroite, s'opposer à une éventualité. Alors il domine sur l'objet, alors il est responsable. Sinon il ne fait qu'obéir à la bombe, il est son serviteur et rien d'autre.

Je me réjouis de penser que vous allez venir. Vous m'aviez écrit que vous comptiez arriver ici en septembre ? J'espère que vous allez tenir votre promesse.

Et si vous n'allez en Italie qu'en octobre, vous passez à Caslano soit avant, soit après vos conférences.

Les Rencontres Internationales de Genève m'ont invité, mais je crois que je ne pourrai pas y aller car j'ai un travail que je dois achever. Du reste ils ne me demandent pas de conférence, je devrais prendre part aux discussions.

Le professeur Reisner[1] de Berlin, m'a écrit qu'il vous avait envoyé un travail d'une étudiante sur votre œuvre : j'ai l'impression qu'il compte sur un mot de vous. Il est venu me voir il n'y a pas longtemps, c'est un homme très sympathique et très sérieux.

De tout cœur, en vous souhaitant tout ce que l'on peut souhaiter de bon, votre fidèle

Max Picard

73

Le Peuch, 26 août (1950)

Bien cher ami

Je reçois votre carte, et vous en remercie. Je n'avais fait que regarder très superficiellement le mémoire de l'étudiant du professeur Reisner et l'ai confié à mon ami Lenz-Médoc qui devait faire des conférences à Berlin sur ma pensée. Il me le rapportera cet automne. Ce que vous dites de Baader m'intéresse beaucoup : je ne le connais pas du tout. De loin, il m'a toujours paru très intéressant.

---

[1] Théologien et philosophe allemand.

Nous partons dans huit jours pour l'Espagne.

L'évolution de la situation en Allemagne m'inquiète beaucoup.

Très affectueusement à vous

G. Marcel

Je vous envoie une carte qui représente une petite ville de ce pays-ci, que nous aimons beaucoup et qui est très caractéristique.

Je crois que l'adresse de Marc Boegner est 34 avenue d'Eylau (16°)

74

Le Peuch, 3 septembre (1950)

Bien cher ami

Merci pour votre lettre qui m'est encore arrivée avant notre départ pour l'Espagne.

Mais il me semble que vous parlez et jugez trop en prophète. Je ne vous reconnais absolument pas le droit de dire que mon pays est mort, même si je reconnais qu'il est dans le plus grand danger. Désespérer ainsi, il me semble que c'est trahir. Je vois encore en France et ailleurs en Occident mille possibilités, mille ressources précieuses sur lesquelles nous sommes tenus de compter. Pardon pour ce mot hâtif. Si je viens à Caslano ce sera après une conférence à Milan à la mi-octobre. Mais je ne suis pas sûr que ce soit possible. Malheureusement.

Très affectueusement.

G. Marcel

75-76

7 septembre 1950

Mon bien cher ami

Cela me fait mal de penser que ma dernière lettre vous a blessé. Mais je n'ai pas dit, ni jamais pensé, que votre pays était vraiment mort. Je pense que tout l'Occident, Angleterre, France, Suisse, pays du nord, sont finis ; même un peu l'Italie et l'Espagne, Mais vous vous trompez si vous me croyez désespéré.

Vous avez raison, désespérer c'est trahir. Le désespoir, c'est la décomposition intérieure, qui correspondrait à une décomposition extérieure, - mais cette correspondance ne mène à rien. Non, je ne suis pas désespéré. Je considère la fin de l'Europe comme une conséquence de la fuite devant Dieu, et encore, on peut être reconnaissant et remercier Dieu de ce qu'Il punit. Il y a un certain temps, on avait le sentiment que Dieu ne faisait plus attention à ceux qui Le fuyaient, qu'Il les considérait comme ne valant même plus la peine d'être punis. Mais non, Il nous voit, Il nous tient, Il nous punit comme nous le méritons - et c'est ce qui me tranquillise.

Je vois certes qu'il s'accomplit un bien immense, grâce à certains hommes isolés et que peut-être notre époque est celle qui a fourni les hommes les plus accomplis qui soient. Vous êtes l'un d'eux. Je connais peut-être quarante ou cinquante de ces hommes-là, et c'est beaucoup. Mais ce qu'il y a d'épouvantable, c'est que ces hommes ne font plus partie d'une communauté humaine, ils sont isolés du commun de l'humanité. Autrefois il en allait différemment ; toujours, il y avait quelques hommes bons et justes, qui étaient ainsi pour tout le peuple, et les autres n'avaient pas à se soucier d'être bons et justes, cela se faisait par la force de la communauté, ces quelques hommes dont je vous parle étant, eux, préoccupés du bien, de la vérité, de la justice. De nos jours, cette communauté est totalement en miettes. Les hommes exceptionnels sont isolés, les autres deviennent une masse quantifiée, pis encore, la fuite devant Dieu s'industrialise : œuvre monstrueuse, qui fonctionne de par la masse et de par la quantité, non plus même parce qu'elle est fuite devant Dieu et péché originel.

L'homme seul, l'homme accompli, qui n'est lui-même qu'*être*, n'est pas entraîné par la quantité. Cette situation, qui est la nôtre aujourd'hui, vous devez sûrement l'avoir détectée, vous.

Mais que pouvons-nous faire ? Tenir notre être fermement attaché à la vérité, au bien, à la justice, de telle sorte que le péché originel industrialisé perde sa consistance. Souvent, dans le train, lorsqu'on regarde le visage de ses compagnons de voyage, on pense avoir devant soi des déportés, un convoi pour l'enfer, et puis tout à coup, voilà un vrai visage d'homme qui apparaît, aussitôt les déportés de l'enfer disparaissent et le train va tout droit vers le ciel. De ces miracles, il y en a toujours, et puis surtout intervient 1a prière des hommes accomplis, la prière continuelle qui a le pouvoir de la métamorphose.

Votre ami,

Max Picard

77

Le Peuch, 28 septembre (1950)

Bien cher ami

Nous sommes de retour d'Espagne depuis trois jours, et je serai à Paris samedi soir. Je m'occuperai de votre livre la semaine prochaine. Merci beaucoup pour votre lettre, qui met les choses au point. Vous avez peut-être raison, il me semble cependant que vous êtes trop catégorique. Il y a ici et là des ressources invisibles en dehors même de la petite élite dont vous parlez.

Que faut-il penser de l'état réel de l'Espagne ? C'est très difficile à dire. Évidement le peuple est relativement intact, plus qu'ailleurs peut-être. mais le cléricalisme y est vraiment effroyable, et cela ne peut pas ne pas avoir de conséquences funestes...

On donne la *Chapelle ardente* la semaine prochaine, puis je pars pour l'Italie, mais y resterai très peu de temps. J'ai eu une excellente lettre d'Oswald von Nostitz, qui se recommande de vous. Il paraît tout à fait bien.

Je voudrais pouvoir vous dire à bientôt, et vous envoie, etc.

G. Marcel

78

20 octobre 1950

Cher ami

Il y a deux jours, je vous ai envoyé les Lettres de Rosa Luxembourg. Elle a écrit peu de lettres, en allemand, mais dans une langue excellente. Grâce à cette juive polonaise, les Allemands peuvent s'instruire sur leur propre langue et, mieux encore, sur l'amour que nous pouvons avoir pour les choses qui sont devant nous. La correspondance entière de Rilke n'a pas la valeur de ces lettres ; Rilke écrit moins à son correspondant qu'à la postérité, ou à l'historien de la littérature. Jamais rien de direct chez lui. Ce qui passe en premier, chez Rilke, ce n'est pas une réalité, mais un état d'âme distillé, et les choses réelles ne sont là que pour éclairer coquettement ses états d'âme. Rilke appartient à son époque plus qu'il n'y pourrait paraître, par cette manière indirecte d'appréhender les choses.

Vous savez que Rosa Luxembourg était communiste, mais, à la différence de presque tous les communistes, qui sont préoccupés exclusivement de l'avenir lointain, et indifférents à tout ce qui leur est proche, elle, elle s'occupe de ce qui l'entoure, d'une manière admirable, comme vous le verrez dans ces lettres.

De tout cœur, etc.

Max Picard

79

9 novembre 1950

Mon bien cher ami

Je m'excuse d'être resté si longtemps sans vous écrire. J'aurais été très content de mon séjour en Italie si je n'avais été tout le temps assez souffrant. Mais j'ai été merveilleusement accueilli. Je n'ai été qu'à Milan et à Bologne, avec un court arrêt à Modène. Je repars après-demain pour Madrid et peut-être Grenade, mais ce sera aussi très court et, je le crains, assez fatigant. Je vous remercie beaucoup de m'avoir envoyé ces lettres de Rosa Luxembourg , sur lesquelles je n'ai fait encore que jeter un coup d'œil, mais on se rend compte tout de suite qu'il y a là un accent humain qu'on aurait peu de chance de trouver aujourd'hui chez les gens du même bord.

Je viens de recevoir votre jolie carte d'Assise, que je n'ai malheureusement pas pu bien déchiffrer. Je suis heureux que vous ayez revu cette admirable ville où vous avez dû trouver de nouvelles inspirations.

Je garde précieusement les deux feuilles que vous m'avez envoyées et que nous joindrons à la traduction définitive de la *Fuite devant Dieu.* Celle-ci ne nous a pas encore été retournée par M. Gillard.

Il me faut terminer rapidement, cher ami, parce que j'ai beaucoup à faire en raison de mon prochain départ. Je vous envoie mes plus affectueuses pensées. Je voudrais bien qu'il ne s'écoule pas trop de temps avant que nous puissions nous revoir.

Très affectueusement,

G. Marcel

80

26 novembre 1950

Mon cher ami

Avez-vous reçu l'article de Stanley Godman dans la *Neue Rundschau* ? Cela m'a fait plaisir qu'on nous montre ainsi tout proches l'un de l'autre, devant le public. Mais que dire de cette proximité personnelle qui existe entre vous et moi et qui est de l'ordre du mystère, non pas un mystère obscur mais d'une clarté transparente.

Croyez-vous qu'il serait possible de faire passer cet article de Godman dans une revue française ? Je crois qu'il en serait très reconnaissant. Demain je m'en vais à Milan, voir mon éditeur italien ; je vais lui parler de faire une édition italienne de *Homo Viator*. Ils sont très sympathiques, dans cette maison d'édition ; l'année dernière, ils avaient mis à ma disposition une voiture et un chauffeur, mais il vaut mieux aborder les nouveaux paysages avec ses pieds, je vois mieux à pied qu'à travers les vitres d'une voiture. Avez-vous pu joindre M. Gillard ? Je serais tellement heureux, si cette affaire pouvait être réglée.

Je dois vous dire en confidence que je ne pense pas que 1a nouvelle de N. vaut la peine d'être traduite ; comme presque toute la littérature de maintenant, elle est faite de morceaux laborieusement assemblés pour que cela raconte une histoire. Je viens de lire un récit de Leskov : quelle race, quelle plénitude, quel flot, de la première ligne à la dernière, à mesure que se développe le récit et qu'y affluent de petites sources avec chacune son chant d'harmoniques dans le flot du récit principal. La nouvelle de N., en revanche, comme la plupart des œuvres contemporaines, est à la recherche de sa propre substance, tandis que Leskov la possède et la répand sans remarquer seulement qu'il donne quelque chose. Adieu, bonne santé, pensez à nous etc.

Max Picard

Je ne connaissais pas les passages des lettres de Rilke sur moi, sauf un, celui de la lettre à Gide.

La Harvill Press va me faire une édition anglaise.

81

7 janvier 1951

Mon bien cher ami

Vous m'avez encore gâté d'une façon qui me remplit de confusion. Je me reproche de vous avoir dit combien ce Lindor m'avait plu...

J'ai de bonnes nouvelles en ce qui concerne votre dernier livre. Le spécialiste des lettres allemandes à la Table Ronde, Marcel Schneider, m'a dit hier soir qu'il aimait beaucoup ce livre et qu'il le trouvait remarquablement écrit. Je pense donc que notre projet va pouvoir se réaliser très facilement, d'abord pour la revue, puis pour l'édition en volume.

J'ai encore eu l'occasion hier, dans une conférence sur mon dernier livre, de dire publiquement ce qu'avait représenté notre rencontre dans le développement de ma pensée. J'ai été heureux de pouvoir vous rendre ce témoignage : cela se passait chez les Bénédictines de Vanves, aux portes de Paris.

Je renonce à aller au Portugal, ce qui va me laisser un peu plus de temps pour mes travaux en cours. Vous allez partir dans quelques jours pour l'Allemagne. Mes vœux vous accompagnent. Ne manquez pas de me rappeler au bon souvenir du prof. Krüger, que vous verrez certainement à Tübingen.

Je vous envoie mes plus affectueuses pensées, etc.

G. Marcel

82

Janvier 1951

Mon très cher ami

Je vous ai envoyé, pour Noël, « *Zeitgeist und Bernergeist* » de Gotthelf. Aujourd'hui je vous joins ce petit texte : Rentsch m'avait demandé de mettre par écrit les raisons pour lesquelles j'apprécie si fort ce livre, qui se vendait mal, - et pourtant, à mon avis, c'est le meilleur, à part *Annabäbi-Jowager.* Je pense que Gotthelf n'est pas du tout apprécié à sa valeur, particulièrement ici, en Suisse, où on le met au-dessous de Keller et de Meyer. Et pourtant Gotthelf est nourrissant, stimulant comme un repas complet, tandis que Keller, ce n'est que la sucrerie, et quant à Meyer, il ne vaut pas mieux que Wagner, ou que Böcklin.

Comment allez-vous ? Craignez-vous toujours l'invasion russe ? Oui, ils nous envahiront, mais pas avant quatre ou cinq ans, ce qui veut dire qu'à ce moment-là leur puissance sera telle que l'Europe, par la loi de la gravitation, tombera d'elle-même sans coup férir. Les choses ne se jouent plus dans l'esprit ou sous le contrôle de l'esprit, avec son aide, si bien que seules interviennent les lois de la physique. Malgré tout, il faut tenir, tenir ferme le présent, parce que si nous faisons bien le présent, l'avenir à son tour s'y conformera et sera bien fait, lui aussi. Je crois une chose, c'est que plus l'homme est présent, plus il fait face au présent, plus Dieu prend en main lui-même l'avenir.

Je pense souvent à vous, et vous évoquez pour moi une sagesse souriante, une sagesse revêtue de sourire.

Bonne santé, une prochaine venue à Caslano, etc.

Max Picard

83

6 avril 1951

Mon cher ami

Je vous remercie beaucoup pour l'édition française de vos conférences d'Aberdeen. Je l'ai lue, et j'en retire la même impression qu'à la lecture du texte anglais : la substance de la pensée, qui est proche de moi, je la comprends, à travers ou malgré la langue. (Un jour, on m'avait donné à relire le manuscrit d'un ministre allemand, c'était écrit dans une langue journalistique et lamentable, et pourtant, malgré ce style exécrable, j'ai pu discerner quelque chose de solide et de vrai : c'est tout de même très étonnant, parce que la vérité se donne à connaître par le langage, mais peut-être que de nos jours, à cause de la déchéance du langage, l'Être se rend-il intelligible par d'autres moyens).

Ce qui est important dans votre livre, c'est que vous démontez le fonctionnement des phénomènes, non que vous les installiez sur un socle comme un monument commémoratif, mais en les déployant devant la loi de l'alternative : ou rester hors fonctionnement, ou reprendre le chemin du fonctionnement. Vous mettez le phénomène devant le choix à faire et vous lui donnez la liberté. Une liberté toute différente de celle de Sartre, une liberté qui s'exerce l'instant avant la chute. J'ai eu aussi l'impression que votre méthode est efficace même avant que vous l'appliquiez au phénomène : il n'y a que cette méthode pour faire accéder le lecteur à une sphère où se produit l'extraordinaire. C'est quelque chose qui vous est propre. D'ailleurs les philosophes doivent démontrer sur l'objet l'efficacité de leur méthode. Chez vous, la méthode même est preuve, et cela seul est déjà quelque chose de nouveau, et non seulement de nouveau, mais de vrai, d'incontestable. On dirait que les faits viennent spontanément se ranger pour être exposés dans votre méthode. Cela me fait un immense plaisir que vous ayez pensé à moi dans votre livre. Cela vous intéressera de savoir que les Presses Universitaires de France vont sortir une édition française du *Monde du silence*. - Quand venez-vous à Caslano ? - M. Reifenberg[1] est ici, à Neggio ; comme vous, il est enthousiaste du paysage d'Iseo-Aranno. De tout cœur, votre

Max Picard

84

11 avril 1951

Mon bien cher ami

Combien je vous remercie de votre lettre. Ce que vous me dites de la méthode dans mon livre me paraît extrêmement profond, je crois en effet qu'elle fait absolument corps avec le contenu, bien loin d'être un

[1] Reifenberg, Benno (1892-1970). Écrivain et journaliste de haut vol.

ensemble de procédés simplement formels. Vous recevrez au cours du mois de mai un autre livre de moi qui paraîtra aux éditions de la Colombe et qui s'appellera *Les hommes contre l'humain.* Cela, en attendant le second volume du *Mystère de l'être* qui ne paraîtra peut-être pas avant les vacances. Ma nouvelle pièce, *Rome n'est plus dans Rome*, sera créée la semaine prochaine ici, sur une scène très importante. Sur le plan théâtral c'est pour moi une partie presque décisive et vraiment angoissante.

J'ai parlé de vous hier avec M. Paschke, du Merkur : c'est un homme sympathique.

Je ne sais pas ce qui se passe pour la *Fuite devant Dieu*, il faut que j'en reparle encore.

Pardon pour ce mot beaucoup trop court, je suis terriblement bousculé. Mais je pense à vous avec une grande affection. Quand pourrai-je retourner à Caslano ? Je ne le vois pas très clairement. Ne m'oubliez pas auprès de votre fils, etc.

G. Marcel

85

19 mai 1951

Mon bien cher ami

Pardon de mon long silence. J'ai été terriblement harcelé tous ces temps-ci. Mais vous allez avoir la preuve matérielle que je ne vous oublie pas car vous allez recevoir mon dernier livre, qui vous est dédié, à vous et à la mémoire de mon père. En réalité vous êtes toujours avec moi, il s'est créé entre nous un lien qui me semble indestructible. J'ai été très absorbé par ma nouvelle pièce, *Rome n'est plus dans Rome*, qui exerce une profonde action sur le public. Vous la connaîtrez quand elle sera publiée. Je prépare mon voyage en Amérique du Sud qui, je dois le dire, m'effraie un peu mais qui, je pense, m'apportera beaucoup. Je ne puis malheureusement vous écrire plus longtemps aujourd'hui. Donnez-moi vos impressions sur mon livre, je vous répondrai aussitôt que je serai moins bousculé.

Dites mon affection etc.

G. Marcel

86

21 mai 1951

Mon bien cher ami

J'ai été très ému en recevant votre livre *Les hommes contre l'humain* et en voyant la dédicace : à moi, et à la mémoire de votre père, il y a de quoi être bien confus, bien heureux de ce nouveau lien entre vous et moi.

Je ne l'ai pas encore lu, je n'en ai même pas coupé les pages, sauf celle de la dédicace : au fond, je suis intimidé. Et je suis assez content de me sentir cette timidité, qui est pour l'homme l'équivalent de la pudeur chez une jeune fille. Pour un homme, la perte de cette vergogne tire plus à conséquence que pour une fille celle de son innocence. Et ce qu'il a de direct et d'authentique ne peut être préservé que s'il y a cette pudeur. La pudeur, c'est l'instant où on reprend son souffle avant d'accomplir un acte direct et authentique. Dans le courant de la semaine, je vais me secouer et lire *Les hommes contre l'humain* ; je vous en écrirai.

Vous allez repartir, une fois encore, pour l'Amérique du Sud : je ne suis pas d'accord. Un homme tel que vous ne doit pas s'en aller, c'est aux autres hommes à venir à lui. Votre personnalité est beaucoup plus évidente si vous avez une certaine stabilité, à tel endroit fixe, déterminé. C'est comme l'Église : je ne suis pas d'accord. L'Église n'a pas à se tourner vers « la vie », à rechercher « la vie ». L'Église doit être telle que ce soit la vie qui vienne à elle ; si elle est elle-même, L'Église priante, elle a la force d'attirer la vie à elle. Sinon, elle s'en va se mélanger au quotidien, elle perd son sens. Pour vous c'est la même chose, vous avez en vous la force pour attirer les hommes, vous n'avez pas besoin d'aller les chercher. Mais peut-être ai-je ce sentiment parce que la stabilité m'est plus normale que le mouvement, peut-être aussi, tout simplement, parce que cela me donne du souci de vous voir partir si loin.

De tout cœur votre

Max Picard

87

Le 7 juin 1951

Mon bien cher ami

J'ai fini votre livre ; je l'ai lu lentement, comme un texte qui est *là*, non comme des mots destinés à passer. C'est étrange : la plupart du temps, vous prenez comme point de départ votre propre personne, et pourtant il n'y a rien d'arbitraire et tout semble être dit par les choses, comme si les choses se prêtaient à votre parole : ce sont les choses qui parlent. Oui, c'est ainsi que parleraient les choses, même s'il n'y avait pas un homme pour les écouter. Les choses ne sont pas fixes, plantées comme un monument, elles vivent, disponibles pour une métamorphose, elles somment l'homme d'opérer cette métamorphose et s'abandonnent à lui pour qu'il le fasse. Le véritable existentialisme, c'est non l'usurpation des choses par l'homme, en vue de remplir le vide de son existence, mais les choses qui se donnent à l'homme afin que, elles par lui et lui par elles, tous prennent ensemble conscience de leur Créateur.

Je suis bien heureux que vous m'ayez dédié ce livre.

Connaissez-vous l'œuvre de Franz von Baader ? Je crois bien qu'il existe un recueil de lettres de lui, paru chez Vrin, et, très important, sa *Spekulative Dogmatik*.

En lisant votre livre, je me disais que le temps s'accélère. Quel contraste avec les lettres de Rosa Luxemburg ! Il y a trente-cinq ans, l'empire allemand traitait avec autrement d'humanité cette communiste. On dira ce qu'on voudra, les monarchies héréditaires n'atteindront jamais au degré d'inhumanité des dictatures.

J'ai quelquefois l'impression que tout est passé, que ce monde est passé, que nous formons un petit reste qui ne vaut même pas la peine d'être balayé. Non, il n'y aura pas de guerre dans les années qui viennent, je l'ai toujours dit, comme vous savez, - mais la chose la plus affreuse, ce n'est pas la guerre, c'est notre décadence, sans guerre, sans bombe, la destruction totale.

Quand venez-vous à Caslano ? Avec toute mon affection, etc.

Max Picard

88

Le Peuch, 12 septembre (1951)

Mon bien cher ami

Voilà que vous m'avez encore gâté ; votre exquis chocolat est arrivé hier, mes enfants et mes petits-enfants en profitent comme moi-même. Tout le monde vous remercie. Vous êtes bien le seul de mes amis à me gâter ainsi, j'en suis confus.

Je vous retourne ci-joint la page sur *Zeitgeist une Bernergeist.* Je possède le livre grâce à vous (encore) et compte le lire cet hiver. L'actualité de cette pensée m'impressionne profondément, J'ai fini *Anna Bäbi* et commence le *Geldtag.* Mais j'aurais besoin d'un professeur de suisse-allemand, Quand je viendrai à Caslano - cela finira par arriver - je vous demanderai des leçons.

Je doute que vous ayez été bien satisfait des Rencontres de Genève. C'est un peu une foire aux idées.

J'écris une comédie satirique destinée à l'Allemagne et qui s'intitulera *die Wacht am Sein*[1]. C'est vous dire que le héros est une sorte de faux Heidegger et la pièce gravite autour d'une Florestan-Forschung-Gemeinschaft, Florestan étant le pseudonyme d'un poète qui

---

[1] *La dimension Florestan*, Plon, 1958.

s'appelait en réalité Gustav ou Josef Affenreiter. J'en ai écrit un acte et demi. Mais irai-je jusqu'au bout ? Il me faudrait un collaborateur allemand à Paris.

Nous rentrerons mercredi, mon fils et moi. Je ne me réjouis pas de reprendre ma vie de Paris.

Que j'aimerais vous avoir ici, au Peuch ! vous aimeriez mes enfants et mes petits-enfants, et notre Italienne ! Ce n'est pas plus loin que le centre de l'Italie. Enfin si, de chez vous c'est plus loin. Mais quand même…

Votre ami qui vous aime et vous admire toujours davantage

G. Marcel

89

26 septembre 1951

Mon bien cher ami

Merci beaucoup pour vos lettres. Je viens de téléphoner chez Plon et j'ai appris que M. Gillard, à qui nous nous étions adressés sur votre suggestion, n'avait pas encore retourné le manuscrit. J'ai demandé qu'on lui récrive immédiatement pour lui dire qu'il faut en finir. Je comprends très bien votre exaspération mais j'espère bien que cette fois nous aurons un texte acceptable.

Ce que vous me dites de vos impressions sur l'Allemagne est assez pénible.

Je dois aller en Westphalie au début de novembre à l'occasion des représentations d'*Un homme de Dieu* à Münster, et je ferai dans cette ville, à l'Université, une conférence sur la notion d'Héritage spirituel.

J'aurais beaucoup à vous dire sur le voyage d'Amérique du Sud. Je ne sais si vous vous rendez suffisamment compte du terrible danger que représente la néo-barbarie américaine pour ce que nous restons en droit d'appeler la civilisation. Je ne suis pas sûr, permettez-moi de vous le dire, que vous ne simplifiez pas un tout petit peu les données du problème.

J'aimerais parler de tout cela avec vous à Caslano, mais je ne sais pas quand il me sera possible d'y aller.

Je vous plains un peu d'aller faire cette cure à Montecatini. Je me rappelle la vision peu séduisante que donne Huxley de cette station thermale dans *Après le feu d'artifice.*

Vous savez, n'est-ce pas, que vous êtes toujours près de ma pensée, et bien entendu j'ai parlé de vous en Amérique du Sud. Je serai très heureux de lire le texte de votre conférence de Munich. Je viens d'acheter l'édition intégrale du Journal de Kafka, l'avez-vous lu ? Je ne suis, à vrai dire, pas certain que ne soit pas un petit peu décevant.

Tous mes vœux pour votre voyage, mon cher ami, etc.

G. Marcel

90

Le 13 novembre 1951

Mon bien cher ami

Je viens de lire *Rome n'est plus dans Rome* : voilà du vrai existentialisme chrétien. Je veux dire que tout ce qui arrive à Pascal Laumière, tout ce qu'il dit pourrait être le fait des autres protagonistes, et, en-dehors de la pièce, le coups que reçoit Pascal peuvent atteindre tout un chacun. Non que les autres personnages soient superflus, bien au contraire, c'est par eux qu'apparaît la grande masse du monde en opposition avec l'existence de l'homme accompli, du solitaire, existence qui s'amplifie et s'élargit dans les autres. Que c'est stupide d'objecter que la situation politique n'est pas dangereuse à l'heure actuelle et que votre pièce tombe mal à propos. D'abord la situation n'a pas l'air de s'améliorer, la menace russe est toujours la même, ce ne sont que les titres des journaux qui se font moins insistants. De toute façon c'est grotesque d'exiger de l'auteur qu'il adapte sa pièce à des circonstances politiques contemporaines. Il me semble que cette pièce a une telle force poétique que ce n'est pas une quelconque situation politique qui la rend possible, mais à l'inverse, c'est dans la pièce que la situation peut trouver le sens à se donner.

Cela paraît aussi tellement sot de faire à une pièce le reproche de communiquer la panique. Ou bien la situation est telle que le montre la pièce, et alors ne sera qu'explicitée plus clairement ; ou alors il n'en est pas ainsi mais la pièce montre ce qu'est la réalité qui nous environne, elle montre la réalité de l'instant, avec la possibilité de la catastrophe, qui appartient également à cette réalité positive. Que la catastrophe occupe la place centrale, comme dans *Rome n'est plus dans Rome*, ou qu'elle soit en marge, comme tel pourrait être le cas dans une autre pièce, cela n'a aucune importance. Certainement la pure *possibilité* de la catastrophe causerait un malaise bien plus grave chez le spectateur que la catastrophe qui est donnée comme un fait dans votre pièce.

Où est la France ? Se poser la question, c'est dire le danger où se trouve le pays. Je ne veux pas dire que la pièce pose la question ; je me le demande, sans rapport direct avec la pièce, je me le demande aussi pour la Suisse. Lorsqu'on parle de l'esprit suisse, qu'on le définit, qu'on le recherche, c'est qu'il a disparu. Durant cent-cinquante ans, cent ans peut-être, personne n'a jamais parlé de l'esprit suisse, qui était là, pourtant, vivant, existant. Lorsqu'on commence à étudier une chose et à en faire l'historique, c'est que cette chose n'existe plus. Il y a de belles exceptions, Tacite, par exemple. Chez lui, le fait premier, c'est la mélancolie, et l'histoire, la réflexion sur l'histoire, servent principalement à pallier sa mélancolie. Ceci n'est qu'une parenthèse sans rapport avec votre pièce. *Où est la France ?* Ma réponse est que la France se trouve là où (comme dans votre pièce) on parle avec tant de justesse et de rigueur d'une situation tant intérieure qu'extérieure, où la conscience qu'on prend des choses effraie, à bon droit, par sa clarté même.

Comment était-ce, à Münster ? Avez-vous fait la connaissance de N., le type même du « littérateur », j'entends un homme qui n'a ni réalité ni substance mais qui essaie de prendre la réalité dans le filet de ses mots. J'ai lu une série d'articles de lui sur l'Amérique : c'était du journalisme de bas étage. Rien ne m'est plus agréable que de voir un grand esprit oublier sa dignité et se détendre ; l'ancrage est toujours là, qui tient ensemble le bas et le haut, la substance unique est là avec toutes ses nuances, qui sont devenues insignifiantes, presque comiques, au regard du tout ; mais un petit esprit comme N. n'a ni substance ni ancrage, les petites choses mesquines ne sont que mesquines, les choses élevées ne sont pas élevées mais apparaissent comme des hasards du néant.

Quand venez-vous à Caslano ? Ici nous avons besoin de vous revoir.

De tout cœur votre

Max Picard.

91

17 novembre 1951

Mon bien cher ami

Je ne puis assez vous remercier de votre lettre qui témoigne d'une si profonde compréhension de ma pièce. Une fois de plus, je sens entre nous cette communication directe qui est tellement précieuse. Il est très curieux de constater que beaucoup d'étrangers de tous les pays ont incomparablement mieux compris *Rome n'est plus dans Rome* que nos lamentables critiques qui ont tout fait pour nuire à l'œuvre et l'étouffer sous une incompréhension presque haineuse.

Mon séjour en Allemagne s'est fort bien passé : on m'a accueilli partout comme le philosophe sur lequel on comptait pour contrebalancer l'effet toxique produit par l'œuvre de Sartre sur une partie de la jeunesse. J'ai vu Josef Pieper à Munster. J'ai eu avec lui une conversation agréable mais qui ne m'a nullement permis de discerner le vide que vous décelez en lui. Il m'a donné deux de ses livres sur lesquels je compte jeter un coup d'œil à l'occasion. Le professeur Ritter m'a fait une plus forte impression, je crois que c'est quelqu'un de bien. J'ai aussi fait la connaissance d'Oswald von Nostitz, qui est tout à fait sympathique et qui va sans doute traduire ma pièce radiophonique pour la Rundfunck de Cologne. Nous avons naturellement parlé de vous.

J'ai dit à Plon qu'il fallait envoyer une lettre recommandée à M. Gillard, qui fait littéralement le mort depuis des mois, pour lui dire d'envoyer la nouvelle traduction si elle est faite, ou sans cela de nous retourner le manuscrit. Je trouve comme vous, cher ami, cette situation tout à fait intolérable et j'en suis tout à fait confus. Je vois mentionné dans le catalogue de mon libraire Flincker un livre de vous dont j'ignorais l'existence : c'est *Zerstörte und unzerstorbare Welt* (« Des cités détruites au monde inaltérable »). Est-ce un nouvel ouvrage ?[1]

Je viens de lire le livre de Bollnow sur Rilke et vais en parler dans la Table Ronde. Je trouve assez insupportable cette interprétation philosophique d'un poète. Ce qui est curieux, c'est que le livre m'a quelque peu dégoûté de Rilke. Il y a de bien belles choses dans *Missa sine nomine* de Wiechert, que j'ai rapporté d'Allemagne. Je lis aussi un bon roman de Bergengruen - et le drame de Reinhold Schneider qui a paru récemment. Tout cela m'intéresse.

Quand pourrai-je aller à Caslano ? Hélas, c'est une perspective bien lointaine, car je ne peux pas m'absenter pendant les deux mois qui viennent. Et après cela je dois aller d'abord au Portugal et un peu en Espagne, puis, plus longuement, en Italie. Quoique, peut-être, serait-il possible à la réflexion de s'arrêter à Caslano juste avant ou juste après ce petit voyage. Nous en reparlerons. Croyez, etc.

G. Marcel

92

Le 23 novembre 1951

Mon bien cher ami

En même temps que mon nouveau livre, je vous aurais bien envoyé une lettre mais ce n'était pas possible : il a fallu déplacer tous les meubles, je suis installé au second étage dans un chaos de manuscrits, lettres, vêtements, livres : la maison est inondée, mais moi j'y reste. Je comprends les paysans de la plaine du Pô qui restaient assis sur leur

---

[1] *Des cités détruites au monde inaltérable.* Plon, 1957.

toit en refusant de bouger de là : je suis comme ça, moi aussi. Quelle beauté dans tous les actes de la nature, même les actes de violence : beauté qui est reflet de la vérité, de la vérité de la nature qui, à la différence de l'homme, n'est pas déchirée par le péché originel.

Dans ce nouveau livre, je vous ai cité, ainsi que dans ma conférence à l'Académie Bavaroise sur « Les subterfuges de la littérature », où vous êtes central. Je vous enverrai un exemplaire dès que ce sera imprimé, en janvier. Vous savez que je travaille à deux nouveaux livres, dont l'un vous sera dédié. Cela me fait plaisir de penser qu'on lira votre nom à la première page d'un de mes livres.

Non, N. ne me fait pas bonne impression, médiocre, faiblard ; de ce genre de gens pour qui la théologie me semble une *façon de parler*, comme les gens d'Action Française pour lesquels le catholicisme était quelque chose de formel et non d'essentiel. Bien entendu, je n'en ai pas moins de respect pour Maurras et je trouve que vous avez eu raison d'agir pour son recours en grâce. Tout homme a d'ailleurs un droit à l'erreur…

Cela m'attriste de penser qu'il n'est pas encore sûr que vous veniez ici. Je suis un visuel, ma vie et mes rapports au monde passent par les yeux, donc j'ai besoin, de temps en temps, du moins, de vous revoir.

De tout cœur, etc.

Max Picard

93

Le 28 novembre 1951

Mon bien cher ami

Das Bild m'a occupé jusqu'à maintenant. Assurément il ne faut pas traduire ce mot par « tableau ». Je ne trouve pas d'autre terme qu'« image », mot dont l'origine latine est incertaine, peut-être de la famille de *magis*, plus, c'est à dire quelque chose de plus que la réalité habituelle ; de même, *magister* c'est celui qui en sait plus que les autres. Oui, la leçon de l'image m'occupe depuis des années, et j'ai écrit quelque part que l'image, au contraire de l'abstraction, demande aux hommes du temps : du temps, cela veut dire du don et de l'amour. L'image et le temps sont liés. Et c'est pourquoi notre temps manque à ce point d'images ; le créateur d'images, le poète, devient un homme seul, parce que les hommes n'ont plus d'amour ; moins il y a d'amour, moins on voit d'images. L'image engage à se dévouer, à aimer, voilà pourquoi on l'écarte.

Vous avez raison, la sagesse n'exige pas seulement une continuité de la part de l'homme, mais aussi une conscience du cosmos. La sagesse ne suppose pas une personne, mais un monde à partir duquel elle s'est concentrée, et il lui faut alentour d'elle un cosmos où elle puisse se dilater. La sagesse se trouve au-dessus du monde, de telle manière que le courant de la vie quotidienne, sans s'en douter, se dirige vers elle, vers le haut. Il y a de la sagesse dans les proverbes et il fut un temps où le quotidien allait dans le sens des proverbes, la sagesse des proverbes se faisait entendre sans bruit au-dessus du monde des hommes, elle leur était silencieusement présente. Qu'en pensez-vous ?

Je ne connais pas les écrits d'Edith Stein, mais sa vie me donne à penser que c'était quelqu'un qui mérite le respect.

Je suis bien triste de ne pas vous avoir vu, depuis si longtemps. Venez donc à Caslano, au lieu du Portugal, de Madrid ; cela nous causerait tant de joie ! De tout cœur, etc.

Max Picard

94

12 décembre 1951

Mon bien cher ami

J'ai lu avec le plus vif intérêt votre conférence aussitôt qu'elle m'est parvenue et j'ai eu le plus vif plaisir à constater, une fois de plus, combien nous sommes près l'un de l'autre. C'est autour de ce que j'ai appelé la réceptivité créatrice que tourne votre remarquable étude.

Certaines citations aussi m'ont beaucoup frappé : je pense à celle de Jean-Paul et à celle de Boehme.

Je suis heureux de ce que vous me dites du *Journal Métaphysique*. J'ai repris contact avec lui ces derniers jours en regardant les épreuves de la traduction anglaise qui va paraître à Londres : Il est bien évident que ce livre présente une importance exceptionnelle dans mon œuvre, il en est comme l'épine dorsale. J'ai fait ces temps-ci un travail autour du livre de Camus, *l'Homme révolté*, livre très sympathique, mais la pensée y reste faible, il n'y a aucun sens en particulier à dire que la révolte est mère des Formes[1].

Et maintenant je vais me lancer dans une étude sur l'éclatement, *Zersplitterung*[2] , de la notion de sagesse, et tenter de montrer comment elle tend ou bien à se réduire à une sorte d'aménagement rationnel et matériel des choses de la vie traitée comme une chose, ou bien qu'au niveau supérieur, elle est comme aspirée vers la sainteté. Mais le milieu dans lequel elle se maintenait tend à n'être plus qu'un emplacement vide. Dans cette étude, j'utiliserai d'ailleurs beaucoup de vos remarques, en particulier sur la perte de la continuité. Il me semble aussi que l'espèce de divinisation de l'histoire à laquelle nous assistons est absolument incompatible avec une sagesse quelle qu'elle soit, qui, par essence, doit toujours garder une distance par rapport à l'événement historique. Je voudrais aussi indiquer, chemin faisant, que le formalisme kantien est peut-être à l'origine de la dissolution de la notion de sagesse, car il me semble qu'il ne peut pas y avoir de sagesse sans la conscience d'une certaine harmonie entre l'être pensant et l'univers, et ici cette harmonie n'existe plus et ne peut plus exister : c'est là une conséquence inévitable du copernicisme kantien.

Que pensez-vous de tout cela, cher ami ? Avez-vous des suggestions à me faire, des lectures à me conseiller ?

---

1 A paru dans *Homo viator*, dernière édition 1999.

2 A paru dans *Le déclin de la sagesse*, Plon, 1954.

J'aurai aussi, je crois, à m'interroger sur les rapports de la sagesse et du christianisme et sur la dissolution de l'humanisme chrétien. Thihon a très bien vu que la destruction contemporaine des assises naturelles du christianisme constitue pour le christianisme lui-même un très grave danger.

Très affectueusement, etc.

G. Marcel

P.S. Ces inondations ont dû être odieuses. Et ce déménagement précipité !

95

Le 27 décembre 1951

Mon bien cher ami

Oui, divinisation de l'histoire, l'expression est bonne. A l'heure actuelle on ne perçoit plus les événements comme ils sont, on les considère comme s'inscrivant dans une conception a priori de l'histoire ; ou plutôt, c'est à l'aide d'une conception de l'histoire qu'on produit les événements, et c'est pourquoi les événements, a priori, sont faux. Hegel, certes s'est servi des événements pour sa description de l'esprit du monde (*Weltgeist*). Mais d'abord, il s'est servi d'événements réels, et ensuite, la réalisation de l'esprit du monde s'est faite à une époque où l'accomplissement des choses était pour ainsi dire dans l'expectative de l'esprit du monde. A présent cela va à l'inverse : l'esprit de l'histoire attend avec impatience les choses qui ne se produisent pas, et la réalité se vide. On attend de l'esprit de l'histoire qu'il produise des choses réelles. Mais quelle réalité ! En Russie, la soviétisation ; en Occident, c'est le pays du crépuscule, le pays de la nuit, le pays des morts. A mon sens, à l'origine de cet état de choses, c'est l'incapacité où se trouve maintenant l'homme à rencontrer une réalité. (J'ai décrit cela dans *Des cités détruites au monde inaltérable*, dans l'histoire des deux amis qui vont faire un tour en autocar dans les environs de Florence, et à qui le guide annonce méthodiquement ce qu'il faut regarder.) Lorsqu'il se produit une rencontre, une vraie rencontre, elle est assez pleine de sens, elle a son sens plein en elle-même, on n'a besoin d'aucune théorie de l'histoire pour rendre la réalité perceptible. Toute vraie présence aspire, attire l'histoire, je veux dire qu'elle existe par elle-même. L'essence du présent attire l'essence de ce qui passe, il y a une succession d'essences, comme dans l'Histoire Sainte, où le présent succède au présent, la présence à la présence.

Ce qui signifie que la présence de l'Unique attire dans sa présence l'être de l'Autre, qui appartient à ce qui passe ...

Mais quand il n'y a pas assez de force disponible pour le présent, alors on cherche à conserver l'objet par une idée de l'histoire : L'Histoire Sainte, et la rencontre avec les choses qui est exposée dans l'Histoire Sainte, se préserve au contraire par elle-même. Il n'y a pas « un sens » de l'Histoire Sainte, ou alors il y en a cent mille. Mais avec la divinisation de l'histoire de l'homme d'aujourd'hui, il n'y a qu'un sens unique, celui de l'historien.

Le professeur Buytendijk, lui aussi, a été content des *Cités détruites*, et voici ce qu'il m'a écrit il a quelques jour :

« Votre livre m'a fait abandonner un travail et des engagements que j'avais pris. Vous nous donnez là la meilleure de vos œuvres, vous y faites 1a synthèse de vos précédentes pensées et de vos divers champs de réflexion, et cela sans le moindre effort sensible, comme dans les ballets russes, comme dans tout art, toute poésie. Dans votre livre, on trouve la profondeur de l'homme, de l'esprit, de la liberté de l'esprit, de l'inaltérable. Après avoir ouvert des abîmes, vous nous conduisez plus haut que le chemin des cités détruites et de l'existence superficielle ».

Tel est le jugement de Buytendijk, qu'il a publié, dans des termes analogues. Je suis très content que le livre vous plaise, à vous aussi, et que vous en fassiez prendre un passage dans la « Table Ronde ».

Je suis assis devant la fenêtre ouverte, il est trois heures de l'après-midi, Il n'y a pas de soleil mais il fait doux. Je voudrais que vous soyez ici auprès de moi ; je n'écrirais pas, nous causerions de tout ce qu'il y a dans cette lettre et de bien d'autres sujets encore. Lorsque sont réunis deux hommes qui sentent de la même façon, tout est comme dit d'avance, mais c'est un bonheur que d'exprimer toute la surabondance, le foisonnement qu'on a en soi. Le mot, dans ce cas, ne provient pas d'un besoin, mais d'un surcroît ; le besoin est le fait de l'homme, mais le surcroît et le foisonnement appartiennent aux dieux.

De tout cœur

Max Picard

96

31 décembre 1951

Mon bien cher ami

En ce dernier jour de l'année, ma pensée affectueuse va vers vous avec une si profonde gratitude pour tout ce que vous m'avez donné. Votre dernière lettre, qui vient de me parvenir, est la plus belle et la plus importante que vous m'ayez écrite. Il y a une phrase que je citerai dans une préface que je. suis en train de rédiger pour un livre des plus remarquables, que je compte d'ailleurs vous faire envoyer : celle où vous parlez de ceux qui se réfugient dans l'histoire faute de présence. Tout ce que vous dites à la fin sur la proximité est aussi bien beau. Merci aussi peur les délicieux chocolats, en particulier pour le Lindor qui a été une révélation.

A Tübingen, vous verrez un homme dont j'ai fait récemment la connaissance et qui m'a entièrement conquis. Je veux parler du prof. Kreuder, qui vient de m'envoyer son livre, très important, sur l'Eros platonicien.

Cette fin d'année a été pour nous très douloureuse, mon beau-frère Pierre Bernus, correspondant parisien du Journal de Genève, nous a été enlevé brusquement. C'était un homme d'une probité et d'une indépendance d'esprit ainsi que d'un désintéressement tout à fait exemplaires. Sa disparition laisse les siens dans une situation difficile et pose pour nous tous de très graves problèmes.

Cher ami, je trouve de plus en plus dur d'avoir à survivre à tant d'êtres que j'ai aimés et estimés. Il n'y a rien de plus cruel que ce dépeuplement *au moins apparent* du monde qui est le nôtre.

Je ne puis vous écrire aussi longuement que je le voudrais, car je suis surchargé de travail. Puisse cette lettre trop courte vous dire tout au moins combien je vous aime et vous suis attaché. Je pense avec gratitude à cet excellent Simon Lévy qui a été au départ de notre amitié. Je me demande ce qu'il devient.

A vous de tout cœur

G. Marcel

Je prends bonne note de l'adresse de ce traducteur. J'espère que tout pourra s'arranger pour la publication de votre dernier livre et des fragments dans la Table Ronde.

97

23 janvier 1952

Mon bien cher ami

Comme cela me touche profondément que vous ayez pensé à m'écrire un mot en ce jour anniversaire ! Combien votre fidélité indéfectible est précieuse !

Je pense que vous avez dû voir M. Wenzl à Munich. Il est venu ici il n'y a pas longtemps et j'avais fait sa connaissance à Lima. C'est un homme sympathique et sérieux. Je suppose que vous avez dû aussi voir Romano Guardini que j'avais manqué malheureusement à Tübingen.

Oui, il est à peu près sûr que je retournerai en Allemagne au mois de mai et que j'irai à Munich. J'y donnerai sans doute la conférence que je viens de terminer sur la dissolution de la sagesse, conférence que j'aurai faite au préalable dans plusieurs villes italiennes.

Vendredi je pars pour la Suisse, mais n'irai qu'à Genève, Lausanne et Berne. Cela ne durera que quatre jours.

Je vous cite dans la préface à un livre que je vais vous faire envoyer et dont je pense que l'inspiration générale vous plaira. Il est intitulé :

Demain, c'est l'an 2000. Je vous cite également dans la conférence sur la sagesse. Il est certain que nos pensées sont de plus en plus associées.

Vous aurez de la joie à retrouver vos enfants et votre petit-fils. C'est tout de même ce qu'il y a de plus précieux dans la vie, je le sais par expérience. Veuillez croire, cher ami, etc.

G. Marcel

98

6 février 1952

Mon bien cher ami

Vous m'avez encore gâté et avez fait beaucoup d'heureux avec ce délicieux Lindor, merci de tout cœur.

Je vous écris d'abord pour cela, mais aussi pour insister afin que vous veniez à Paris pour la Semaine des Intellectuels au mois de mai. Je serai là et vous pourrez parfaitement habiter chez moi, cela me ferait tant de plaisir. Il y a une excellente chambre qui ne demande qu'à vous accueillir. Je vous écris ceci en hâte, je suis comme toujours bousculé, partant demain pour Toulouse. Si vous veniez, il serait très possible d'organiser pour vous, au moins chez moi, une conférence où vous traiteriez exactement le sujet qui vous plairait. Je ne reste qu'un jour à Toulouse et passerai encore ici une quinzaine avant de partir pour l'Italie.

Veuillez croire, mon bien cher ami, etc.

G. Marcel

99

Le 24 avril 1952

Mon bien cher ami

Il y a longtemps que je n'ai eu de vos nouvelles, et cela me fait de la peine. Le 4 avril je vous ai envoyé un petit paquet de chocolats, de ceux que vous aimez bien : est-ce bien arrivé ? Hier j'ai écrit au Secrétaire Général de l'Académie des Beaux-Arts de Bavière, dont je fais partie, en lui proposant de vous élire ; je lui disais que ce choix vous honorerait, mais serait aussi un honneur pour toute l'académie. Cette proposition est appuyée par le président de l'académie.

J'ai appris aujourd'hui par le président de l'autre académie, l'Académie Évangélique de Tutzing, que vous ferez chez eux une conférence sur la pensée existentielle chrétienne. Ce sont des gens très bien, et, je vous le dis en confidence, je préfère de beaucoup les académiciens de Tutzing à ceux de Munich ; ils sont bien plus enthousiastes et les deux fois où j'ai parlé chez eux, je me suis senti très à l'aise.

Je lis un livre de Humboldt : « Ueber die Verschiedenartigkeit des menschlichen Sprachbaus ». J'avais toujours cru posséder très bien les questions de langage, mais après avoir lu ce livre, je reconnais qu'il s'y trouve tout ce qu'un homme peut se piquer de savoir sur le langage.

Quand venez-vous à Caslano ? Quand J'ai un interlocuteur qui vaut la peine, je parle de vous et de vos livres, j'écris sur vous, cela me fait du bien, à moi. De tout cœur, etc.

Max Picard

100

28 avril 1952

Mon bien cher ami

Non, je n'ai pas reçu votre lettre de retour d'Italie, et quant aux livres, j'ai eu celui de Bardet, à qui j'ai adressé mes remerciements, mais je n'ai pas reçu le *Troisième ciel* de Rounault. Pour ce qui est de *Mors et vita*,[1] avec votre excellente introduction, je l'ai acheté à la librairie française de Zurich, ainsi que *Larmes et lumières à Oradour*[2].

Je me réjouis énormément de votre visite à Caslano cet été. Je vous l'ai écrit une fois, et c'est une chose que je ressens toujours, il me semble que nous nous connaissons depuis bien longtemps, bien avant que vous ne veniez à Caslano. Notre rencontre semble remonter bien loin dans le temps, lorsque nous ne nous connaissions pas encore. On voit bien que le vrai temps n'a rien à voir avec les dates et les heures, avec les avant et après. Ce temps-là est une unité, il ne connaît pas la mort.

J'ai trouvé l'article ci-joint dans le *Rheinische Merkur*. Je trouve l'attitude de Claudel menteuse et théâtrale. Il aurait mieux fait de manger un bifteck le vendredi que de se livrer à pareille exhibition de vanité et d'hypocrisie ; ç'aurait été un moins gros péché. Je n'ai pas connu Claudel, et c'est bien dommage, parce qu'il ressemble énormément à un de mes oncles, qui était patron d'une usine de confection. Aussi je me pose souvent la question : Claudel, qui ressemble tellement à mon oncle, aurait-il aimé fabriquer des vêtements ? Et mon oncle, aurait-il aimé sortir un produit comme le *Soulier de satin* ? Il y a quelqu'un qui pourrait répondre, sans doute, c'est C.J. Jung de Zurich, le psychologue des profondeurs, qui lui aussi ressemble à mon oncle et à Claudel !

Avec toute mon affection, etc.

Max Picard

---

[1] Recueil de textes rassemblés par Robert Aron et Jean-Claude Renard. Préface de G.M. (Plon) 1951.

[2] De Camille Mayran. Préface de G.M. 1952.

101

(août 1952)

La Fenière, Montana

Mon bien cher ami

Il est *probable* que, si cela ne vous dérange vraiment pas, je pourrais aller passer quelques jours auprès de vous dans une huitaine. Je suis ici avec mes enfants depuis hier. Mais avant de rien décider je veux être sûr que je ne serai pas importun. J'aimerais aussi que vous me renseigniez sur la température à Caslano. Je redoute beaucoup la grande chaleur qui à Paris m'a rendu presque malade. Mais ce serait pour moi une grande joie de vous revoir.

Très affectueusement à vous et à vos enfants

G. Marcel

102

Montana, 11 août (1952)

Mon bien cher ami

Il me sera malheureusement impossible d'aller vous voir. Je dois être le 20 dans ma maison de Corrèze ou j'attends un ami ainsi que des parents. J'ajoute que depuis que je vous ai écrit, j'ai été un peu souffrant, et il vaut mieux que je reste à l'altitude le plus longtemps possible chez mes amis.

Je lis avec la plus grande admiration *Geld und Geist* (l'argent et l'esprit) de Gotthelf. Comme vous avez raison de le mettre très haut !

Quand nous reverrons-nous ? Je n'aperçois aucune possibilité pour le moment malheureusement …

Très affectueusement

G. Marcel

103

29 décembre 1952

Mon bien cher ami

Une fois de plus j'ai une foule de remerciements à vous adresser. D'abord pour vos gâteries qui m'ont encore rempli de confusion, en particulier le délicieux envoi de Bâle. Et hier cette excellente lettre sur ce beau papier du Japon. Je ne puis naturellement pas dire que cette élection ne me fasse aucun plaisir, ce ne serait pas vrai. Mais elle a déjà représenté pour moi des corvées, et ce n'est pas fini, loin de là. Ce qui m'est agréable, bien entendu, c'est qu'elle n'a pas été sérieusement contestée. J'ai eu d'autre part le sentiment que l'Académie des Sciences Morales est devenue plus vivante depuis quelques années, en particulier sous l'impulsion de mon cousin le pasteur Boegner, dont j'admire vraiment beaucoup la personnalité, et qu'il devient possible de faire de cette académie un organe de défense de ce qui nous tient le plus à cœur contre les assauts de l'inhumanité qui nous menace de toutes parts. Soyez sûr que je ferai tout mon possible dans ce sens. Je souhaiterais du reste bien vivement qu'un jour vous puissiez être membre correspondant de cette académie. Mais je suis bien entendu trop novice pour savoir seulement si c'est possible.

Je reçois ce matin une carte ravissante de Michel, qui m'a beaucoup touché, dites-le-lui. J'ai parlé de lui et d'ailleurs de vous avec Jean Wahl, il y a deux jours. Vous l'avez beaucoup frappé, je crois. Vous m'aviez raconté à Hambourg cet émouvant accueil dans un établissement de jeunes filles. Je comprends qu'il vous ait profondément touché.

J'espère que nous ne tarderons pas trop à voir votre livre sur la parole, dont j'attends beaucoup.

J'ai vu, il n'y a pas très longtemps, le traducteur de votre livre sur l'Italie. Le travail avance, mais est jugé difficile. Je me réjouis beaucoup que ce soit au point. Je voudrais bien trouver un beau livre à vous envoyer d'ici, mais vraiment nous ne sommes pas gâtés. Je crois que vous ne dépasseriez pas les deux premières pages de la plupart des romans qui paraissent ici. Il faut attendre une occasion.

La traduction de mon *Mystère de l'Être* a paru à Vienne, et me paraît extrêmement bien. C'est Oswald von Nostitz qui traduit actuellement ma dernière pièce.

Mon cher ami, je vous envoie mes vœux les plus affectueux pour cette nouvelle année. A nos âges, du reste, ce mot n'a plus beaucoup de signification, mais il concerne du moins nos enfants, qui sont ce que nous avons de plus précieux. Je vous embrasse.

G. Marcel

104

Samedi

(janvier 1953 ?)

Mon bien cher ami

Vous allez recevoir 1a Table Ronde de janvier avec, à la fin du numéro, des pages de votre Journal d'Italie qui me semblent magnifiquement traduites, dans un très beau français. Je crois qu'elles vous donneront de la joie, et j'en suis si heureux. Ce Tournier est un de nos meilleurs traducteurs, un garçon de premier ordre. Je vous écris cela en hâte et vous dis ma profonde affection

G. Marcel

105

17 février 1953

Mon bien cher ami

Je vous remercie beaucoup de vos cartes qui me sont bien parvenues. J'espère que vous avez trouvé à Caslano le livre de Bosco que je vous avais fait envoyer et que j'aime beaucoup, il me semble qu'il devrait vous plaire. Si vous ne l'avez pas reçu, dites-le-moi, je ferai une réclamation auprès du libraire.

Je pars demain pour un court voyage en Angleterre, après quoi je rentre cinq jours ici et je repars pour la Hollande, et j'ai encore en perspective avant Pâques un court voyage à Genève et à Milan. Puis j'irai me reposer un peu en Corrèze auprès de mes enfants. Malheureusement il n'est pas question que j'aille à cette réunion en Bavière car je ne suis pas absolument certain de l'endroit où elle a lieu. Il est pour moi évident qu'après l'expérience du mois dernier, il me faut un été tout à fait tranquille, sans la fatigue que représentent ces voyages et surtout ces conférences et entretiens en langues étrangères.

C'est ici, à Paris, que je voudrais tellement vous voir, dans la chambre que je peux si facilement mettre à votre disposition. Il y a ici beaucoup de gens qui seraient heureux de vous rencontrer.

Vous ne m'avez jamais dit si vous avez lu les pages de vous, traduites, qui ont paru dans la Table Ronde. Je vous l'ai déjà dit, la traduction me semble remarquable.

Je ne puis vous écrire aujourd'hui aussi longuement que je le voudrais car je suis fatigué et bousculé en raison de mon départ pour l'Angleterre.

Je vous serre la main très affectueusement.

G. Marcel

P.S. Avez-vous su que le visa français a été refusé à Oswald von Nostitz, sous prétexte qu'il a été à un moment donné attaché à l'Ambassade d'Allemagne sous l'occupation ? Je trouve cela ridicule.

106

7 mars (1953)

Très cher ami

Un petit mot parce que ma dactylo est en voyage et que vous lisez mal mon écriture. Je pars lundi pour la Hollande. Merci pour votre lettre et pour les délicieux chocolats. J'ai écrit à Michel pour le remercier de son excellente lettre.

Je me réjouis de recevoir le petit livre paru à Die Furche[1]. Mais je ne l'aurai pas avant mon départ pour la Hollande.

Je vous envoie mes pensées les plus affectueuses.

G. Marcel

107

Le Peuch

(printemps 1953)

Très cher ami

J'arrive ici, et je suis accueilli par votre paquet, votre lettre et votre carte. Je n'ai pas d'ami qui puisse vous être comparé pour la fidélité et la sollicitude. Oui, c'est bien *das Geheimnis des Seins* (le Mystère de l'être). Je vais écrire à Vienne pour qu'on vous envoie cette traduction qui est excellente. Je n'irai là-bas qu'en novembre. C'est vrai, il faut absolument que nous nous voyions. Comme j'aimerais que vous ayez une maison à vous - une maison selon votre cœur ! Merci aussi de tout cœur pour votre démarche auprès de l'Académie de Bavière. Je serais heureux d'en être membre correspondant, certes...

Je suis fatigué, je reviens de Genève et Milan. Dans cette dernière ville j'ai été accaparé par des gens du monde absolument vides.

---

1 *Die Atomisierung in der modernen Kunst.* Paru en 1960 sous le titre *Désintégration des formes dans l'art moderne* (Emm, Vitte).

Ici j'espère travailler un peu. Je dédierai à votre Michel la conférence que je dois faire à Fribourg en Brisgau à la fin de mai sur *l'Être et la pensée interrogative*[1].

Comme je me réjouis d'avoir votre livre et dans ce précieux exemplaire. Laissez-moi vous embrasser avec la plus tendre affection

G. Marcel

108

17 avril (1953)

Mon bien cher ami

Le précieux petit volume adressé au Peuch m'est bien parvenu. Il est arrivé après mon départ, mais ma belle-sœur me l'a apporté. Je l'ai lu aussitôt d'un trait ou presque. Combien je vous suis reconnaissant de m'avoir dédié ce texte si dense et si profond ! Vous savez à quel point je me suis depuis quelques années rallié à cette idée proprement sacrale du langage. Ce que vous dites du rapport originel entre le mot et la chose est pour moi de la plus grande importance, et je suis, bien entendu, aussi tout à fait d'accord avec vous sur le fait d'une dégradation qui se manifeste dans ce que vous appelez si bien *das Wortgeräusch*. Ce dernier mot est malheureusement intraduisible en français, je cherche vainement un équivalent. Je distinguerai d'ailleurs assez soigneusement pour ma part entre l'espèce de bouillie qui prend la place du langage chez des êtres incultes participant au tohu-bohu des grands villes, et les mots factices obtenus par des assemblages d'initiales comme UNRA, ONU etc. Je crois qu'il y a là deux formes de dégradation entre lesquelles il existe sûrement une corrélation mais qui ne se confondent nullement.

Ce que vous dites du poète et de sa fonction propre me satisfait pleinement. Je suis pas tout à fait sûr de ce que vous entendez par le mot *Uebertriebenheit* à propos de Rilke. Car vous ne prenez certainement pas le mot dans le sens habituel d'exagération ? Il me

[1] Cf. lettre 108.

semble que vous visez plutôt ce que nous appellerions un certain caractère *forcé* de l'écriture. Je ne sais si vous voyez exactement ce que je veux dire par *forcé*. Le mot est pris dans son acception horticole (forçage des plantes).

Certains passages m'ont particulièrement frappé, comme par exemple celui où vous évoquez Chagall (p. 35). Le rapprochement est saisissant.

J'avoue que je ne suis pas tout à fait sûr de vous suivre dans ce que vous dites sur la valeur récupératrice que présenterait une sorte de mea culpa général quant au mauvais usage de la langue. Pour ma part ce que je souhaiterais sur un plan beaucoup plus positif, c'est que dans l'enseignement, même élémentaire, et peut-être surtout élémentaire, il fût fait état d'une conception telle que la vôtre. Il faut bien reconnaître que l'enseignement direct, la méthode Berlitz etc., tout cela a puissamment contribué à la dégradation que nous déplorons. On finit par assimiler plus ou moins inconsciemment le langage à une sténographie ou à quelque chose de semblable. Cela est évidemment monstrueux.

J'ai commencé à préparer une conférence que je dois faire plus tard sur *l'Être et la pensée interrogative*[1], et dans ce texte j'emploie précisément le mot *Seinshäftigkeit*. Cette rédaction est pour moi un exercice difficile et fatigant, mais qui m'intéresse.

J'ai devant moi une période relativement tranquille, sauf un petit voyage à Aix-la-Chapelle et Cologne, où j'assisterai à la première représentation en allemand de deux pièces de moi. Je voudrais bien profiter de ce temps relativement calme pour un travail personnel créateur. Mais je suis à tel point dérangé jour après jour que je ne peux compter sur rien.

J'ai fait écrire il y a déjà au moins une dizaine de jours pour demander qu'on vous envoie le *Mystère de l'Être* traduit. J'espère bien que vous ne tarderez pas à le recevoir.

Encore un très grand merci, cher ami, pour ce si beau cadeau que vous m'avez fait, et croyez à ma profonde affection

G. Marcel

---

[1] A paru dans *Pour une sagesse tragique* Plon, 1968.

109

15 mai 1953

Mon très cher ami

Je ne me lasserai jamais d'admirer votre affectueuse présence d'esprit. La pièce que je préférerais voir représenter à Munich est le *Chemin de Crête*, dont m'avait parlé avec beaucoup de chaleur M. Hering à Munich même lorsqu'il était encore *Dramaturg der Kammerspiele*. Il est aujourd'hui à Stuttgart, mais auprès d'un « *Intendant* » dont on me dit beaucoup de mal. La remarquable actrice Agnes Fink, que j'avais vue aussi, et qui connaissait la pièce, avait le désir de jouer le rôle principal. Il existe une traduction allemande.

Le *Chemin de crête* est considéré par tous ceux qui connaissent mon théâtre comme une des œuvres les plus importantes et les plus significatives et je ne saurais dire combien je serais heureux que la pièce fût jouée à Munich. Elle a été jouée à Bruxelles et à Genève, donnée à la radio à Londres et à Stockholm ainsi qu'à Paris naturellement.

Je viens de recevoir à l'instant une lettre de Rentsch qui souhaiterait avoir une petite contribution de moi au *Festbuch* destiné à Kassner. Je tâcherai d'écrire quelque chose au mois de juin, après mon retour d'Allemagne. Je vais cette fois à Stuttgart puis de nouveau à Cologne où on va créer *Rome n'est plus dans Rome* en allemand.

Je suis un peu tourmenté par votre dernière phrase, elle trahit un état de tristesse et de découragement qui ne vous est pas habituel. En ce qui me concerne, cet état m'est, hélas ! familier, et particulièrement ces temps-ci.

Veuillez croire, cher ami, etc.

G. Marcel

110

11 juin (1953)

Mon bien cher ami

Merci pour vos deux lettres. Je vais dire aujourd'hui même qu'on vous fasse envoyer un autre numéro de la Table Ronde, et je dirai aussi qu'on vous communique le texte intégral de la. traduction lorsqu'il sera prêt.

Vous êtes infiniment gentil de demander qu'on me charge de ces conférences en Italie. Mais il ne faut rien regretter du tout car je n'aurais certainement pas pu les faire. Il faut que je me repose complètement cet été parce que je me sens extrêmement fatigué, et l'an prochain je n'ai déjà que trop de voyages en perspectives.

J'ai parlé de vous à plusieurs reprises lors de mon dernier séjour en Allemagne, notamment avec Hans André qui me parait un penseur remarquable. Je retourne demain à Cologne pour la première de *Rome* en allemand.

Je vous récrirai dans quelques jours.

Je vous envoie, ainsi qu'à Michel, etc.

G. Marcel

111

20 juillet (1953)

Mon cher ami

Je suis bien en retard avec vous. Ç'aurait été une grande joie de pouvoir vous rencontrer en Allemagne, mais la chose ne sera malheureusement pas possible. Je vais dans quelques jours à Utrecht pour un congrès de parapsychologie, puis peut-être deux ou trois jours à Bâle et de là chez moi en Corrèze. La Bavière représenterait un crochet beaucoup trop considérable, et les voyages en chemin de fer me fatiguent beaucoup.

Cela vous amusera peut-être de savoir que je vais vous citer dans la communication que je dois faire en octobre à la séance solennelle des cinq Académies sur *le déclin de l'idée de sagesse*[1].

J'ai demandé récemment où en était la traduction de votre livre chez Plon. Je n' ai pu obtenir de réponse précise et vais m'en informer de nouveau.

Mon éditeur n'a encore rien su de l'« *intendant* » de Munich, auquel il avait envoyé le *Chemin de crête*. La pièce va être jouée à Paris à la rentrée.

J'espère que votre séjour en Allemagne se passera bien et vous donnera satisfaction. Je vous envoie mes plus affectueuses pensées.

G. Marcel

112

(1953, Munich)

Mon bien cher ami

J'ai fait une conférence près de Wurzbourg (j'y ai parlé naturellement de vous) en présence d'un ministre, mais je vous le raconte seulement parce que le ministre a été tellement touché par ma conférence qu'il a oublié de donner les insignes d'un ordre au président de la société ! Cela m'a plu de voir qu'un ministre pouvait négliger son devoir officiel pour cette raison ! Ce ministre n'est pas un routinier. Comment allez-vous ? Écrivez-moi à Caslano. J'aimerais aller à Paris, rien que pour voir comment vous allez. Bien à vous

Max Picard

---

[1] Paru chez Plon en 1954.

113

(Starnberg, 1953)

Mon bien cher ami

Je regrette infiniment que vous ne soyez pas encore en bon état de santé. C'est tout à fait à l'opposé du phénomène de votre existence. Mais je suis sûr que vous êtes en état de *über-leben*, vivre au-dessus de la maladie. Il y a peu de gens qui ont cette liberté d'esprit, mais un de mes amis, R., atteint d'une très grave maladie de cœur (le médecin lui avait promis la mort il y a quinze ans, pour l'année 1938) vit *avec* cette maladie comme un homme sain, non pas grâce aux médicaments mais en vertu de sa liberté d'esprit, il *über-lebt* sa maladie. Bien à vous, etc.

Max Picard

114

14 septembre (1953)

Mon cher ami

Un mot seulement pour vous donner de mes nouvelles et pour vous expliquer mon silence. J'ai bien reçu vos cartes , mais n'ai pu lire la dernière, et j'ai reçu aussi le beau Sonnendrück. L'été s'était bien passé pour nous en somme mais j'ai eu il y a quelques jours un accident d'automobile qui aurait pu m'être fatal. J'en sors malheureusement avec une fracture du bras, une fêlure de la clavicule et du bassin. Je suis tout à fait immobilisé pour de longues semaines, ce qui m'est très pénible. Je ne souffre pas beaucoup mais c'est à condition de trouver une position qui me convienne et qui satisfasse à toutes sortes de conditions que je connais mal. Et vous comprendrez que les nuits sont difficiles et pénibles. Dieu merci, les miens n'ont rien eu de grave. Néanmoins l'aînée de mes petites-filles qui est ravissante a été atteinte au nez, et ramenée pour lui faire une radiographie et être examinée par un spécialiste. J'ai eu des premiers moments d'énervement tout à fait épouvantables et vraiment qui côtoyaient la folie, certainement à la suite du choc qui m'a précipité hors de la voiture, enfoncée par une grosse automobile infiniment plus lourde. Tout cela me laisse forcément un peu ébranlé mais mon état général est excellent et je reprends le dessus beaucoup plus vite qu'on ne l'aurait cru. Ce n'est pas encore pour cette fois. Je vous dis toute mon affection

Gabriel Marcel

(signé par Monique Nathan)

115

7 décembre 1953

Mon bien cher ami

Merci pour tout, pour le chocolat et pour l'envoi du *Monde du silence*. Je suis bien content que ce livre ait paru. J'ai relu ma préface, dont j'avais complètement oublié le texte, elle répond pleinement à ce que je pense. J'ai lu le texte de votre communication à l'*Abendländische Akademie*, qui m'a paru fort intéressant. Je compte d'ailleurs reprendre ce texte quand j'aurai la tête un peu moins fatiguée.

Je vais mieux, je commence à marcher dans mon appartement avec une canne, mais je me sens encore tout à fait infirme. Je me demande combien de mois il faudra pour que je revienne à mon état normal. Ce qui m'inquiète surtout, ce sont le voyages. Je ne me vois pas voyageant seul avant des mois.

Connaissez-vous l'historien autrichien Friedrich Heer ? Il m'a rendu visite et fait une excellente impression. Par sa pensée et ses préoccupations il semble tout à fait des nôtres. J'ai un peu de peine à entrer dans son grand ouvrage qui vient de paraître et qui est d'une lecture difficile, parce que le texte est tellement compact et manque d'air[1].

---

[1] Probablement *Réalités et vérité*, traduit en 1957 par Armel Guerne chez Desclée de Brouwer.

Mon *Chemin de crête* a été matériellement un échec, en grande partie par la faute de quelques critiques dont la légèreté et la malveillance ne peuvent d'ailleurs plus me surprendre. Mais un grand nombre de spectateurs ont compris et aimé la pièce et il y a eu quelques articles excellents. Comme nous le disions hier avec mon ami Thibon, dès le moment où on ne fait pas de concessions, il faut sans doute renoncer à plaire au grand nombre. N'ai-je pas écrit moi-même que le nombre est un des monstres et une des idoles de notre temps ? Tout cela n'empêche que cet échec m'a fait beaucoup de peine.

Cher ami, vous savez, n'est-ce pas, que vous êtes toujours présent à ma pensée. J'ai été heureux de vous rendre hommage dans ma communication à l'Institut. Je vous enverrai le texte quand j'aurai reçu les exemplaires.

Je me demande comment vous jugez les événements et en particulier comment vous envisagez la Communauté Européenne de Défense. Nous sommes terriblement divisés, même intérieurement, sur ce point.

Dites mon affection à vos enfants, et croyez, etc.

G. Marcel

116-117

14 décembre 1953

Mon bien cher ami

Cela me pèse beaucoup de savoir que vous souffrez encore des suites de votre accident. Ne forcez pas, surtout. Plus l'on accepte son état comme quelque chose de normal, d'habituel, moins on s'évertue, plus on traite la situation avec désinvolture, plus vite vient la guérison. On ne peut pas accompagner la guérison par la pensée, elle arrive par de tout autres chemins que ce que l'on pourrait supposer ; il ne faut pas tenter d'exercer un contrôle sur le processus de guérison, mais la laisser se faire librement, toute seule.

Que vos pièces de théâtre aient rencontré de l'opposition, voilà qui ne m'étonne guère. Vous empoignez le spectateur de façon directe, chacun sait que vous vous adressez personnellement à lui, que c'est lui-même qui est concerné, de la première scène à la dernière : or cela, on n'en veut pas, on préfère assister de loin aux drames des autres, rester en-dehors de vos pièces et non se laisser interpeller par elles.

Vous me posez une question politique. Une armée européenne ou une armée nationale allemande, je crois que cela revient au même. Dans une armée européenne, les Allemands prendront évidemment la première place, la plus importante, et ce ne sera pas très différent d'une armée nationale allemande. Si l'armée européenne n'arrive pas à se constituer, ce seront les Américains qui armeront l'Allemagne, comme ils l'ont fait pour l'Espagne. Il n'y a aucun doute à avoir. Laisser l'Allemagne désarmée ? Mais les Russes ! Il est certain que les Russes redoutent les Allemands et qu'ils ne veulent à aucun prix augmenter les risques. Je n'ai jamais cru à une agression russe d'ici une dizaine d'années. Ils n'attaquent pas pour la raison qu'ils ne veulent pas perdre une guerre. Or une armée allemande constitue un risque, pour eux.

Je sais bien qu'il ne faut pas exclure l'hypothèse que cela finisse par une entente entre les militaires allemands et la Russie ; ou encore, que l'armée allemande devienne un instrument de violence au service des puissances occidentales. Mais je ne crois pas que tout cela se produise tant qu'Adenauer est là. Adenauer n'est pas nationaliste, c'est un chrétien. Plus tard, évidemment… Cependant, le danger russe est ce qu'il y a de plus inquiétant et il est tout de même préférable de laisser l'Allemagne se réarmer, de manière à freiner une agression russe. Certes, la situation de la France n'est pas simple. On n'envisage pas avec plaisir un réarmement de l'Allemagne, mais à quoi bon discuter de cela, puisque les Américains ne manqueront pas de le faire.

Je vous envoie un peu de chocolats pour Noël.

De tout cœur

Max Picard

118

28 décembre 1953

Mon bien cher ami

Je suis en retard avec vous, je ne vous ai même pas remercié de votre dernier envoi de chocolats. Je suis vraiment confus de toute la peine que vous prenez pour moi, je me suis informé de la traduction de votre livre sur l'Italie (*Des cités détruites au monde inaltérable*). Je sais qu'elle est en cours et j'ai toute confiance en Michel Tournier. Rien n'est encore précisé je crois quant à la date de publication mais je ferai mon possible pour qu'elle ne soit pas trop reculée.

J'ai commencé à sortir un peu, mais je marche encore tout à fait comme un infirme et la descente de mes quatre étages me cause chaque fois une grande fatigue. Je ne sais quand je pourrai reprendre une vie un peu indépendante et envisager un voyage. Pour le moment il n'est pas question pour moi de sortir sans être accompagné. Je me demande si vous avez lu l'*Introduction à la Métaphysique* de Heidegger, que j'avais lu cet été et que je relis en ce moment. En ce qui concerne le langage, je le trouve assez près de vous. Du reste je me rappelle très bien que vous l'avez cité. Vous ai-je dit que j'ai lu le texte de la conférence que vous avez faite à Munich ? Ce texte est très riche et je compte d'ailleurs le relire.

Je dois en principe faire une conférence sur « poésie et philosophie » à Munich et à Vienne. Mais quand sera-ce ?

Avez-vous un voyage en perspective ? Je souhaiterais tant que vous vous décidiez à venir une fois quelques jours à Paris. Votre chambre est prête ici, vous le savez.

Cher ami, je vous adresse mes vœux les plus affectueux pour vous et les vôtres à l'occasion de la nouvelle année. Puisse-t-elle ne pas apporter avec elle les catastrophes redoutées. Votre

G. Marcel

119

Le 9 janvier 1954

Mon bien cher ami

Cela me fait de la peine de savoir que vous n'êtes toujours pas bien. L'état de maladie vous convient particulièrement mal, vous n'êtes pas fait pour cela, mais vous savez ce que je dis toujours, c'est à partir du dépassement de ce qui ne convient pas que l'homme vit véritablement et accède à un univers entièrement autre et entièrement nouveau.

Je suis content que vous ayez apprécié la conférence d'Eichstatt. Les discussions ont été réduites à presque rien. A la suite de la troisième conférence, je vous ai cité, car il était nécessaire d'établir une distinction entre *espérance et désir* et j'ai été bien content de pouvoir extraire cela tout droit d'*Homo Viator*. Le même jour, je vous ai cité une autre fois, mais je ne me rappelle plus à quel propos. Et même si je ne vous avais pas cité, vous m'êtes présent, tous les jours, vous représentez pour moi l'esprit agissant qui vient parmi les hommes, on détecte cette action de l'esprit non seulement dans votre visage mais dans vos gestes, les mouvements suivent l'action de l'esprit, dans la joie de pouvoir le suivre.

Je vous en supplie, venez donc vous détendre à Neggio. Je vous y invite, vous serez mon hôte, faites-moi cette joie.

Il faut absolument que vous veniez. Les gens qu'on aime, on a besoin de les voir de ses yeux, de temps en temps.

De tout cœur, etc.

Max Picard

120

28 janvier 1954, Starnberg

Mon bien cher ami, je suis heureux de pouvoir penser que vous viendrez ce printemps. Je suis toujours prêt pour vous, mais la présence concrète annule toutes les pensées préparatives et elle a le pouvoir de liquider tout ce que l'on a souffert de par la privation et la distance. Est-il possible que vous veniez à Munich au mois de février ? C'est moi qui ai proposé pour votre conférence le thème « Poésie et philosophie ». Je reste ici jusqu'à la fin de février. Veuillez croire, etc.

Max Picard

121

31 janvier 1954, Starnberg

Mon bien cher ami, j'ai fait une marque sur la carte, c'est la maison où mon fils est né. - Je ne crois pas que Berlin, la Conférence de Berlin, aura le moindre effet. Je suis sûr que les Russes ne désirent pas que l'Allemagne réarme, mais ce réarmement n'a pas pour eux l'importance qu'ils voudraient nous faire croire. Les Russes ont besoin de la conférence pour faire croire qu'ils auraient un intérêt spécial pour l'Europe, tandis qu'ils opèrent en Asie. Avec la Conférence, ils cachent leurs vraies actions en Asie. Toujours à vous, etc.

Max Picard

122

31 mai 1954

Mon bien cher ami

Je fais suivre la carte illustrée par cette carte-ci pour vous dire : il faudrait que vous mangiez trois fois par jour une cuillère d'huile de foie de morue. Ce n'est pas bon, mais ça va mieux si vous faites suivre à l'huile de morue, tout de suite après, une petite tasse de café ou une tasse d'orange pressée. Il n'y a pas de remède meilleur pour la restitution des os que l'huile de morue.

Amicalement

Max Picard

123

4 février 1954, Starnberg

Mon bien cher ami

J'ai compris que vous viendriez à Caslano au printemps et je ne voudrais pas perdre cet espoir. - Je ne crois pas au moindre résultat du congrès de Berlin. Il est certain que les Russes préfèrent une Allemagne désarmée, mais il est encore plus sûr que ce réarmement est pour eux une chose d'importance très secondaire. Ils veulent, ut aliquid dici videatur, pouvoir *agir* en secret en Asie. Les Américains sont d'une stupidité inhumaine, incapables d'avoir un principe politique, sachant seulement *réagir* sur les actes russes. La Russie est le maître et les élèves de l'Ouest cherchent à donner des réponses au maître. Tout est si stupide que j'ai vraiment honte d'en parler. C'est seulement quand Dieu veut détruire un peuple que l'on devient à ce point stupide. C'est une stupidité causée par Dieu. Bien amicalement

Max Picard

124

18 mars 1954, Starnberg

Mon bien cher ami

Il y a trois jours j'ai parlé de votre pièce avec M. Horwitz, le « Staatstheater intendant », Il dit que son théâtre est petit, que son programme est complet, par suite des contrats passés avec son prédécesseur, et qu'il n'est pas question de rompre - mais au cas où il ait également le Brunnentheater, il prendra de nouveau la pièce en considération. Je lui ai beaucoup parlé de vous et aussi de la pièce, que vous m'avez dit vouloir écrire, *Die Wacht am Sein* (« La dimension Florestan ») : comme il est un fervent adversaire de Heidegger, il a dit qu'il s'intéresserait beaucoup à cette pièce et qu'il la prendrait tout de suite. M. Horwitz m'a beaucoup plu et j'ai pleine confiance en lui, sans la moindre restriction. Nous avons eu un contact personnel dès la première minute de notre entretien. Je suis triste que vous ne soyez pas encore rétabli. Je demande aujourd'hui à Michel de vous envoyer du chocolat « Lindor ». Salutations affectueuses

Max Picard

125

Paris, le 2 avril 1954

Mon bien cher ami

J'ai encore beaucoup de remerciements à vous adresser, à vous et à Michel, qui s'est si gentiment acquitté de la commission dont vous l'aviez chargé pour moi. Ce Lindor fera la joie de mes petits-enfants et j'en profiterai moi aussi. Un grand merci aussi pour l'envoi de la nouvelle de Leskov, que je suis en train de lire. J'admire comme vous ce très grand conteur, chez qui on trouve à la fois du raffinement et de la naïveté. Je vais vous faire envoyer le livre de mon amie M. - M. Davy sur Simone Weil, qui vient de paraître, il me paraît excellent et je pense qu'il vous plaira[1].

Il y a peut-être une très légère amélioration dans mon état, il n'est pas impossible que le traitement de rayons X commence à porter ses fruits. J'irai passer une huitaine auprès de mes enfants et petits-enfants en Corrèze, et de là j'irai, en voiture, à Saint-Paul de Vence,

---

[1] Marie-Magdeleine Davy (1903-1998) auteur de nombreux essais et traductions. *Initiation à la symbolique romane* 1977. *Simone Weil* 1954. *Encyclopédie des mystiques* 1996. *Gabriel Marcel philosophe itinérant* 1959.

près de Nice, participer à un congrès de parapsychologie. Entre autres participants, il y aura là Gebser,[1] que vous connaissez, je crois, et Aloys Wenzel, qui est professeur à l'Université de Munich, et que vous avez peut-être rencontré. J'ai fait sa connaissance à Lima. C'est quelqu'un de sérieux et de très sympathique.

Mon travail, ces temps-ci, a consisté à préparer une série de causeries sur l'Inquiétude, qu'on m'a demandées pour la Radio[2].

Je vous envoie ceci à Caslano, où je suppose que vous êtes de retour. Croyez, mon bien cher ami, etc.

G. Marcel

126

5 mai 1954

Mon bien cher ami

Cela me désole de savoir que vous n'allez toujours pas très bien. Je me demande si vous ne `commettez pas l'erreur de ne pas vous laisser aller, de ne pas accepter vos ennuis de santé, conséquences du choc. Si l'on ne s'oppose pas au mal-être, on peut mettre en jeu toutes ses réserves de forces, tandis que si on lutte, on épuise tout ce que l'on a en soi. Les médecins d'aujourd'hui traitent tous les maux comme des ennemis à vaincre, c'est pourquoi ils n'obtiennent pas toujours de résultat. Si l'on peut garder une certaine « désinvolture », toutes les forces sont libres pour venir à l'aide.

Une fois encore, j'ai relu Simone Weil. Il y a des passages que j'ai l'impression d'avoir écrits moi-même, Je trouve si bien qu'elle ne se soit pas fait baptiser. Il me semble que par elle, l'Église devient plus grande ; puisque Simone Weil, qui était absolument catholique dans les profondeurs de son être, est restée en-dehors de l'Église visible, alors l'Église s'étend jusque là où sont les non-baptisés. Il ne s'agit pas là de *in partibus infidelium*, mais *fidelium*.

---

[1] Gebser. prêtre et écrivain suisse, s'intéressant à la parapsychologie.
[2] Ont paru dans *L'homme problématique*, 1955, 1998.

Rétablissez-vous complètement, avec toute l'amitié, etc.

Max Picard

127

6 juin 1954

Mon bien cher ami

A Zurich j'ai pu causer avec Horwitz, qui s'intéresse beaucoup à votre pièce. S'il la monte à Munich, il pourra également la donner à Zurich, car, d'après ce que j'ai compris, il a un accord avec eux. Il m'a toujours fait une excellente impression et il existe une réelle sympathie entre lui et moi.

A Stuttgart les choses se sont passées tout à fait différemment de ce que je prévoyais. Je devais parler devant quelque huit cents philologues, en attaquant la psychanalyse et les tests ; j'étais persuadé que tout le monde était de l'avis contraire. La veille au soir, j'ai téléphoné pour dire qu'on m'avait appris qu'il y aurait là un certain ministre grand instigateur des tests dans son ministère, mais que je ne ferais aucune concession ; je préférais renoncer à la conférence. Et de fait, le ministre en question a été placé juste en face de moi, au premier rang, et il s'est trouvé fort isolé car toute l'assistance non seulement a été d'accord avec moi, mais ç'a été des transports d'enthousiasme, j'étais sans cesse interrompu par les applaudissements et à la fin, chose qui ne m'était arrivée de ma vie, les applaudissements ont duré plus d'une minute. Le ministre était assez rouge et ne me regardait pas, mais moi je m'en moquais.

Il a paru un nouveau petit livre de Heidegger. Il y a quelques mois, un ami m'avait envoyé un extrait, en manuscrit, et je l'avais trouvé horriblement sentimental. Il en est de même du livre dans son ensemble, c'est sentimental et fadasse, on a peine à croire que Heidegger en est l'auteur, on penserait plutôt à un instituteur, de ceux qui écrivent des vers à leurs moments perdus. J'ai oublié de vous dire qu'à Stuttgart, après la discussion, le président est venu me poser des questions sur *Homo Viator*.

Charles Pfleger est ici, c'est un homme d'une réelle grandeur, il a tout l'air d'un pape, mais heureusement il n'est que curé de village. Le Saint-Siège ne va pas bien, l'influence américaine, la communauté de vues avec l'Amérique ne lui fait pas de bien. C'est tout de même curieux de constater qu'ils prennent toujours le plus mauvais parti ; depuis 1945 on peut dire qu'en toute occasion ils ont gâché leurs chances.

De tout cœur, etc.

Max Picard

128

Paris le 14 juin 1954

Mon cher ami

Je suis rentré de Londres samedi matin après avoir fait une conférence à Cambridge. J'ai trouvé votre lettre et je reçois ce matin votre carte. Je vais m'informer pour savoir exactement où en sont les choses pour les traductions de vos livres.

Je suis très content de ce que vous me dites de M.Horwitz…

Cela a dû vous être assez désagréable, à Stuttgart, de sentir que vous aviez affaire à un auditoire si éloigné au départ de partager vos idées. Mais si je comprends bien, vous vous êtes vraiment imposé à lui, c'est un beau succès. De mon côté j'ai eu un excellent auditoire à Zurich, on m'a très aimablement reçu et on m'a même emmené à Einsiedeln, que je ne connaissais pas et que j'ai vu par un bien vilain temps.

Le temps ne m'a d'ailleurs pas davantage favorisé en Angleterre. Mais j'ai beaucoup aimé Cambridge, où je n'avais encore jamais été. Là aussi j'ai eu un très bon auditoire. Je parlais du *Crépuscule du sens commun* et vous ai longuement cité à propos de l'art contemporain.

Je vais rester ici au moins jusqu'à la fin du mois et ne sais encore si je me déciderai à faire une cure au mois de juillet. Cela m'ennuie terriblement. Je me suis mis entre les mains d'un guérisseur qui m'affirme qu'il me débarrassera de cette fâcheuse arthrite. Il me fait très bonne impression.

Je vois qu'il me faudra certainement renoncer à aller à Varese en septembre, car je devrai partir dans les derniers jours du mois pour le Portugal avec mon fils. Je vous envoie, mon cher ami, etc.

G. Marcel

129

Le 14 juillet 1954

jour de naissance de Michel

Mon bien cher ami

J'ai lu d'un seul trait *le Déclin de la sagesse.*

Il était nécessaire que vous insistiez sur le fait que l'essence a le primat sur l'existence, c'est un nouveau réalisme chrétien qui a son origine chez vous. Je suis comme vous d'avis que c'est impossible de détruire les machines, car les machines détruites réapparaîtraient comme des spectres et tourmenteraient les hommes plus que les machines réelles. Vous avez présenté les limites de la technique d'une manière si magistrale qu'on ose croire que la technique elle-même connaîtra maintenant ses limites sans être limitée par l'homme. C'est une doctrine objective avec la force de l'objectivité. Le danger éminent, le plus éminent de la vie technique d'aujourd'hui me semble ceci, qu'il n'y a plus de temps dans la vie technique, le temps est éliminé et aussi l'espace, et parce qu'il n'y a pas de temps, il n'y a pas de mémoire, pas de tradition et pas de sagesse. Cette dernière se réfère toujours à des événements, phénomènes clairs, elle vient des phénomènes clairs et va à des phénomènes clairs. Elle a une pensée et veut créer une présence (un présent) et un futur. Mais la potentialité de la vie technique est si immense qu'il n'y a plus ni temps ni espace, que tout ce qui pourrait arriver est déjà arrivé avant d'être arrivé. Ici il n'y a rien où se référer : tout est devant l'homme dans une mixture complète. La sagesse n'est plus demandée et n'est plus offerte. D'être d'accord avec vous, c'est une consolation ; je pense : si quatre, cinq hommes pensent comme nous, c'est, même dans les circonstances d'aujourd'hui, et vis-à-vis d'elles, une force immense et magique par sa rareté.

Bien à vous

Max Picard

130

Paris, le 16 juillet 1954

Mon cher ami

Je reçois votre dernière lettre au moment précis où j'allais répondre à la précédente, car j'avais dû me renseigner chez Plon pour savoir exactement ce qui s' est passé avec M. Anstett.

En fait, on avait déjà remis votre essai à Tournier.

Je ne sais pas encore si j'obtiendrai qu'on publie comme je le souhaiterais le texte du petit volume sur l'Atomisation dans l'art, en annexe du livre sur l'Italie. Nous réglerons cela par la suite.

Je suis très heureux de l'approbation que vous donnez à mon petit livre sur le *déclin de la sagesse.* J'en étais d'ailleurs certain, d'autant que vous êtes sûrement pour quelque chose dans ce livre. Il rencontre beaucoup d'adhésions, mais plutôt parmi des hommes de notre génération ou de celle qui nous a suivis. Je crains que les jeunes, pour la plupart ne soient beaucoup plus rétifs. Quand vous connaîtrez ma dernière pièce, qui n'est pas encore publiée, *Mon temps n'est pas le vôtre*, vous verrez qu'elle se situe dans la même perspective, bien qu'elle soit beaucoup plus complexe.

Si mon fils se décide à m'y accompagner, car dans ce cas nous irions en voiture, je pense aller du 7 au 12 septembre au congrès cinématographique de Varese, où je suis invité par les Italiens : vous pensez bien que dans ce cas je ne manquerai pas l'occasion d'aller vous voir, et je serais si heureux de vous faire connaître mon fils, et sans doute ma belle-fille. Je souhaite de tout cœur que ce projet puisse se réaliser, mais je n'en aurai la certitude que dans quelque temps.

Je ne sais pas encore exactement ce que je vais faire maintenant, il est assez probable que j'irai passer quelques jours auprès de mes amis à Montana. Je rejoindrai ensuite mes enfants, sans doute à Bâle, nous irions ensuite en Corrèze, et c'est de là que nous partirions éventuellement pour Varese. Tout cela est, comme vous pouvez le voir, extrêmement compliqué, et implique de nombreux voyages. Mais c'est en voiture que je me porte le mieux, pour des raisons assez mystérieuses.

Une expertise médico-chirurgicale a eu lieu récemment, au cours de laquelle il a été établi que le traumatisme dont j'ai souffert du fait de mon accident a déterminé un cal osseux, ce que le chirurgien appelle une protrusion, qui rend forcément la marche difficile.

Veuillez croire, mon très cher ami…

G. Marcel

131

Le 16 juillet 1954

Mon bien cher ami

Je n'ai jamais pensé qu'on devait retirer la traduction à Tournier, c'est une chose finie et j'espère seulement qu'il réussira. Quant à l'*Atomisierung*, j'ai proposé Anstett parce qu'il a traduit d'une manière parfaite le *Monde du silence*.

Quant à Stuttgart, ce n'était pas un succès, mais un triomphe ; toute l'assemblée des huit cents philologues m'a applaudi longuement, non pas moi personnellement, mais ce que je disais : j'ai parlé contre la psychanalyse et les tests en présence du ministre qui a introduit dans les lycées cette stupidité, et les philologues ont laissé le ministre à part et m'ont donné leur accord, par des interruptions applaudissantes et des cris de joie. C'est la première fois de ma vie que j'ai eu l'impression d'avoir vraiment fait du bien par une conférence.

Michel, avec sa famille, est en Italie; le seul livre (outre Gogol) qu'il a avec lui est *Être et avoir.* Il est allé dans la Maremme, entre Pise et Rome. Nous regrettons qu'on ne puisse vous voir ici. Vous qui voyagez toujours et partout pourriez avec facilité faire cette petite excursion à Caslano. Et cette petite excursion produirait une grande joie en nous et j'espère aussi en vous.

Veuillez croire, mon cher ami, etc.

Max Picard

Heidegger a publié un petit livre tout sentimental ! Toujours la sentimentalité est la sœur de la brutalité !

132

Le 22 juillet 1954

Mon bien cher ami

Je suis heureux que vous ayez trouvé plaisir à lire *Contre les tests.*

Je pars demain jusqu'au 3 août, à Venise, parce que demain commence une terrible fête devant ma maison, avec des haut-parleurs étourdissants, jour et nuit. C'est la fête de San Cristoforo, patron du village, mais il n'y a plus rien du saint, ni de l'église, ni du peuple, seulement le vacarme des haut-parleurs. Il faut s'en aller, je fais ça toutes les années.

Cela me touche beaucoup que vous soyez à Montana, où ma femme est morte. Je ne peux pas entendre ce nom, Montana, sans trembler, au cœur et à l'esprit.

J'espère que vous viendrez à Caslano de Montana, directement !

Avec toute mon affection, etc.

Max Picard

Il n'y a pas de Lindor en été, parce qu'il va fondre !

133

Montana, samedi

(été 1954)

Cher ami

Je reçois votre lettre. Non, certes, je n'ai pas oublié ce que Montana évoque pour vous. Avec mes amis nous avions même cherché la tombe au cimetière de Sierre, mais sans la trouver.

Impossible d'aller chez vous d'ici. Le voyage est beaucoup trop compliqué. Vous ne vous doutez pas à quel point je suis encore infirme. Tout changement de train est pour moi plus qu'une fatigue, presque un danger.

Je me suis occupé de votre livre encore ces derniers jours et ai dit combien j'étais irrité du retard apporté â la traduction.

Je vais voir Rudolf Kassner à Sierre, nous parlerons de vous. J'espère que ce petit séjour à Venise sera agréable.

Très affectueusement,

G. Marcel

134

16 août (1954)

Mon bien cher ami

Je suis triste de n'avoir pu aller jusqu'à vous. Mais il n'y avait pas à y songer encore cette fois.

Ce que vous dites de Kassner me surprend un peu. Je ne suis pas au clair sur le jugement qu'il convient de porter sur sa pensée. Elle me semble à la fois très systématique et assez obscure, souvent arbitraire dans le détail. Il a été charmant avec moi. Quoi que vous en pensiez, je crois qu'il vous aime beaucoup. Il est tout à fait infirme et se montre très courageux.

Avez-vous eu des détails sur le Kirchentag de Leipzig ? Ce que j'ai appris m'a beaucoup impressionné. On a vu des hommes d'Allemagne orientale parler avec une franchise et un courage extraordinaires. Autrement, la situation en Allemagne m'inquiète. Adenauer semble très menacé.

Je suis de nouveau dans cette maison que j'aime tant, avec mon fils et ma belle-fille, et deux de mes petits-enfants. Cela m'est doux, mais je suis toujours aussi infirme.

Peut-être pourrai-je aller à cette rencontre près de Würzbourg dont vous me parlez. Cela dépendra de la date. Mes projets pour cet hiver et surtout pour le printemps sont encore assez vagues.

J'ai écrit au sujet de la traduction de votre livre il y a plus de trois semaines et n'ai obtenu aucune réponse. J'ai dit que j'étais très fâché de voir que cela traînait ainsi.

Je vous envoie, etc.

G. Marcel

135

Le Peuch, 1er septembre (1954)

Mon bien cher ami

J'ai reçu votre délicieux envoi qui m'a été réexpédié de Montana et qui est apprécié par tous les miens comme par moi-même. Vous devez être arrivé à Gastein. Comme je vous l'ai dit, si vous y retournez l'an prochain, il se peut fort bien que je vous y accompagne. Merci infiniment de vous être occupé pour moi de cette éventuelle traduction japonaise. Je crois qu'on s'intéresse un peu à ma pensée là-bas.

Je n'ai pas pu travailler ici comme je l'aurais voulu. Je marche toujours aussi mal et cela me prive de la *Schwung* (impulsion) dont j'ai besoin pour créer. Ce sont des solidarités qu'on a peine à concevoir.

Encore un grand merci pour tout, et croyez à ma profonde affection.

G. Marcel

136

15 septembre (1954)

Mon bien cher ami

Peut-être savez-vous déjà que nous avons eu, mon fils et moi, le grand plaisir de voir Michel et le délicieux petit Gabriel à Varese. Nous avons été ensemble à Castiglione d'Olona que je n'avais pas revu depuis mon enfance. Mon fils et le vôtre ont tout à fait sympathisé et nous avons été conquis par le délicieux sourire du petit Gabriel, si gai, si malicieux, si bon... Je comprends qu'il fasse votre joie.

Nous sommes rentrés tout à l'heure en passant par Vézelay, que vous connaissez, je pense. Il faut maintenant reprendre le collier.

Votre envoi du mois d'août m'est bien parvenu,- je vous en remercie de tout cœur. Je ne pense pas que vous vous plaisiez à Gastein, mais peut-être pouvez-vous y travailler.

A vous de tout mon cœur

G. Marcel

137

14 octobre 1954

Mon bien cher ami

Je vous ai écrit, encore de Starnberg, que j'ai parlé avec M. Horwitz, du *Staatstheater* : il m'a dit que dès qu'il aurait reçu sa nomination à la direction du Brunnentheater, il prendrait en sérieuse considération la pièce dont vous lui avez envoyé la traduction. En outre, je vous ai écrit qu'il serait heureux de pouvoir présenter votre *Wacht am Sein*, que vous m'avez dit vouloir écrire contre Heidegger. M. Horwitz est un homme tout sérieux, il n'a rien d'un artiste ou comédien, il donne l'impression d'un solide bourgeois, sûr non de soi-même mais des choses importantes. J'ai toute confiance en lui. Nous nous sommes très bien entendus, et il a accepté ma critique de la pièce de Julien Green, *Sud.*

Je vous envoie aujourd'hui *Die Atomisierung in moderne Kunst.* J'ai le courage de dire qu'une traduction en français ne manquerait pas de succès. Croyez-vous que Plon s'y intéresserait ?

Je ne peux m'habituer à être à Caslano. Je me trouve ici en exil. La seule compagnie que je veux avoir, outre la vôtre et celle de Michel, est la mélancolie. Je disparais dans les ténèbres de la mélancolie qui est d'autant plus profonde qu'elle cherche son fond, qui n'existe pas.

Je suis sûr que les Américains sont des canailles encore plus que les Russes…

Veuillez croire, etc.

Max Picard

138

Le 4 décembre 1954

Mon bien cher ami

L'*Abendland Akademie* m'a invité à faire une conférence en même temps que vous. Mais moi, je n'ai pas qualité pour présenter la Suisse comme exemple de l'Occident. Cela, je ne le pourrais pas, même si je disposais des données historiques, ce qui n'est pas le cas. Mais avant tout - et je dis cela à vous, *en toute discrétion* - je déteste la mentalité de mes compatriotes qui ont fui deux guerres mondiales en faisant des affaires avec les deux parties. Neutralité suisse, c'est faire des affaires avec tous. Et ici on est si bête qu'on croit qu'une troisième guerre mondiale aussi permettrait les affaires « neutres ». J'ai lu avec le plus grand plaisir les lettres qu'a écrites le comte Gobineau à Tocqueville, de Berne, il y a un siècle. Gobineau (pour qui je n'ai d'ailleurs pas de sympathie) a compris les Suisses, ils n'ont pas changé. C'est étrange : dans cette correspondance c'est Gobineau qui paraît l'esprit le plus fin, pas Tocqueville, alors qu'en réalité c'était le contraire.

N'y a-t-il pas d'espérance que nous nous revoyions bientôt ? Moi, je suis un homme visuel et j'ai besoin de voir l'ami. Voir un ami, c'est vivre avec lui dans le passé et dans l'avenir par la présence. Bien à vous et très cordialement

Max Picard

139

Le 7 janvier 1955

Cher ami

Je crains que vous n'ayez pas reçu la lettre que je vous avais écrite juste avant de vous envoyer le livre sur Chartres. Je vous remerciais très vivement pour le beau livre sur Paris que vous m'aviez envoyé vous-même. Une fois de plus, vous m'avez gâté. Et je n'oublie pas non plus le chocolat, qui m'est aussi bien parvenu.

A vrai dire, je n'ai pas été très bien tous ces temps-ci. Nous souffrons ici d'un temps froid et humide qui m'est aussi défavorable que possible. Je marche encore plus difficilement que de coutume.

Mon travail est actuellement très éparpillé en raison d'engagements nombreux auxquels je dois faire face. J'aimerais pouvoir me concentrer sur une tâche bien déterminée, mais cela m'est très difficile.

J'ai obtenu des promesses précises pour votre livre et pour la publication de l'article dans la Table Ronde, mais il est fatigant d'avoir sans cesse à revenir à la charge.

Merci beaucoup pour l'article du *Rheinische Merkur*. J'ai vu avec plaisir qu'à la fin vous repreniez une formule à laquelle je tiens personnellement beaucoup, sur « la lumière qui est *joie* d'être lumière ». Je pense que vous attirez l'attention sur quelque chose de très important quand vous dites que ce qui précède le mot, n'est pas à proprement parler la *pensée*, mais une certaine clarté qui deviendra lumière dans et par l'expression. C'est très profond.

J'espère que vous allez bien, et vous envoie, très cher ami, etc.

G. Marcel

140

Le 12 janvier 1955

Mon bien cher ami

Venez ici, vous avez ici le soleil, la tranquillité, vous serez le bienvenu. La. présence réelle est nécessaire de temps en temps entre deux amis. Il ne faut pas se surcharger l'âme ; l'âme sait faire le lien, mais si la liaison peut se faire grâce à un voyage, cela décharge un peu l'âme. Acceptez mon invitation, j'ai accepté, de mon côté, qu'un ami de mes livres fasse construire une maison. Les travaux commencent dans les semaines qui viennent, sur un terrain de Neggio, au-dessous du couvent. J'ai accepté, acceptez, vous aussi mon invitation.

Je ne sais plus si je vous ai écrit que j'ai envoyé votre *Homo viator* et aussi *Être et avoir* à mon traducteur japonais pour qu'il en parle à l'éditeur : j'espère réussir.

C'est étrange : votre dynamisme d'être aujourd'hui ici, demain là, après-demain. dans une autre ville, chez vous cela ne me dérange pas et je suis sûr que c'est parce que votre essence, c'est l'amour, et l'amour unit tous les changements de lieu, et c'est aussi l'amour qui veut se diffuser, votre amour, et c'est la base de la vraie philosophie.

Je n'ose vraiment pas vous prier de faire une intervention chez Plon pour l'article à la Table Ronde et pour *Cités détruites et Monde inaltérable* ; c'est triste, je ne peux rien faire, et je ne sais pas non plus si Plon veut publier *tout* le petit livre *Die Atomisierung in der moderne Kunst.* Tout ça est ennuyant. J'ai honte d'y penser et j'ai honte de vous avoir écrit ça.

La Suisse est un pays détestable, pardonnez-moi, les Suisses ont trop d'argent et les soucis et les douleurs qu'ils n'ont pas eus pendant la guerre ils les compensent par un malaise interne fort.

Venez, venez, et croyez, etc.

Max Picard

141

19 janvier 1955

Cher ami

C'est vrai, le livre de Reisner[1] est très profond, il a la profondeur non de l'abîme mais du ciel. C'est moi qui ai attiré l'attention de M. Reisner sur votre œuvre, sur laquelle une étudiante a fait une thèse de doctorat. Mais quant au *Stiller* de F., je ne conçois pas que vous l'estimiez. C'est le dynamisme du rien, qui se prête à l'inclination du public à la discontinuité, et qui emploie le style de la discontinuité parce qu'il n'est pas capable de la vraie forme. Tout cela n'a rien à

---

[1] Philosophe et théologien protestant allemand.

faire avec la poésie ou avec la littérature, mais seulement avec la psychologie et la sociologie ; ce sont des romans à discuter, mais sans se laisser submerger, comme il arrive avec le vrai poète. Croyez-vous que Plon ferait une traduction de Reisner ?

Croyez, cher ami, etc.

Max Picard

142

3 mars 1955

Mon bien cher ami

J'ai lu dans le journal qu'on va jouer à Saarbrück votre *Mon temps n'est pas le vôtre*, j'en suis heureux. J'ai eu une conférence à Saarbrück en octobre et j'ai parlé de vous et de votre théâtre à M. Schuller, directeur ou ex-directeur du théâtre. - Je vous ai envoyé il y a dix jours un petit paquet de votre chocolat « Lindor ». L'avez-vous reçu ?

Mes pensées bien affectueuses, etc.

Max Picard

143

Le 14 mars 1955

Mon bien cher ami

J'ai fini de lire votre *Homme problématique* hier. Je ne connais pas de livre où le thème est si essentiellement traité comme dans votre livre. Et ce qui me touche directement c'est que vous ne faites pas de chasse aux problèmes, mais qu'ils s'offrent eux-mêmes, ils approchent eux-mêmes de vous ; ils veulent être traités par vous. Cette manière de vraie objectivité, cette collaboration des objets avec vous , c'est ma propre manière, pour laquelle on n'a pas de mérite, mais à laquelle on prend part par grâce. Il faut alors répondre à ce qu'on a par grâce et vous faites cela, avec un zèle émouvant. Votre existence est toujours : répondre à la grâce, et c'est la grâce humaine, la grâce du bas qui s'adjoint à la grâce du haut. C'est votre existence, transparente aussi par ce livre. Si vous n'avez rien de contraire et si vous n'avez pas déjà d'autres obligations, je me permettrai d'envoyer votre livre à mon éditeur Rentsch en vue d'une traduction en allemand. Je vous remercie aussi de m'avoir cité dans le livre.

Mes pensées affectueuses, etc.

Max Picard

144

27 mars 1955

Cher ami

Je vous dirai que j'irai dans la moitié d'avril à Bad Gastein et j'espère que nous pourrons nous y rencontrer. Vous avez dit l'année dernière que vous avez l'intention d'y aller. Je n'aime pas avoir des visites à Gastein mais vous, le bien cher ami, êtes l'exception.

Croyez, cher ami, etc.

Max Picard

145

15 avril 1955

Mon bien cher ami

Je suis *heureux* que vous veuillez faire la dédicace de votre pièce à moi. Ne manquez pas d'envoyer un exemplaire à M. Kurt Horwitz, Elisabeths. 22, Munich.

Je pars les prochains jours pour Bad Gastein, *mais* écrivez s.v.p. toujours à Caslano, Michel me fait suivre vos lettres. J'ai tant espéré de vous voir à Gastein, cela aurait fait du bien à votre corps, Gastein est fameux pour ça ; et votre présence aurait fait du bien à mon esprit, et l'ensemble de nous deux aurait fait du bien au monde du silence qui parle quand nous nous taisons.

Croyez à mes sentiments toujours plus affectueux

Max Picard

146

18 avril 1955

Mon bien cher ami

Je voudrais vous dire que je n'ai pas encore perdu l'espérance que vous viendrez à Bad Gastein : Hôtel Mozart. Quant au livre de Raabe[1], cela me plaît avant tout qu'il soit écrit en plusieurs et différents espaces, mais qui se réunissent dans l'unité - comme votre philosophie. En général c'est cela qui manque aujourd'hui avant tout.

Croyez-moi toujours, etc.

Max Picard

---

1 Wilhelm Raabe, romancier allemand, 1831 - 1911. Misanthrope bourru, affamé d'idéal. *Chronique de la rue aux moineaux. Le pasteur de la faim. La chancellerie de Notre-Seigneur Dieu.*

147

18 avril 1955

Mon bien cher ami

J'ai oublié de vous signer la nouvelle maison, mais je n'ai plus une carte. Je vous envoie cette carte-ci, j'aime cela beaucoup, vous vous souvenez peut-être. Vous me feriez la plus grande joie si vous vouliez être le premier hôte. Je vous ai envoyé hier « *Schüdderrump* » de Raabe, cela me touche plus que Stifter[1], mais cela ne veut pas dire que Raabe vaut mieux que Stifter. Hier j'ai pensé qu'il n'y a plus de politique réelle, que toute politique aujourd'hui est faite en regardant d'avance la rédaction des journaux, on fait la politique dirigée par un article de journal qui n'existe pas encore (l'article n'existe pas encore et la politique est faite selon la possibilité d'un article !) De tout mon cœur.

Max Picard

à partir du 23 :

Hôtel Mozart

Bad Gastein (Autriche)

148

Gastein[2]

21 mai 1955

Mon bien cher ami

Je me permets de vous demander, si cela vous est possible, de m'envoyer un exemplaire de *Mon temps n'est pas le vôtre*. – C'est dommage que vous ne soyez pas venu à Bad Gastein, cela vous aurait fait du bien pour tout et pour votre trauma. Cela vous aurait aussi plu, c'est une tristesse légale en Autriche dans les hommes, dans la nature

1 Adalbert STIFTER (1805-1868). Un des plus grands prosateurs de langue allemande. Culte du beau, optimisme moral. *L'été de la Saint Martin. Witiko.*

2 Erreur sur la date, soit dans cette missive, soit dans la suivante.

et dans les choses, au contraire de l'Allemagne où le bien de la tristesse fut détruit par « le miracle économique », - Je retourne via Venise. Écrivez-moi et envoyez le livre s.v.p. à Caslano. Croyez, etc.

Max Picard

149

Le 11 mai 1955, Bad Gastein

Mon bien cher ami

Il y des pages de votre pièce (*Mon temps n'est pas le vôtre*) qui m'ont tiré des larmes , mais en même temps il me fallait rire, sur ces mêmes pages et cela vient de ce que vos personnages attirent, comme des êtres vivants, des objets et des situations non décrites, qui changent alors les larmes en rire. La pièce sait s'agrandir, se compléter, elle est au milieu d'un monde tantôt visible tantôt invisible, et je crois qu'elle durera, parce qu'elle est en mesure d'attirer aussi les situations du futur. Je crois aussi que l'abbé Jourdaine deviendra plus défini avec le temps, aujourd'hui il paraît indécis, mais dans vingt ans son indécision apparaîtra comme de la décision. Comme vous avez raison de dire que le drame de l'homme d'aujourd'hui n'est plus la conséquence de son caractère, mais des relations entre des êtres ou des situations. Mais je crois que les nouveautés dans l'art d'aujourd'hui ne viennent pas d'un désir d'expérimentation, c'est plutôt la conséquence d'un état spirituel antérieur : quand on n'est pas capable de saisir une réalité, il n'y a plus de réalité. J'ai pensé ça en lisant qu'Ernst Jünger aurait dit que le passage des Israélites par la Mer Rouge ne signifierait pas ce que dit la Bible, mais la Mer Rouge signifierait le « chthonique », les paludes internes, l'obscur, le passage par « ça ». C'est terrible. Moi, lisant ces pages de la Sainte Écriture, je me sens en même temps anéanti et réalisé, créé par ces mots, je n'arrive pas à avoir des pensées propres et des explications, toutes mes paroles et pensées sont attirées et disparaissent dans la réalité immense de ces mots. Je ne peux m'éloigner de ces mots, je ne peux glisser de ces mots à d'autres. Mais ces gens, conne Jünger, glissent et glissent, parce qu'ils ne sont plus tenus par la réalité et ils font la nouveauté en glissant, par glissement…

Croyez, mon bien cher ami, etc.

Max Picard

150

Le 26 juin 1955

Mon bien cher ami

Je crois que vous vous êtes trouvé bien au Portugal. Il me paraît que ce sont des gens qui vivent plutôt dans l'être que dans l'avoir ou mieux dit : où être et avoir et vouloir font l'unité primordiale. Je crois que c'est aussi ainsi en Espagne. Et moi je trouve cette unité toujours dans votre œuvre : les mouvement des personnalités et les actions ne sont pas des mouvements et des actions en elles-mêmes, mais signe d'une abondance de l'être et cela dans l'unité. Les critiques d'aujourd'hui ne vivent que des mouvements purs, sans relations même avec l'être, seulement en relation avec les mouvements de la personne propre. Ils ne seraient pas même capables de faire les mouvements maigres de la propre personne, s'ils ne les volaient pas chez vous, chez l'auteur originel qui est devant eux.

J'apprends avec joie que vous vous trouvez bien, mais je vous conseille néanmoins d'aller à Gastein. C'est une récréation pour tout le corps. Il ne faut pas laisser tout faire par l'esprit et l'âme, cela veut dire qu'il ne faut pas que seulement l'esprit et l'âme fassent l'équilibre du corps. Il faut aider l'esprit et l'âme en aidant directement le corps. L'esprit et l'âme se montrent alors plus esprit et plus âme, ils arrivent alors à leur propre essence.

Veuillez croire, cher ami, etc.

Max Picard

151

Paris, le 6 juillet 1955

Mon bien cher ami

D'abord tous mes remerciements pour l'envoi du volume de Raabe, que j'ai aussitôt commencé. Grâce à vous, j'aurai une idée précise de cet écrivain qu'on ne connaît guère en France. Peut-être même envisagerai-je de faire traduire un de ses livres. Le style a quelque chose d'aéré et de détendu qui est vraiment agréable.

Non, je n'irai certainement pas à Gastein ni dans aucune ville d'eau. Mon médecin, en regardant la dernière radio, a eu l'honnêteté de me dire que si j'avais fait une cure, c'est à elle qu'on attribuerait l'amélioration qu'il constatait. Je dois cependant avouer que cette amélioration ne m'est pas sensible.

J'irai d'abord en Suisse avec mes amis du Valais, puis en Normandie où je vous ai peut-être dit que je dois rencontrer Heidegger, qui vient cette année pour la première fois en France. Il y aura là aussi un philosophe américain avec lequel je suis en correspondance depuis très longtemps et qui me semble un esprit fort intéressant.

Autrement, je n'ai rien de bien à vous communiquer. Je suis assez fatigué et trop pris par les besognes occasionnelles pour pouvoir entreprendre un travail original sérieux.

Dites-moi quels sont vos projets, cher ami, et croyez à ma profonde affection.

G. Marcel

152

Le 6 septembre 1955

Mon bien cher ami

Le prof. von der Heydte-Würzburg m'a prié de répondre à la proclamation de Russell-Einstein contre la bombe atomique dans

Jahrbuch für internationale Politik. Je lui ai écrit qu'il devrait aussi vous prier de répondre à ce manifeste. Je vous envoie ici ma réponse. Pouvez-vous me la retourner bientôt ?

Je pars à la fin de la semaine pour Bad Ragaz. Vous me manquez beaucoup et penser à vous, cela agrandit le sentiment de ce qui manque.

Croyez, etc.

Max Picard

153

Paris, le 24 septembre 1955

Mon bien cher ami

Comme vous ne me donnez pas votre adresse à Ragaz, j'envoie ce mot à Caslano, on fera suivre, je suppose. Par le même courrier, j'envoie un texte sur la bombe atomique au professeur von der Heydte, où je me réfère à vous et aussi à Erwin Reisner, qui vient de m'envoyer son beau livre sur le Démon et son image.

Je suis rentré à Paris, il y a une semaine, satisfait de mes vacances. Heidegger, à qui j'ai parlé de vous, m'a fait personnellement une très grande impression. Je n'ai jamais rencontré personne qui me paraisse plus complètement dénué de vanité. L'acte philosophique garde chez lui sa pleine authenticité, et il est très beau de l'entendre expliquer des textes de Kant ou de Hegel. Entre lui et moi s'est certainement créé quelque chose d'humain et de vrai. Je ne dirai d'ailleurs pas que j'ai obtenu tous les éclaircissements souhaités sur sa pensée. On sent que c'est pour lui un effort très pénible de répondre à des questions, il a de la peine à sortir de lui-même, et c'est là sa limite.[1]

J'ai d'autre part eu la grande joie de faire la connaissance de ce philosophe américain dont je vous avais parlé, je crois, Henry Bugbee, il a écrit un Journal philosophique que je trouve du plus

[1] Cf. Gabriel Marcel et la pensée allemande. Aubier, 1979.

grand intérêt et pour lequel je finis d'écrire une introduction : le livre n'est pas publié, même aux États-Unis. Il vous cite, ayant lu le *Monde du silence* avec une grande admiration. Un jour j'ai eu à servir d'interprète entre lui et Heidegger, et cela n'a pas été commode.

On me demande quelque chose sur Kierkegaard, pour un numéro de la Table Ronde[1] et cela m'embarrasse assez. Je ne sais si vous avez la même impression que moi, il me semble que ce n'est plus aujourd'hui de ce côté que nous avons à nous tourner et qu'au fond le sens de la véritable intersubjectivité lui a fait défaut. Qu'en pensez-vous ?

A vous très affectueusement

G. Marcel

154

Le 28 septembre 1955

Mon bien cher ami

Cela me plaît que la rencontre avec M. Heidegger se soit faite d'une manière heureuse. Cela me plaît aussi qu'il ne sache pas réagir à des questions, plongé dans soi-même, c'est un bon signe. Je crois aussi qu'il a un esprit originel, au contraire de Jaspers qui joue le mécanisme académique. C'est étrange que Heidegger ait la physionomie d'un propriétaire de brasserie, un propriétaire content et sûr de ses affaires. Je sais que c'est moi-même qui ai écrit « *Les limites de la physiognomonie* », mais je crois qu'aujourd'hui Dieu évite de tromper les hommes par des physionomies qui ne correspondent pas, aujourd'hui à la fin des temps tout est clair, nous sommes déjà au pré-tribunal dernier.

Quant à Kierkegaard, dans ma jeunesse, j'ai été beaucoup touché par lui, plus par la *passion* de ses idées que par le contenu. Et je crois que c'est avant tout la passion de Kierkegaard qui touche un monde qui n'a plus de passion. Plus tard mais déjà il y a trente années, cette opposition directe de Dieu et du singulier est allée contre mon cœur

[1] *La Table Ronde* oct. 1935 : « Points d'interrogation » par G.M.

et mon esprit. J'ai trouvé que fonder une philosophie sur des conceptions polaires, c'est dangereux : on exagère les deux pôles : Dieu est mis excessivement haut, l'homme si excessivement bas qu'il disparaît devant Dieu. Et : il manque le monde, le monde posé entre Dieu et l'homme pour l'homme. Il y a seulement Dieu et le moi. Mais il faut dire que Kierkegaard lui-même a cru ses conceptions, il en est tombé malade et mort. Il mourut par ses idées, ses successeurs en vivent, et en vivent très bien.

Je voudrais vous dire qu'aujourd'hui m'est arrivée une lettre de Reisner : il dit que Gabriel Marcel est l'unique existentialiste dont il approuve et suit les idées. C'est un homme très, très sérieux.

Croyez, etc.

Max Picard

155

Paris le 1er octobre 1955

Mon bien cher ami

Je vous remercie beaucoup de votre lettre, qui m'est parvenue hier.

Nous sommes tous très bouleversés ici par les événements de l'Afrique du Nord et aujourd'hui par le vote des Nations Unies concernant l'inscription de l'affaire algérienne. Il est absolument scandaleux de penser que des gens qui représentent des pays absolument arriérés prétendent s'ingérer dans nos affaires : au nom de quoi ? La coopération internationale devient là une véritable dérision. Vous comprenez bien, cher ami, ceci ne veut nullement dire que je considère dans tout ceci la France comme sans reproche. Nous avons vécu depuis un certain temps sur des fictions, et il est trop clair aussi que beaucoup de colons ont traité les indigènes de façon scandaleuse.

Le désordre est partout, et avant tout dans les esprits. Je me permets de vous confier cette lettre pour M. Reisner, dont j'ignore l'adresse. Je me demande s'il me l'a donnée lorsque je l'ai vu à Berlin ; je vous serais très reconnaissant de bien vouloir l'acheminer. Mille pardons et mercis.

Je reste ici pour le moment, mais irai quelques jours en Angleterre à la fin du mois.

Votre ami, etc.

G. Marcel

156

3 octobre 1955

Mon bien cher ami

Je vous ai envoyé hier du chocolat, mais il n'y avait plus de Lindor, j'ai envoyé « alba » que je trouve, moi, meilleur que le Lindor. Dès que je réussis à trouver du Lindor, je pense à vous. Mais c'est encore meilleur penser à vous sans motif, par le pur *être*, mais pas par l'Être de Heidegger qui ne fait pas penser, mais oublier.

Mes pensées les plus affectueuses, etc.

Max Picard

157

Le 9 novembre 1955

Mon bien cher ami

C'est seulement aujourd'hui que j'ai pu finir la lecture de votre *croissez et multipliez*, c'est à cause des troubles du déménagement que ce fut impossible. Il me paraît que vous ne jugez pas assez la valeur de cette pièce en écrivant : si la croix est une réponse, elle n'est pas humainement ce que l'on peut appeler une solution. Moi je pense : votre pièce en offre la solution.

C'est par une sorte de substitution qu'Agnès Courteuil a les enfants que Chantal Forge n'a pas. Corinne prend le péché sur elle, certes contre sa volonté, mais dans cette communauté (du péché et de la souffrance) le péché lui est dévolu. Agnès est empêchée de le prendre sur elle par la dureté de Bruno, et Chantal Forge est la seule misérable, parce qu'elle ne pèche pas pour elle-même et qu'elle ne prend pas la place d'un autre. Il me semble que la clef de cette pièce, c'est la substitution. Une souffrance prend la place d'une autre souffrance et tout est lié. Le plus beau c'est que l'auteur, en sa qualité même d'auteur, n'a pas conscience de la force de ses personnages, qui s'en vont au-delà de la vue qu'il avait d'eux ; il y a en eux plus que ce qu'il avait l'intention de leur donner, et c'est le fait d'un grand auteur que ses créations lui échappent et disent elles-mêmes plus que ce qu'il voulait leur faire dire. Je suis enchanté de cette pièce. Veuillez croire, mon bien cher ami, à mon affection toujours présente,

Max Picard

158

Le 10 novembre 1955

Mon bien cher ami

Nos lettres se sont croisées, et vous savez déjà que votre livre m'a fait tout autre chose que de me heurter. Je ne sais pas comment vous pouvez penser ça : mon silence fut causé par des motifs externes : les troubles du déménagement, et pendant les trois dernières semaines votre livre était l'unique que j'ai lu. Que les prêtres s'y heurtent, c'est clair, mais ils se heurtent partout, ils vivent de se heurter, ils apprennent leur religion seulement en se heurtant, ils n'agissent plus, ils réagissent seulement, ils attendent de pouvoir réagir. Ils ne vivent plus de la vraie substance de l'Église. Ils ne comprendront rien de la vraie « chrétienté » de votre pièce.

Votre visite à Noël et après ne me fait pas seulement plaisir, mais elle me rend heureux, seulement il faut que vous restiez plus, je vous en prie. Je suis sûr que vous ne partirez pas si vite, car moi qui suis habitué à faire de longues promenades de trois ou quatre heures par jour, dès que je suis ici à Neggio, c'est rare que je sorte de la maison ; la vue est si vaste que tout est uni ici, le proche et le lointain.

Croyez, mon cher ami, etc.

Max Picard

159

28 novembre 1955

Mon bien cher ami, je vous ai écrit une lettre sur votre *Croissez et multipliez* qui m'a beaucoup touché et je vous ai aussi écrit que je serais heureux de vous avoir ici chez moi à Noël et après, tant que vous voudrez. J'espère que vous avez reçu ma lettre. Je suis toujours inquiet de n'avoir pas de nouvelles d'un ami qui m'est si proche.

Veuillez toujours croire, etc.

Max Picard

160

3 décembre 1955

Mon bien cher ami

Moi aussi je ferai une conférence à l'Université de Zurich, sur *Die Bild-häftigkeit der Welt*, où je parlerai de vous comme exemple de la pensée et de l'image, et ce qui garantit la durée de votre œuvre. Michel et moi nous attendons avec la plus grande joie votre visite ici. Il faut que vous soyez ici dans une manière qui rende difficile que vous repartiez de Neggio.

Mes souvenirs affectueux, etc.

Max Picard

161

Neggio le 3 janvier 1956

Mon bien cher ami

J'ai bien regretté de ne pas avoir votre visite. Je comprends qu'il vaut mieux vous avoir ici au printemps, mais le cœur se refuse à comprendre, et c'est juste.

Vous m'avez fait un grand don avec les deux magnifiques livres, *Le petit Africain*, c'est le retour du visage humain à l'originel. Je trouve que la pureté et l'*innocentia* sont plus claires dans ces visages que dans nos enfants. Nous, nous sommes mis à part, et je me demande si nous avons le droit de regarder ces visages ? Ils ne nous appartiennent pas...

Je ne vois pas la situation politique comme vous. Je suis sûr que votre peur n'a pas de raison. Les Russes ne feront jamais une guerre sans avoir la garantie à cent pour cent qu'ils vont gagner. Ils feront la guerre au moment où ils auront la meilleure bombe H. Et je crois aussi que la capacité d'invention, le génie, est plus grand chez les Russes que chez les Américains. Le génie surprenant, voilà la caractéristique russe. Mais à moins qu'ils ne soient sûrs de leur supériorité complète, ils ne commenceront pas une guerre et cela durera encore des années. Donc pourquoi avoir peur ? Les Américains, comment sont-ils détestés par les Russes, qui voient que les Américains changent leur politique seulement pour ce petit sourire de Genève ! Et pis encore : que les Américains favorisent l'*appeasement* seulement pour des buts intérieurs, l'élection 1956 : Les Américains seraient capables de laisser détruire toute l'Europe seulement pour des manœuvres d'élections : *appeasement* ! Voyant ça, les Russes se donnent le droit d'oser tout. Les Russes agissent, l'Ouest réagit seulement. L'Ouest manque de substance.

Je pense toujours à vous pour ma propre consolation, étant sûr qu'un homme comme vous ne peut être la seule exception, il faut qu'il existe une communauté secrète d'hommes à la Gabriel Marcel, autrement votre existence serait un miracle, mais elle est toute naturelle et cela donne espoir.

Croyez, cher ami, etc.

Max Picard

162

Le 2 février 1956

Mon bien cher ami

J'ai lu votre essai sur votre oeuvre dans « Wegweiser in der Zeitwende ». Ce n'est pas que vous-même expliquiez votre œuvre, mais l'œuvre se révèle par elle-même et je vais dire aussi : la vérité se révèle et dans la splendeur de la vérité votre œuvre s'approche et devient claire et s'ouvre par sa propre splendeur. On a le sentiment que la vérité est chez soi (zu Hause) dans votre œuvre, elle en a la joie et, par cette joie, elle commence à resplendir. Pour tout cela, je vous remercie...

Vous ai-je écrit que l'*Homme du néant* (Hitler en nous-même) a eu un très grand succès au Japon ? On comprend, au Japon, qu'il ne s'agit pas, dans ce livre, de Hitler, mais de l'homme d'aujourd'hui. Mon traducteur m'écrit qu'on parle partout de ce livre. Est-il possible que vous m'envoyiez le volume que vous croyez le plus important à traduire en japonais ? Je me suis permis d'envoyer déjà *Homo viator.*

J'aurais dû aller en Allemagne il y a quelques jours pour des conférences, j'avais déjà les billets, la place réservée dans le train, j'étais déjà à Zurich, mais deux heures avant le départ du train, j'ai télégraphié que je ne venais pas. Il y avait comme un mur autour de moi ; je ne pouvais ni ne voulais avancer. C'est la première fois que cela m'est arrivé : mais j'ai toujours des blocages, pour les conférences. Je crois aussi que l'effet est médiocre. Une conférence suit l'autre, et ne semble pas être autre chose qu'une variation (au sens musical) de la précédente. Il faudrait organiser des conversations directes entre vingt ou trente personnes.

Alors quand venez-vous ? Mais faites-le à votre commodité ! Je vous envoie aujourd'hui « Lindor ».

Mes pensées très affectueuses, etc.

Max Picard

163

2 février 1956

Mon bien cher ami

J'ai reçu hier *Der Mensch als Problem*, j'en suis très heureux, j'en ferai un compte-rendu dans la revue *Schweizer Rundschau*, j'espère que je réussirai. Comment avez-vous supporté ce froid ? Chez moi l'eau a gelé et j'ai dû aller chercher l'eau 300 mètres au-dessus de la maison à Neggio, tout cela me plaît : si la nature est gelée, je l'accompagne volontiers dans le froid, mais si un appareil électrique ne marche pas, cela me porte à la fureur. Je me sens moqué, l'appareil se rit de moi - jamais la nature.

Mes salutations etc.

Max Picard

164

Paris le 1er mars 1956

Mon bien cher ami

Merci pour votre carte. Je regrette sans m'en étonner que le froid vous ait exposé à tant de difficultés matérielles. J'espère tout de même que vous êtes un peu servi. Vous ne m'avez jamais dit si vous étiez content de votre maison, qu'il me tarde de connaître. Ici, naturellement, cela a été pénible mais ce n'est rien à côté de ce qu'ont souffert les régions du midi, c'est un véritable désastre.

Je vous remercie beaucoup de penser écrire quelque chose sur *l'Homme problématique*. J'ai reçu la traduction de *La fuite devant Dieu*, mais je ne l'ai pas encore regardée. Masui, qui est un très bon juge, m'a dit qu'elle lui paraissait bonne. Vous savez naturellement que c'est ce même Anstett qui a traduit pour nous l'autre livre. Je ne puis vous écrire longuement comme je le voudrais, car je suis littéralement dévoré, et j'ai beaucoup de choses à terminer avant de partir. Sachez seulement que vous êtes toujours près de ma pensée, etc.

G. Marcel

165

5 mars 1956

Cher ami

Un tout petit mot seulement pour vous annoncer que l'Université de Hambourg m'a décerné le Prix Goethe, ce qui m'honore considérablement. Je m'imagine, peut-être à tort, que vous avez dû jouer un rôle secret dans cet événement ; j'éprouve le besoin de vous dire merci. Merci pour ce que vous êtes.

Mon discours sera intitulé *Weisheit und Pietät in der heutigen Welt* (Sagesse et piété dans le monde contemporain)[1] et je parlerai de vous, sûrement.

Je vous serre la main avec ma profonde affection

G. Marcel

---

[1] Paru dans *Paix sur la terre*, Aubier, Paris, 1965.

166

7 mars 1956

Mon bien cher ami

Je suis heureux qu'on vous ait donné le prix Goethe de Hambourg. En effet j'ai fait tout ce que j'ai pu faire pour vous en secret, et je le dis toujours, mais c'est faux de dire « Je LE fais » car CELA SE FAIT, par moi sans même que je le remarque et cela m'est absolument naturel. Et c'est pourquoi je peux le faire sans cesse, car cela ne me fatigue pas, c'est ma nature. Je suis aussi très heureux que vous parliez de moi dans votre conférence...

Attention à votre santé, c'est mon grand souci pour vous.

Max Picard

167

Neggio le 27 mars 1956

Mon bien cher ami

Madame Hausenstein a reçu cette lettre de Julien Green :

« Depuis des mois je suis plongé dans la lecture de Max Picard, en partie grâce à vous. Chaque page de lui est pour moi un émerveillement. Je me suis procuré les trois livres de lui qui ont été traduits en français et j'ai celui que vous m'avez donné. Toute ma vie, j'ai essayé d'écrire des livres qui ne venaient que du silence, et je suis allé les rechercher au fond du silence. Combien je suis heureux qu'il y ait aujourd'hui sur terre un homme comme Picard, qui nous dit ces choses essentielles. Je lui dois, et par conséquent je vous dois, des heures de lecture inoubliables ».

Je serai en Allemagne et peut-être aux Pays-Bas jusque vers le début de juin. Faites tout ce que vous pourrez pour venir me trouver cet été !

Je vous serre la main, etc.

Max Picard

168

15 juin 1956

Hambourg

Mon bien cher ami

Au soir de la belle journée où le prix Goethe m'a été décerné, ma pensée se tourne d'autant plus vers vous que nous logeons, mon fils et moi, dans la belle maison au bord de l'Elbe où nous avons cohabité il y a trois ou quatre ans. Je vous ai mentionné dans mon discours et dans une conversation avec un membre du Curatorium, j'ai dit combien je souhaitais que ce prix vous soit décerné. Tout a été beau dans la cérémonie et ce qui a suivi, le déjeuner au Sulberg, et le concert. Demain soir nous verrons mon *Homme de Dieu* qu'on joue avec succès dans un petit théâtre d'avant-garde. Il paraît que l'interprétation est excellente.

Cela a été pour moi une douceur extrême d'avoir mon fils près de moi, nous sommes venus en voiture. Au retour je voudrais voir Braunschweig et Hildeheim, unis il n'est pas sûr que ce soit possible.

J'ai le cœur plein de gratitude pour ceux qui m'ont compris et salué...

Cher ami, j'espère toujours fermement aller vous voir à Neggio. Dites-moi quand vous y serez.

Je vous serre la main avec ma très profonde affection.

G. Marcel

169

Neggio le 30 juin 1956

Mon bien cher ami

Depuis des semaines je n'écris plus de lettres, je ne réponds plus aux lettres, je souffre d'une insomnie et je suis rempli, tout rempli de tristesse. Je ne peux sortir de moi-même et je ne suis pas un bon compagnon, un bon ami toujours mais pas un bon compagnon. Je serais heureux de vous voir, si vous croyez que cela va pour vous. Je dois aussi vous dire que les circonstances dans lesquelles je vis sont mauvaises, car la vieille servante est malade et ne peut venir que trois fois la semaine et notre amie de Munich qui est venue pour me soigner est tombée malade aussi et c'est pourquoi c'est impossible de vous inviter dans la maison où j'habite, il faudrait aller chez les Sœurs Dominicaines, - cela aussi pèse sur moi, car empêché d'avoir chez moi l'ami qui m'est le plus cher de tous, c'est pour moi un nouveau comble de tristesse.

Si vous pouvez vous décider à venir à Neggio je vous prie d'écrire à : Casa del Sole à Neggio, ou écrire à moi-même, afin que j'aille le dire aux Sœurs ; je crois qu'il faudra les aviser dix ou quinze jours avant d'arriver. Mon cher, cher ami, je suis renfermé dans la plus sombre tristesse, mais la tristesse c'est la prison du diable, je le sais.

Je vous remercie de tout ce que vous faites pour moi et je ne sais comment vous montrer ma reconnaissance ; pensant à votre amitié envers moi, une raie de lumière commence à se mettre sur le noir de la tristesse.

Je vous embrasse de tout mon cœur,

Max Picard

170

2 juillet (1956)

Mon très cher ami

Votre lettre me fait beaucoup de peine et m'inquiète. Car elle est d'un ton différent de votre ton habituel. Je crains que vous ne soyez malade. Cela m'angoisse, mais me *décide* encore plus à aller près de vous. En principe voici mes projets : je compte aller à Cerisy en Normandie comme l'an dernier, je repasserai par Paris le 22 juillet et si j'y trouve de la place, je passerai dix à quinze jours avec mon amie Mme Gidon au-dessus de Bregenz. De là, donc vers le 5 ou le 7 août, je viendrais à Neggio pour une semaine. Je retournerai volontiers chez les Dominicaines bien entendu, ne vous faites aucun souci pour cela. Ou bien préféreriez-vous que nous nous retrouvions quelque part, par exemple dans le Val Blenio, où il me semble que vous aviez été il y a quelques années ? L'essentiel est pour moi d'être avec vous, pas seulement en pensée mais dans la vérité de la vie quotidienne et du pain partagé.

Je reviens d'un colloque psychiatrique sur la volonté qui m'a fait grande impression. Il n'y avait là que des psychiatres croyants et des théologiens. On était loin du matérialisme du début du siècle.

Je vous embrasse, mon très cher ami. Pourvu que vous retrouviez le sommeil, je sais ce qu'est l'insomnie, c'est atroce.

Est-ce que Michel ne pourrait pas venir quelques jours près de vous ? Je suis sûr qu'il vous ferait du bien.

Votre ami

G. Marcel

Je reçois le livre de Reisner, *Krankheit und Gesundung* (maladie et santé) qui me paraît très important. Il vous l'a sûrement envoyé. Nous y sommes cités l'un et l'autre.

171

5 juillet 1956

Mon bien bien cher ami

Je vous remercie de votre amicale lettre. J'ai une grande joie que vous veniez ici à Neggio. Mais le 6 ou 7 août tout est occupé chez les Dominicaines, tout le mois d'août tout est occupé sauf le 1 au 3 août, Veuillez m'écrire tout de suite si vous pouvez changer votre itinéraire, je l'espère. Moi aussi je trouve le livre de Reisner admirable, sans restriction, je confirme chaque ligne.

Je vous embrasse de tout mon cœur, votre ami

Max Picard

172

7 juillet (1956)

Mon cher ami

Je suis consterné, mais dans ces conditions il me faut renoncer à aller à Neggio cet été. Car je serais obligé de voyager le 31 juillet quand les trains sont pleins ; et puis où irais-je après le 3 août ? C'est impraticable. Il faut vous rappeler que les voyages sont une épreuve pour moi depuis mon accident, dont je ne suis nullement remis.

Je ne sais d'ailleurs pas si j'aurai de la place au-dessus du Lac de Constance, rien n'est moins sûr. Si je n'en ai pas je resterai dans l'ouest de la France jusque vers le 10 août et rejoindrai ensuite mes enfants en Alsace pour aller de là avec eux vers la Corrèze.

Croyez à toute ma profonde affection

G. Marcel

Je pars demain matin pour Cerisy la Salle (Manche) ; il n'y a qu'à m'écrire au Château.

173

Neggio, le 30 juillet 1956

Mon bien cher ami

J'ai enfin retrouvé mon sommeil et en suis heureux, retourné à la vie. Quand j'ai recommencé à sentir le *Toi* (das Du) vous avez été le premier *DU* que j'ai retrouvé sans le chercher.

Au commencement de septembre je vais en Bavière pour y faire une « Kneipp - Kur », je crois que cela vous ferait du bien aussi, à vous. Pouvez-vous venir à Neggio ?

Toutes mes bonnes pensées, etc.

Max Picard

174

Cerisy la Salle (juillet 1956)

Mon bien cher ami

Comme je suis heureux de savoir que vous avez retrouvé le sommeil : J'ai fait jadis l'expérience de l'insomnie. C'est affreux.

Je viens de passer dix jours en Bretagne dans deux maisons amies, et dans quelques jours je gagnerai l'Alsace où je retrouverai mes enfants. Nous repartirons ensemble de là pour la Corrèze. Impossible, hélas, de songer à aller à Neggio cette fois.

Je travaille sur le *Tagebuch* de Musil, en vue d'un article que j'ai promis. C'est assez fatigant. Autrement je me sens, hélas ! assez vide, aussi peu créateur que possible. C'est une impression très douloureuse, et quand je traverse une période semblable, il me semble toujours qu'elle est « *endgültig* » (définitive).

Il y a dans votre carte une phrase qui m'a particulièrement touché. Je vous en remercie avec ma profonde, mon inaltérable affection

G. Marcel

175

Château de Cerisy la Salle

3 août (1956)

Mon cher ami

J'ai plaisir à vous envoyer le petit article ci-joint qui a paru dans *J'ai lu*, revue à laquelle je collabore. Je connais l'auteur qui signe J.H., c'est Jean Huguet, un garçon bien sympathique.

Il fait bien vilain temps, et froid… Musil me fatigue ; j'ai lu du Fontane, que j'aime bien.

Très affectueusement à vous

G. Marcel

176

Mardi

(13 novembre 1956)

Mon bien cher ami

Il y a très longtemps que je ne vous ai écrit. Je ne vous ai seulement pas remercié du chocolat que vous avez encore eu la gentillesse de m'envoyer il y a quelques jours.

Ces temps-ci j'ai été et suis encore accablé par la tragédie hongroise et par les suites de l'affaire de Suez. L'Amérique a joué dans tout cela un rôle catastrophique ; elle se réveille, mais trop tard... Tout cela est affreux. Je pars vendredi pour Vienne, où je dois passer une semaine.

J'ai été pris comme toujours par quantité d'obligations au jour le jour. Que restera-t-il de tout cela ?

Je suis particulièrement triste ce soir. Il y a neuf ans que ma femme a quitté ce monde.

Je vous embrasse, mon cher ami …

Votre G. Marcel

177

Le 8 décembre 1956

Mon bien cher ami

Je suis comme vous, en ces semaines proches de l'anniversaire de la mort de ma femme, c'est la tristesse. Je ne comprends pas les gens qui disent que le temps guérit. Plus le temps passe, plus s'agrandit la place où l'être qu'on aimait *n'est plus*, le vide est d'autant plus grand que le passé s'étend davantage. Chaque jour la place est plus vide, et le sentiment de perte grandit avec le vide accru. La brèche dans le temps se creuse, le vide s'accroît. Et pourtant, Michel comme moi, nous avons toujours un sentiment de présence, qui vient de ma femme. Pendant sa vie, j'éprouvais une pudeur à lui poser beaucoup de questions ou à lui dire beaucoup de choses ; c'était la pudeur légitime que tout être humain éprouve devant un autre être humain. L'amour perd son être s'il n'est accompagné d'une grande pudeur. Entre les gens qui s'aiment, il faut qu'il y ait de l'intact, du mystère, qui ne peut se révéler que grâce à un Autre, une troisième personne. Maintenant l'être que nous aimons est protégé, intact, non plus par l'effet de l'amour mais par l'effet de la mort : l'amour et la mort ici se rejoignent.

J'ai aussi beaucoup pensé à vous ces dernières semaines, à cause de la politique. Je me doutais bien que vous vous faisiez du souci. Mais rappelez-vous ce que je répète depuis dix ans : les Russes ne feront pas la guerre, non par manque de courage, mais parce qu'ils ne veulent pas prendre le risque d'une défaite. A l'heure actuelle je suis de plus en plus sûr que s'il y avait un ultimatum américain ils se retireraient de la Hongrie, de la Pologne etc. Quel mépris les Russes doivent-ils avoir pour les Franco-Anglais, qui se sont retirés de Port-

Saïd simplement parce que les Russes fronçaient les sourcils. L'expédition franco-anglaise était parfaitement dans son droit mais il aurait fallu la mener jusqu'au bout et mettre dehors ce Nasser qui a le visage d'un assassin mais aussi d'un petit pickpocket milanais. Dès le début de l'expédition je me suis dit qu'il n'en sortirait rien de bon pour l'Angleterre, parce qu'Eden n'a jamais de chance, ce n'est pas une grande destinée. D'une manière générale on peut se demander si la destinée agit encore en Occident : le destin agit par les Soviets, ces brutes. Cela se voit bien : des imbéciles comme Boulganine, Krouchtchev, Molotov, remportent des victoires non pas momentanées comme Hitler, mais solides et durables, alors que l'Angleterre, avec un génie comme Churchill, perd sur tous les domaines. Quant aux Américains, je les trouve infects, vous vous en doutez bien, leur bêtise est incurable, il n'y a qu'à voir la tête de grande gourde d'Eisenhower ! Quant à Dulles, il a l'allure d'un pasteur de province. Les compagnies pétrolières américaines, qui savent ce qu'elles veulent, ont beau jeu, avec ce malheureux Eisenhower, de manœuvrer Dulles, car ce sont des hommes qui ne savent même pas qu'on peut vouloir quelque chose.

Je vous écris de la terrasse, en bras de chemise, au soleil. Quelle joie ce serait si vous étiez près de moi !

Je vous embrasse

Max Picard

178

Paris le 10 décembre 1956

Mon très cher ami

Votre précieuse lettre qui me parvient à l'instant s'est croisée avec le livre que je vous ai fait adresser par Flammarion. J'ai pensé que cette poésie si essentiellement française et où un sentiment profondément chrétien n'exclut pas une conscience tout humaine de la vie et de l'épreuve journalière, pourrait vous toucher. Marie Noël a toujours vécu à Auxerre, en-dehors du monde vénéneux des gens de lettres. C'est, je pense, un grand poète français.

Tout ce que vous dites, dans la première partie de votre lettre, sur un vide qui peut tout de même rester un plein trouve en moi, bien entendu, l'écho le plus intime. Le temps approfondit, il n'est pas question qu'il puisse guérir, si guérir veut dire cicatriser.

J'ai été passer quelques jours à Vienne, où j'ai eu naturellement beaucoup d'échos sur la Hongrie. La fraternité austro-hongroise s'est pleinement recréée. Je vous citerai seulement cette phrase du comte Podewils, qui était à Budapest pendant la première phase de l'insurrection: « Nous avons assisté, a-t-il dit, à ce phénomène extraordinaire, une société sans classe qui se constitue contre les marxistes ».

En ce qui concerne l'intervention à Suez, je pense comme vous. Il est fou de dire qu'elle était moralement répréhensible. Mais il aurait fallu qu'elle réussît. Et d'autre part, je crois qu'il était très imprudent de l'entreprendre du moment où nos gouvernements avaient pu se rendre compte que l'Angleterre n'était pas cent pour cent avec nous. Je prévois encore de très graves difficultés lors du règlement de comptes palestinien. Ne perdons pas de vue le fait que les pays arabes n'ont jamais admis l'existence d'Israël ; et en réalité sur ce point, les Soviétiques sont avec eux. Nous apprenons ce matin que Hammarskjöld ne paraît pas admettre l'exigence, pourtant bien légitime, des Israéliens, à savoir que le Sinaï ne doit plus pouvoir servir de base aux attaques égyptiennes. Je trouve d'ailleurs que cet individu incarne le pharisaïsme dans ce qu'il a de plus méprisable.

Je pars ce soir pour faire deux conférences dans le Midi, ce qui ne m'amuse pas du tout. C'est une corvée que j'ai acceptée par conscience, j'ai probablement eu tort.

Avez-vous jamais rencontré Gunther Stern, qui signe Gunther Anders, et a publié un très remarquable petit livre sur Kafka. Je l'avais connu il y a vingt ans à Paris, et l'ai retrouvé à Vienne. Il a passé de longues années aux Etats-Unis où il a été en somme très malheureux. Il publie chez Beck un livre dont j'ai pu parcourir les épreuves, « *Der antiquierte Mensch* », qui me paraît des plus remarquables, et qui, à certains égards, vous rejoint.

J'ai fait aussi la connaissance de Leo Gabriel

(Gabriel Marcel)

(la fin manque)

179

Paris le 26.12.1956

Mon cher ami

Comme je vous remercie de m'avoir envoyé ce magnifique livre sur l'Algérie. Vous avez eu là une pensée particulièrement délicate qui me touche profondément. L'Algérie est vraiment pour nous une blessure. Certes, je suis de ceux qui pensent que nous avons à édifier un régime tout différent de celui qui a prévalu si longtemps. De très graves erreurs ont été commises. Mais d'autre part, il serait catastrophique à tous égards que l'Algérie cessât d'être française. Il est très probable que soit les Américains, soit les Soviétiques s'y installeraient. Et que deviendrait le million de Français qui vit en Algérie, et qui par son travail a acquis le droit de considérer cette terre comme sienne. Il faut espérer que le Gouvernement aura enfin défini un statut précis avant que ne s'engage le débat aux Nations Unies. Tandis que je dicte cette lettre, je regarde les admirables images. J'ai un ami en Algérie qui m'avait invité à passer quelques jours chez lui. Mais il faudrait que la situation changeât du tout au tout pour que ce projet puisse se réaliser.

Merci aussi pour le chocolat. Vraiment, cher ami, vous me gâtez trop.

Mes enfants sont en Corrèze, mais moi je suis à Paris. J'aimerais profiter de ces quelques jours pour avancer un peu mes lectures et mon travail, mais je suis terriblement accaparé par les uns et les autres.

J'achève la lecture du livre de Gunther Anders, dont je vous ai parlé, et qui me paraît d'une très grande importance. Je lui demanderai de vous le faire envoyer par l'éditeur. Ce qui manque à ce livre, c'est à n'en pas douter un arrière-plan religieux précis. Toute la partie sur la bombe atomique, qui est saisissante, ne peut prendre sa pleine signification qu'en fonction de l'idée du Tentateur, l'homme découvrant que la toute-puissance, lorsqu'elle semble dévolue à ces main indignes, ne peut s'exercer que pour la destruction.

Il me faut terminer. Je vous dis tous mes vœux les plus affectueux, etc.

G. Marcel

180

Neggio le 29 décembre 1956

Mon bien cher ami

J'avais vu le livre sur l'Algérie dans une librairie où je me trouvais avec le petit Gabriel ; et quand je lui ai dit que c'était pour l'autre Gabriel, dont il porte le nom, il a dit qu'il était ici et en même temps avec vous, toujours, ou quelque chose comme cela : c'était trop mignon.

Il est évident que les Américains comptent s'installer solidement en Afrique du Nord, à la place des Français. La thèse que je soutiens depuis longtemps, à savoir que les Russes s'inclineraient devant le moindre ultimatum américain, s'est vérifiée : quand les Américains ont menacé les Russes d'une guerre s'ils s'implantaient au Moyen-Orient, les Russes se sont retirés de Syrie. Et pourquoi les Américains n'ont-ils pas réagi devant l'horreur de Hongrie ? Parce qu'il n'y a pas de pétrole en Hongrie, à ce qu'on sache. Le plus vilain, c'est que les

Américains ne réagissent que lorsqu'il y a péril pour leurs affaires, et encore, ce n'est pas le pire, non, le plus vilain, c'est qu'ils ne voient même pas qu'il peut exister autre chose, ils ont la vue complètement obstruée. Ils voient les Russes comme un très lointain danger pour leurs affaires. Ils n'ont pas une vue générale des faits, ils en reçoivent l'impact, c'est tout, d'une manière complètement passive. Je ne croirai jamais, en cas de guerre, d'ici dix, quinze, vingt ans, à une victoire américaine.

J'ai lu beaucoup d'Homère, ainsi que deux ouvrages sur Homère, de Reinhardt et de Schadewald. Je l'ai lu de près, avec amour, je sais le nom de tous les héros, j'étais vraiment sous les murs de Troie avec Odysseus. Puis j'ai repris l'Ancien Testament, les Chroniques, les Rois, le Pentateuque : après cela, Homère m'a paru purement décoratif, beau mais sans substance. À côté de l'Ancien Testament, rien ne tient la comparaison. En lisant, je ne savais plus comment je respirais, je veux dire que je me sentais engouffré, aspiré par le texte, puis relâché, puis absorbé de nouveau…

Bonne santé, et puissions-nous nous voir enfin, en 1957. Je vous embrasse

Max Picard

181

Le 21 janvier 1957

Mon bien cher ami

Le titre que vous proposez pour mon livre est très bon... Aujourd'hui, c'est le jour où ma femme est morte. Il ne passe pas un jour sans que, à la poste du matin, je n'attende une lettre de ma femme, rien n'arrive et je sais que rien ne peut arriver, mais quand même j'attends.

Très affectueusement,

Max Picard

182

13 février (1957)

Mon bien cher ami

A l'occasion de la conférence que j'ai faite à Munich il y a huit jours, j'ai vu votre ami Flügel[1] à Tutzing. Il m'a dit que vous étiez comme moi invité au Japon. N'accepteriez-vous pas d'y aller avec moi l'automne prochain ? (ce ne pourrait être avant la fin d'octobre). Cela changerait tout pour moi de vous avoir comme compagnon.

Réfléchissez, je vous en prie. Ce serait une belle occasion.

En grande hâte et très affectueusement,

G. Marcel

183

Neggio le 14 février 1957

Mon bien cher ami

Depuis un mois, je ferme non seulement la porte de la maison mais celle du jardin, pour ne voir personne, je veux être absolument seul, il n'y a qu'une femme de Neggio qui vient trois fois par semaine faire un peu de ménage. Mais pour vous, mon très cher ami, j'aurais ouvert la porte toute grande. Je sens un lien qui m'unît à vous comme à peu d'êtres visibles.

Malgré la porte du jardin, le prof. Thomas Michels de Salzbourg est venu me voir, et il est question que j'y aille, l'année prochaine, pour faire une conférence sur la situation actuelle des Lettres. Je me suis permis de proposer qu'on vous invite à faire une conférence sur la situation de la philosophie d'aujourd'hui. Je viens de lire un grand livre, *L'ombre des fleurs sur le rideau*, du XII° siècle, je crois. Qu'ils sont extraordinaires ces romans chinois, qui vous apportent leur univers comme la mer envoie ses vagues ; ils n'essaient pas de nous attirer

[1] Homme de lettres, qui organisait des rencontres religieuses.

dans leur univers, comme le font nos romans, c'est leur univers qui vient déferler sur notre rive, avec le calme et l'ampleur des flots de la Chine.

Il y a quelques semaines, je suis allé à Milan. Je me sens toujours très bien parmi les Italiens, le seul peuple d'Europe qui ne vive pas dans l'angoisse, ni les pauvres ni les riches. J'ai vu la Brera, c'est tout de même autre chose qu'une gravure ! De nos jours, on s'excite sur les reproductions, on s'exalte, on est transporté « dans un autre monde », - mais c'est la décadence.

Non, je n'ai pas reçu la traduction de votre dernier livre, je vous serais très reconnaissant si vous me le faites envoyer ; je n'ai pas reçu non plus le livre de cet Allemand, édité à Stuttgart.

De tout cœur à vous

Max Picard

184

4 mars 1957

Mon bien cher ami

Mon voyage au Japon n'est pas encore sûr et ce serait seulement 1958 et aussi seulement quand je serai décidé à l'accepter. D'abord je n'irai jamais avec l'avion, j'en ai peur, simplement peur. J'ai déjà connu en Italie 240 km à l'heure dans une auto de sport, mais je ne quitte pas la terre, j'ai confiance en la terre, et la terre en moi ; mais je ne quitte pas la terre pour aller dans l'air. Je passe la mer, oui, c'est la sœur de la terre. Mais l'air…

Veuillez croire, mon bien cher ami, etc.

Max Picard

185

11 mars 1957

Mon bien cher ami

J'ai reçu hier *Die Erniedrigung des Menschen*[1] et j'ai été de nouveau très touché par la dédicace, dans laquelle vous me mettez sur le même rang que votre père, chose dont je voudrais être digne… mais non sum dignus. C'est très étrange : l'évêque protestant Hans Asmussen aussi commence ses lettres : Lieber Vater Picard, et il a à peu près le même âge que moi. Et je ne me sens pas père, pas même de Michel, plutôt son frère et aussi frère de Gabriel. Il semble toujours que je suis né à nouveau chaque jour, laissé tomber du ciel par un fil et tiré en haut au ciel le soir, et continuellement ainsi, jour après jour, soir après soir. - Vous ne m'avez jamais dit si vous avez été content de mon article sur vous dans le « Schweitzer Rundschau » il y a environ un an. Veuillez croire à mon amitié toujours fidèle et fidèle

Max Picard

186

Mon bien cher ami

Je vous ai envoyé vendredi 15 mars un petit paquet de votre chocolat préféré et je vous en ai envoyé aussi un le 19 février, j'espère que vous avez tout reçu. On m'a écrit de Munich, de la part de quatre personnes, la profonde impression produite par votre conférence sur la Dimension de la foi. J'en suis très heureux. Mais je suis encore dans une période heureuse de passivité fertile, où je vois les choses comme je ne les ai jamais vues. Je vis dans une identité parfaite avec les choses et parfois, il me semble que je pourrais disparaître dans l'air comme Lao-Tsé a disparu en passant la frontière de la Chine.

Croyez à mon amitié permanente.

Max Picard

---

[1] Traduction de *Les hommes contre l'humain*, chez Knecht, Francfort.

187

29 mars 1957

Mon bien cher ami

Je me sens de nouveau honoré de lire mon nom comme dédication aussi dans l'édition allemande *die Erniedrigung des Menschen*, et j'ai relu aussi *Philosophie der Hoffnung* et je suis en état de constater que vous dites non seulement les vérités isolées , mais celles liées à l'Église, et pour mieux expliquer : vous donnez le fonds primordial aux commandements de l'Église, qui se sont raidis, mécanisés. Voulez-vous faire une conférence le printemps prochain dans la Postakademie à Kleinheubach, un château, entre Würzbourg et Heidelberg, sur le Main ? C'est très beau et sympathique. J'y vais à la fin d'avril. Pascual Jordan, Thielicke, Benz (Heidelberg), Colleville (Paris) y viennent aussi cette année. Ce sont seulement circa trente auditeurs et c'est précisément ce qui me plaît. Si je le dis à M. le directeur vous serez invité sûrement pour l'année prochaine. Je vous serre la main, etc.

Max Picard

188

9 avril (1957)

Mon cher ami

Merci beaucoup pour votre carte, trouvée à mon retour d'Allemagne (Frankfurt, Köln, Ruhrgebiet)[1]. Oui, je serais heureux de parler au printemps 1958 dans ce château dont vous me parlez : j'ai mal pu lire le nom.

Cela vous intéressera de savoir qu'à Oberhausen on a fait une lecture dialoguée de *Die Wacht am Sein*[2], avec grand succès. Trois jours après, dans cette même ville, j'ai fait une conférence : *Meine Beziehung zu*

[1] Francfort, Cologne, la Ruhr.

[2] *La Dimension Florestan.*

Heidegger[1] et à la fin, j'ai abordé « Das Bedenkliche in seine politischen Vergangenheit »[2]. J'ai parlé d'une façon calme, mais sévère, personne n'a protesté. Je suis ici quelques jours, avant de partir pour la campagne.

Vous a-t-on invité à Cerisy comme je l'avais demandé, pour la décade sur le langage ? (12 - 22 juillet). Ce serait si bien si vous veniez... Ce serait une joie pour moi.

Merci pour tout ce que vous me dites de mon livre. Très affectueusement à vous.

G. Marcel

189

11 avril 1957

Mon bien cher ami

Quant à Heidegger, il y a huit ans, on a discuté, à l'Académie de Munich, s'il faudrait inviter Heidegger pour une conférence. Tous ont dit non, moi seul j'ai dit oui. Et quand on m'a demandé pourquoi, j'ai répondu : « A un homme qui en 1933 a dit : A présent il n'y a plus la parole de la philosophie, il y a la parole du Führer - à un tel homme, il faut donner la chance de refuser de venir quand on l'invite, espérant qu'il aurait honte de parler encore aux hommes. » - Mais il est venu et il a parlé.

Très affectueusement

Max Picard

---

[1] Ma relation à Heidegger. Voir *Gabriel Marcel et la pensée allemande*, Aubier, 1979.

[2] Ce qu'on peut penser de son passé politique.

190

Paris le 13 avril 1957

Mon bien cher ami

Comme je demandais chez Plon, avant même d'avoir reçu votre carte, si votre livre allait paraître, j'ai appris avec la plus grande colère que, sans prendre seulement la peine de m'en informer, on avait retardé la publication. J'ai aussitôt dit que c'était inadmissible et que je ne pouvais tolérer semblable incorrection. On a paru impressionné par ce que j'ai dit. Mais je vous demande d'écrire vous-même une lettre à M. Orengo, ou de préférence à M. Maurice Bourdel, librairie Plon, 8, rue Garancière, Paris 6°, pour dire que vous ne pouvez tolérer semblable procédé et que vous exigez la publication d'ici les vacances d'été.

Le château dont je vous ai parlé, c'est Cerisy-la-Salle, en Normandie, dans la Manche. J'écris par le même courrier à la propriétaire, Mme Heurgon, en m'étonnant qu'elle ne vous ait pas encore écrit. Je vous répète que la décade sur le langage aura lieu du 12 au 22 juillet.

Je pars dans trois jours pour la campagne, et ne reviendrai que deux jours à la fin du mois avant de partir pour la Norvège et pour Berlin où je serai du 10 au 15 mai, et où je verrai votre ami Reisner. Je dois ensuite retourner en Allemagne du 23 au 27 ou 28 mai, devant faire la conférence terminale de la Semaine théâtrale à Cobourg et enfin une conférence à l'Institut Français de Munich.

C'est beaucoup trop et j'en suis d'avance accablé.

Je crois bien que c'est la dernière année que j'accepte de multiplier ainsi les voyages.

Croyez, mon cher ami, etc.

G. Marcel

P.S. J'ai vu Reifenberg à Francfort et Nostitz à Cologne. Nous avons parlé de vous.

191

29 avril (1957)

Cher ami

Vous m'avez encore gâté, je reçois votre délicieux chocolat et vais l'emporter demain en voyage. Je pars pour Oslo selon ce moyen de locomotion que vous redoutez et dont je ne raffole pas, je l'avoue. Mais autrement le voyage n'en finit pas.

Avez-vous su que *die Wacht am Sein*, après la lecture à Oberhausen, défraie les chroniques. Sans m'en aviser, on a envoyé la pièce à Heidegger : je crains qu'il ne soit furieux. Il y aura une autre lecture à Berlin, au moins partielle.

Savez-vous qu'il vient de publier sa conférence sur le *Hausfreund*, P. Johannes Hebel[1] où il dit des choses excellentes, simples et vraies ? Quel mélange inexprimable.

Avez-vous reçu l'invitation de Cerisy ? Écrivez-moi un mot à Oslo, chez etc. Je vous dis ma profonde affection

G. Marcel

192

Jeudi (juin 1957)

Mon bien cher ami

Je suis certain que la mort - pour moi si inattendue - de W. Hausenstein vous a causé une peine profonde. Je l'ai peu connu, mais je sais quel homme remarquable c'était, et si parfaitement indépendant, un homme rare en toute époque. Le saviez-vous menacé ?

---

[1] Voir lettre 280. Il s'agit sans doute du littérateur suisse d'origine paysanne (1760-1826). Un prix Hebel, décerné par le gouvernement de Bad-Wurtenberg, fut attribué à Albert Schweitzer en 1951, à Max Picard en 1952.

Depuis ma dernière lettre, j'ai été à Cobourg, pour une rencontre organisée par des théologiens protestants, sur l'Église et le Théâtre. La ville est ravissante, et j'ai vu là des hommes remarquables. On a donné une excellente représentation de mon *Homme de Dieu*, qui a obtenu un vif succès. J'étais avec Flügel, qui allait partir pour l'Amérique du Sud, et a donné d'excellents séminaires sur le « *Gute Mensch von Se-Tchuan* » de Brecht. Nous avons bien entendu parlé de vous.

Je suis un peu désespéré d'avoir encore à préparer trois conférences pour les semaines qui viennent ; la première sur Nation et Culture, pour une rencontre européenne aux environs de Vienne, une autre à Alpbach sur le Mythe, et enfin une sur l'Europe à Bolzano. C'est trop ; et à l'avenir je ne veux plus me laisser ainsi accabler. D'autant que le voyage au Japon à la fin d'octobre est maintenant décidé. Mais c'est surtout Paris qui me fatigue. On y est pris dans un véritable filet d'engagements et de corvées de tous ordres.

Aujourd'hui je suis d'autant plus mal disposé que la femme de mon fils a un ennui de santé ; je crois que c'est sans aucune gravité, mais j'ai toujours peur…

Vous m'avez de nouveau gâté, par deux fois, avec de merveilleux chocolats ; il y en a un qui me semble si possible encore supérieur au Lindor ; mais je suis un peu honteux que vous me gâtiez ainsi. Parlez-moi de vous. Resterez-vous tout l'été à Neggio ?

Je parle de vous dans mon dernier article des Nouvelles Littéraires intitulé « Atomisation du théâtre » à propos d'une ignoble pièce de Becket qui enthousiasme les fous et les snobs.

Je vous serre la main, etc.

G. Marcel

193

Neggio le 2 juillet 1957

Mon bien cher ami

La mort de Hausenstein me peine et me pèse chaque jour davantage. Il est faux de dire que le temps guérit la peine. Chaque jour qui succède au précédent augmente l'absence du disparu, chaque jour le vide se creuse et s'agrandit. Je m'en suis rendu compte à la mort de ma femme, je souffrais si fort que c'est tout juste si je me hasardais hors de mon lit, cela deux années durant : je craignais de tomber dans le vide qui était devant moi, mais ce vide-là n'était pas pour moi. Je ne peux pas dire que ce soit la même chose maintenant, non, je travaille, je sors, etc. Mais je suis ébranlé, par la mort de Hausenstein, et aussi par la mort en soi. Je l'ai toujours su, et chaque fois j'en fais la nouvelle expérience : rien ne console de la mort de quelqu'un qu'on aime. En face de l'événement de la mort, les formules des prêtres et tout ce qui vient de l'Église, je dois le dire, cela ne fait pas le poids ; non plus qu'aucune musique, aucune poésie, aucune philosophie, c'est incontestable, si du moins on ne veut pas se laisser leurrer. La mort de quelqu'un qu'on aime, c'est d'un ordre différent, sans aucun rapport avec rien. La mort est un absolu, vis-à-vis de la mort il n'existe pas de « vie antérieure » ni d' « autre vie ». Rien n'existe plus, que la mort. Mais ceci élève l'homme, que sa douleur, qui est un absolu comme l'événement-mort, n'ait rien de commun avec quoi que ce soit. L'homme, le sujet, accède à l'absolu par la douleur. C'est le seul cas où le sujet accède à l'absolu, par sa douleur extrême, il n'a plus de lien avec rien, il est comme fondu dans la mort. C'est une grâce à laquelle le misérable être subjectif accède pour une fois, en face de la mort, à l'absolu. Et c'est une chose ineffaçable. Mais les gens d'église enrobent tout.

Hausenstein n'était pas tel que l'ont dépeint les articles nécrologiques. Ce qu'il y avait d'exceptionnel en lui, ce n'est pas son talent, ni son urbanité, ni sa cordialité, ni son savoir ; mais sa bonté. Il était bon, avant toute chose, et sans même qu'il le sache ; c'est cette bonté qui alimentait ses forces et lui gardait sa jeunesse. Tout ce qu'il a dit ou écrit n'a pu que dissimuler cette bonté foncière, primordiale. C'était un être très pudique, il ne voulait pas savoir combien il était bon. J'ai écrit à sa femme, uniquement à sa femme et à vous, mon cher ami, ce que je pense de la mort, et je crois que cela l'a aidée, mieux que toutes les « consolations » des ecclésiastiques, dont les formules me paraissent tous les jours plus intolérables.

De tout cœur votre

Max Picard

194

Paris le 4 juillet 1957

Mon très cher ami

Je reçois à l'instant votre lettre, qui m'émeut très douloureusement. Je sens si bien qu'elle a été écrite dans un moment où vous vous sentiez sans aucun recours en présence de cette terrible réalité qu'est la mort d'un être aimé. Je pense que vous avez absolument raison de rejeter avec une espèce de dégoût les consolations stéréotypées des gens d'église. J'ai moi-même écrit là-dessus quelque chose de très dur. Mais en toute vérité, je ne pense pas qu'on puisse s'en tenir à cette affirmation du caractère absolu de la mort de l'autre. Je crois profondément qu'une expérience immémoriale et vénérable vient s'inscrire en faux contre cette affirmation : tous les liens ne sont pas rompus, toute présence n'est pas engloutie dans ce vide béant. Je ne puis aujourd'hui en écrire très long là-dessus, car je suis dans un état d'extrême fatigue, aggravée par la chaleur intolérable dont nous souffrons ici depuis quelques jours. J'éprouve simplement le besoin de vous tendre sans tarder une main très affectueuse, pour que vous sachiez que vous n'êtes pas seul, que je suis avec vous, mais que j'espère peut-être plus que vous, je ne sais.

Je pars d'ici le 16 juillet pour l'Alsace où je resterai quelques jours avec mes enfants et petits-enfants. Puis je pense passer une quinzaine de jours en Suisse avant de gagner Salzbourg. Je n'aurais jamais accepté de faire des conférences au milieu de l'été si je n'avais eu un moment l'espoir d'aller là-bas avec mes enfants, qui ne connaissent pas cette ville admirable. Mais cet espoir s'est malheureusement dissipé. Après Salzbourg et Alpbach, j'irai un peu en Italie pour rejoindre une amie. Il ne serait peut-être pas impossible que je passe vous dire le bonjour le plus affectueux à ce moment-là, c'est-à-dire dans les environs du 11 ou 12 septembre. Je ne voudrais pas que cet été se passe sans que je vous aie revu, serait-ce même quelques heures.

Le voyage que je dois faire au Japon et dont je me réjouis si peu barre pour moi l'avenir. Je voudrais ensuite, conformément d'ailleurs à vos souhaits, mener une vie un peu plus tranquille. Je suis assez excédé de tout en ce moment. Je vous envoie, du moins, mes plus affectueuses pensées avec un baiser au petit Gabriel.

Que le Ciel vous protège, cher ami, et puissiez-vous sortir de ce désert où je vous sens comme enfermé.

G. Marcel

195

Le 8 juillet 1957

Mon bien cher ami

Je vous remercie de votre bonne lettre.

Je viens de lire le passage sur les consolations vides des gens d'église. Combien je suis d'accord !

Je le sais bien, qu'il existe un lien qui nous unit aux morts et qu'ils exercent leur action jusqu' à nous, sur cette terre, sans intermédiaire. Pour moi, je n'ai jamais cherché à avoir des rapports avec les morts, et j'en ai toujours eu, mais seulement avec des êtres que j'ai aimés, et cela en très petit nombre. Pour être exact, je n'ai eu d'expérience proprement dite qu'avec ma femme. Après sa mort, j'ai été dans le désarroi le plus complet ; je n'étais ni vivant ni mort, ni sur la terre ni de l'autre côté, pas non plus dans un domaine intermédiaire mais englouti dans le gouffre de ma tristesse. Et puis une nuit, j'ai fait un rêve ; je me trouvais au bord d'un fleuve, très large, et en face on voyait seulement une petite guérite comme il y en a aux postes-frontières, - et voici que ma femme sortait de cette guérite, de l'autre côté du fleuve, elle portait une longue robe blanche et me montrait du doigt un petit tableau qu'elle avait, suspendu à son cou, avec des lettres tracées dessus, mais je ne pouvais pas lire. Je me suis réveillé et j'ai compris immédiatement que cela voulait dire que, depuis l'autre rive, ma femme m'adresserait des signes.

J'ai fait un rêve dont le sens était le même, la forme différente, à propos de Hausenstein.

Néanmoins je ne crois pas qu'on ait le droit de se livrer à ce genre de choses. C'est moi qui le dis, moi qui possède des dons médiumniques hors du commun. Ces dons, je ne les ai jamais exploités, parce que la frontière qui sépare irrévocablement les vivants et les morts ne doit pas être franchie, ni par les uns, ni par les autres. Lorsque les morts nous envoient un signe, cela veut dire que nous ne les laissons pas en paix, nous les attirons dans notre inquiétude et dans notre tristesse et c'est pour eux un déchirement. C'est une défaite de notre part si les morts sont obligés de nous envoyer un signe. Je veux dire que les morts n'arrivent à être « bien » morts que si nous ne leur communiquons pas notre angoisse et notre douleur excessive. Et nous aussi, nous ne pouvons être vraiment dignes du nom d'hommes que si la frontière entre les vivants et les morts est parfaitement tranchée.

De tels signes, d'ailleurs, n'ont rien pour me consoler. Ils ne remplacent en rien la présence du disparu ; ce n'est qu'une trace de sa vraie réalité… Ce qui a du sens pour moi, c'est un être humain qui vit, qui respire près de moi. C'est pourquoi je suis si heureux de savoir que vous viendrez en septembre. Mais pas question que vous restiez une heure ou deux, il faut que vous vous arrêtiez plusieurs jours.

Avec toute mon affection, etc.

Max Picard

196

21 juillet (1957)

Mon bien cher ami

Merci du fond du cœur pour votre lettre. Je préfère ne pas dicter ma réponse pour ne pas mettre ma secrétaire entre nous ; elle est gentille, mais cela ne suffit pas. Ce que vous dites m'émeut profondément. Sachez bien que je n'ai *jamais* tenté de me mettre en communication médiumnique avec ma femme ; elle m'avait d'ailleurs demandé de *ne pas* le faire, et j'aurais eu un sentiment de profanation à essayer rien de ce genre. Mais j'ai le sentiment que si je n'avais pas été continuellement et secrètement assisté par elle je n'aurais pas pu venir à bout de tant de travaux et de voyages. Je ne peux vivre que si je suis relié...

Vous êtes bon de m'inviter à passer deux ou trais jours chez vous. Mais je ne voudrais pas que ce fût un dérangement. Je serai d'ailleurs avec une amie[1], qui me prendra dans sa voiture après ma conférence à Bolzano, et qu'il faudrait loger dans les environs. Car je dois revenir en France avec elle et tâcher de passer chez Thibon et de voir sa fille qui est ma filleule et que je n'ai pas vue depuis dix ans.

Mais tout cela me semble réalisable et ce serait une bien belle perspective pendant ce dur été.

J'ai affreusement souffert de la chaleur et ai peu travaillé tous ces temps-ci Je suis très mécontent des conférences que je dois faire à Alpbach et à Bolzano. Je sens que j'ai trop présumé de mes forces cette année et que je suis à bout. Heureusement je récupère d'ordinaire assez vite...

J'espère que vous pourrez lire cette lettre sans trop de difficultés, et je vous serre la main avec ma profonde affection.

G. Marcel

---

[1] Monique Picard, élève et amie très chère de G.M. Sans aucun rapport avec Max Picard, homonymie pure.

197

Lausanne, jeudi (été 1957)

Mon très cher ami

Notre voyage s'est bien passé, mais le Sustenpass était dans le brouillard, un brouillard glacé. Il a fallu descendre coucher à Meiringen, d'où nous sommes venus ici facilement, hier matin.

Je garde un souvenir parfait de cette journée passée avec vous dans cette maison qui m'a été aussitôt tout à fait sympathique. Je saurai maintenant où vous situer par la pensée, cela m'est précieux ; et j'aime tant ce pays qui est devenu le vôtre ! Mon amie a été très heureuse de vous connaître tous deux. Je me sens déjà à moitié à Paris, et ce n'est pas agréable. Heureusement je pense revoir mon fils qui est en train de monter son film.

Merci pour votre exquise sollicitude, pour tout ce que vous m'avez, une fois de plus, donné. Votre ami qui vous aime profondément

G. Marcel

198

Paris le 23 septembre 1957

Mon bien cher ami

Je reçois votre lettre et m'empresse d'y répondre. J'ai aussitôt téléphoné chez Plon. Vous pouvez absolument tranquilliser M. Anstett. Il recevra les épreuves dans une quinzaine et le livre paraîtra bien vers la mi-novembre.

Malheureusement, en ce qui concerne les reproductions, il n'y a rien à faire. Il aurait fallu s'y prendre beaucoup plus tôt ; et d'autre part, on me dit que cela aurait dangereusement élevé le prix du livre. Mais on se préoccupe de donner à celui-ci une excellente présentation, au point de vue du papier et de la typographie. J'espère que le résultat donnera pleine satisfaction à vous et à moi.

Comme je vous l'ai écrit de Lausanne, je garde, moi aussi, le meilleur souvenir de cette rencontre, qui, si elle a été trop courte, n'en a pas moins été parfaite.

Figurez-vous qu'il y a quatre ou cinq jours, des amis de Mme Picard lui ont parlé spontanément de vos livres, qu'ils admirent tant. Ils ont été stupéfaits de savoir qu'elle venait de vous voir.

Je me représente avec intensité cette maison si plaisante, où je vous situerai toujours désormais, avec l'admirable vue sur la Malcantone.

Je vous dis ma profonde affection, ainsi qu'à Michel. Quand vous le pourrez, envoyez-moi une petite photographie de Gabriel.

Votre ami

Gabriel Marcel

Je pars décidément le 22 ou le 23 octobre pour le Japon. Je serai de retour au début de décembre.

199

20 octobre (1957)

Mon très cher ami

Je prends l'avion après-demain pour Tokyo en passant par le Pôle. De loin ce voyage me faisait affreusement peur, maintenant que je suis pour ainsi dire parti c'est changé. A la grâce de Dieu. Je pense à vous. J'ai peur de ne pas retrouver l'adresse de votre traducteur, pourriez-vous me l'envoyer à « The International House, Tokyo », En même temps donnez-moi de vos nouvelles. Vous a-t-on envoyé les épreuves du livre ? Je n'ai pas eu le temps de le regarder . J'ai été accablé de besognes diverses tous ces temps-ci.

Je vous envoie, etc.

G. Marcel

J'ai aperçu Flügel et sa femme à leur retour d'Amérique ; ils sont contents, mais ont vu là-bas des Allemands d'une espèce qu'on aurait voulu croire disparue. Surtout au Chili.

200

Kyoto, 15 novembre 1957

(avec un billet de M. Sano au verso)

Mon très cher ami

Vous voyez que la rencontre avec M. Sano a eu lieu. Mais je n'ai pas pu causer longuement avec lui comme je l'aurais voulu. En ce moment je chancelle un peu sous la force des impressions ressenties dans cette ville extraordinaire. Ce que j'aime avant tout c'est la nature, ce sont les merveilleux jardins. L'architecture me fatigue un peu et décidément le bouddhisme me demeure presque complètement étranger.

Je suis accueilli partout avec une chaleur d'amitié qui me confond, et je crois d'autre part que ce voyage n'est pas inutile, et que je serai arrivé à secouer certains esprits trop emprisonnés dans de pures abstractions.

Demain en quinze, je prends l'avion, je crois que je serai saturé. Et je me réjouis déjà de retrouver la France.

A vous très affectueusement

G. M.

201

Paris, le 3 décembre 1957

Mon bien cher ami

Je sais que vous serez content de me savoir de retour. Naturellement, je suis un peu fatigué, mais dans l'ensemble le voyage s'est extrêmement bien passé, il m'a beaucoup enrichi et j'ai le sentiment qu'il a été utile. J'ai pu me rendre compte des erreurs et des fautes sans nombre qu'ont commises les Américains, qui ont entièrement perdu la partie là-bas. Il faudrait certes que la Chine communiste ne recueille pas les bénéfices de cet échec. Sur ce point comme sur beaucoup d'autres, il est impossible de se faire une opinion tant soit peu fondée. La jeunesse est dans le plus complet désarroi et ne cache pas ses sympathies pour le régime communiste. Mais on ne peut rien conclure de là quant à l'avenir du pays.

Autant les villes sont affreuses, Kyoto excepté, bien entendu, autant la nature dans ce pays est admirable. J'ai vu des choses que vous aimeriez autant que moi, j'en suis sûr.

Votre traducteur[1], avec qui j'ai eu le regret de ne pouvoir causer réellement, m'a fait un ravissant petit cadeau et m'a écrit une lettre qui m'a beaucoup touché. C'est sûrement un homme d'une qualité exceptionnelle, très modeste, et qui n'occupe pas la place qu'il mérite.

J'ai été content de trouver à mon retour votre livre enfin paru chez Plon. Je pense que vous avez reçu des exemplaires. J'écris à Marcel Brion pour lui dire combien je souhaite qu'il parle de l'ouvrage dans le Monde. Je suis convaincu qu'il le fera.

Je vous quitte, mon cher ami, en vous disant ma profonde affection. Je suis malgré tout content d'avoir réintégré mon petit univers après cet étonnant excursus.

G. Marcel

---

[1] M. Sano. Voir lettres suivantes.

202

Starnberg, près Munich, le 7 décembre 1957

Mon bien cher ami

Je suis heureux que vous soyez de retour, j'ai prié et prié pour vous... Même sans que vous le disiez, je savais que M. Sano est quelqu'un de limpide, probablement une sorte de saint. Il m'avait écrit, une année, qu'il voulait se faire chrétien. Mais je le lui ai déconseillé, vivement, je lui ai écrit que sa religion avait besoin de lui, qu'il fallait que les hommes bons et purs soient répartis un peu partout. Qu'un homme aussi exceptionnel soit né dans le bouddhisme, c'est à mon avis le signe qu'il doit y demeurer. Il m'a écrit, depuis la tombe de son père, qu'il me considérait désormais comme son père. Quant à moi, je me fais plutôt l'effet du petit-fils de ce père que je dois être pour M. Sano. C'est curieux, Asmussen aussi, comme je vous ai écrit. Asmussen aussi est un homme d'une qualité rare ; il a le don de transformer les choses les plus banales en choses extraordinaires, à l'état naissant. Il faudrait que vous le connaissiez.

J'ai fait deux conférences, l'une à l'Académie Évangélique de Bad Boll, l'autre à des étudiants de Fribourg en Brisgau sur l'« Atomisierung ». Bien entendu, j'ai fait mention de vous, également dans la conversation, d'ailleurs on savait déjà que nous sommes du même bord, cela me fait du bien, cela me donne un sentiment de sécurité quand j'approche des hommes qui me sont étrangers.

Je vous envoie une photo de moi à douze ans ; c'est curieux, j'ai rencontré à Fribourg en Brisgau une très vieille dame qui a connu le professeur qui avait pris cette photo ! Je passe tout le mois de décembre chez mon amie Dora König, qui est quelqu'un de singulier, un être originel, une chrétienne primitive. Protestante d'origine, elle s'est convertie, mais elle est mille fois davantage, ni catholique, ni protestante, c'est une chrétienne de la primitive Église et sa conversion n'ajoute rien. Elle a une présence très forte, il ne s'agit pas de toutes les possibilités de l'avenir, non, à chaque instant elle est vraiment là, chaque instant est plein d'éternité, et je ne connais personne qui ait une telle force de prière. Restez en bonne santé, ne voyagez plus, ne travaillez pas trop, je vous embrasse votre Max Picard

Je vous remercie beaucoup d'avoir prié M. Brion de faire un compte-rendu de mon livre dans le « Monde ».

203

Paris le 10 décembre 1957

Mon bien cher ami

Je viens de recevoir votre excellente lettre avec 1a précieuse photographie que je garderai près de moi. J'aime beaucoup ce visage de petit garçon où je vous trouve déjà tout entier. Je suis content de penser que vous passez un mois paisible auprès d'une amie admirable que j'espère avoir l'occasion de rencontrer un jour. J'aime beaucoup le lac de Starnberg, mais j'imagine que vous devez penser constamment avec une grande mélancolie à votre ami Hausenstein.

En ce qui concerne M. Sano, il m'est difficile de me ranger à votre opinion, je veux dire en ce qui concerne sa conversion éventuelle. J'ai l'impression très forte que les anciennes religions du Japon, qu'il s'agisse du bouddhisme ou du shintoïsme, sont tout à fait dévitalisées. J'ai vu là-bas beaucoup de philosophes dont on ne savait même s'ils étaient encore vraiment bouddhistes ou shintoïstes, il ne semblait pas, le plupart du temps, qu'il y eût rien là qui pût encore nourrir leur âme. Au contraire, le christianisme me parait la seule source possible d'énergie spirituelle qui puisse encore exister an Japon. Si véritablement, M. Sano est attiré par le religion chrétienne, il me semble que vous prenez une assez lourde responsabilité en cherchant à l'en détourner. Je regrette encore beaucoup plus, maintenant, de n'avoir pas eu la possibilité de causer tranquillement et personnellement avec lui. Dans cette sorte de voyage, on est terriblement confisqué par les uns et les autres.

Ne vous inquiétez pas, pour le moment, je n'ai pas de déplacement en perspective. Je voudrais passer quelques jours avec mes enfants à la fin de l'année, car je sens une assez profonde fatigue, et la réadaptation à la vie de Paris m'est pénible. Mais l'inconvénient est que l'hiver au Peuch, on ne peut vraiment chauffer qu'une pièce, fort grande d'ailleurs, le résultat est qu'on est tous les uns sur les autres, et comme les enfants sont forcément bruyants, on craint pour moi la fatigue, non sans motif d'ailleurs. Je ne sais donc ce que je déciderai.

Vous ne me dites pas si vous avez reçu la traduction de votre livre.

Je vous envoie, mon très cher ami, etc.

G. Marcel

204

Starnberg le 14 décembre 1957

Mon bien cher ami

A propos de M. Sano : comme vous, je pense que les religions de l'Orient sont en pleine décomposition, mais la Chrétienté de l'Occident se décompose elle aussi. (Peut-être en va-t-il différemment chez les Orthodoxes). Sans doute, il y a des chrétiens, des individus, des gens merveilleux, grâce auxquels toute la sainteté de la chrétienté est concentrée et sauvée. C'est sur eux exclusivement que repose la Chrétienté et il me semble qu'on a rarement vu autant de Chrétiens exceptionnels. Seulement leur action n'est pas directe ni visible, contrôlable, elle ne s'exerce pas en ligne droite mais selon une courbe invérifiable. Je ne crois absolument pas aux Missions. Il y a chez M. Sano quelque chose de si pur et de si sérieux que ces vertus ne peuvent qu'aller s'accroissant, en dépit de la décomposition qui l'entoure. Où cette surabondance de vertu le conduira-t-elle en fin de compte, on n'en sait rien, il faut s'en remettre à cette pureté, à ce sérieux. Au milieu de la décomposition, M. Sano va se trouver dans une telle solitude que la grâce ne peut que surabonder en lui, car la grâce ne permet pas que des hommes aussi purs restent à ce point isolés.

J'ai l'impression que Munich et son intelligentsia ont laissé Hausenstein tomber dans un oubli total. Voilà qui n'a rien de surprenant, on oublie les choses avant qu'elles ne se produisent ; la seule chose qui compte, ce n'est pas ce qui est ou ce qui a été, mais ce dont on peut s'emparer, de préférence pour l'empêcher d'être. Et voilà le nouveau surréalisme.

On ne peut pas se représenter l'état d'esprit qui règne à Munich. Les gens ne pensent qu'à acheter, n'importe le prix, et cela non pour des raisons économiques, pour placer leurs sous, non, c'est une sorte de virus, de contagion, d'épidémie, violente et soudaine comme la grippe asiatique ou l'hitlérisme. De l'hitlérisme, d'ailleurs, impossible de détecter la moindre trace, les gens ne veulent plus ni militaires, ni guerre, ils veulent devenir Suisses, c'est-à-dire s'empiffrer, avoir une voiture et une petite amie, et rouler, oui, je vous dis, comme les Suisses. Un vide, une dépression aussi absolue ne peut qu'*aspirer* les Soviets, il n'y en a plus pour dix ans. Je reste ici jusqu'à la fin décembre. Croyez à mon amitié fidèle

Max Picard

205

(Janvier 1958)

Mon bien cher ami

Demain je pars pour Neggio, je voulais vous le dire. Je suis content du séjour ici, particulièrement parce que je n'ai pas accepté de faire des conférences, ce qui m'est ennuyant. Il y a une machine à conférences et peu importe qui la nourrit, du moment qu'elle fonctionne. M. Brion a-t-il fait son article dans le « Monde » ? J'en serais vraiment reconnaissant, mais c'est impossible que je le prie. Croyez, etc.

Max Picard

206

19 janvier 1958

Mon bien cher ami

Je suis de retour seulement d'hier. J'ai trouvé votre beau livre sur Sumer. La première chose que j'ai faite en arrivant, c'était de vous envoyer le délicieux chocolat Lindor que vous aimez tant. J'ai fait ça sur le chemin de Magliaso à Neggio avant d'arriver chez moi. Vous voyez que je pense dans la continuité à vous. Je suis assis sur la terrasse et vous écris dans le soleil. Mais à Starnberg j'avais une chambre sans le moindre confort, cela ne fait rien, je suis vraiment indépendant de l'extérieur.

Bien à vous

Max Picard

207

26 janvier 1958

Mon bien cher ami, je vous ai envoyé un petit paquet de chocolat Lindor…

Je lis et relis Hérodote, cela vaut mieux qu'Homère, chez lui les dieux apparaissent aux hommes selon leur plaisir, *mentre*[1] chez Hérodote les œuvres de l'homme sont comme les pensées des dieux, pensées réalisées des dieux, quelquefois mal réussies parce que réalisées par les hommes, et avant tout : les hommes sont comme des expériments précieux des dieux.

Je vous embrasse

Max Picard

[1] Italien : tandis que.

208

28 janvier (1958)

Mon bien cher ami

Je suis confus et même honteux de ne pas vous avoir écrit tout de suite pour vous remercier du chocolat, qui est bien arrivé , comme les autres fois. Et toujours, quand je reçois ces paquets, je pense : il n'y a personne comme lui...

Je mène une vie accablante de complications, en attendant mon prochain départ. Je pars lundi pour Heidelberg, Würzburg, Karlsruhe, Bâle, Vienne. Toujours des conférences. Il m'est d'autant plus difficile de refuser que je ne gagne un peu d'argent qu'ainsi à l'étranger, alors qu'en France on m'exploite de façon éhontée, et la vie devient tellement chère qu'il faut bien s'en préoccuper. Vous êtes trop mon ami pour que je ne vous révèle pas aussi cet aspect financier de la situation. Une bonne, dont je ne puis me passer, avec les charges sociales, cela devient un très grand luxe.

Je sais qu'il y a eu de bons articles sur votre livre, je demanderai qu'on vous les envoie, ou tout au moins qu'on les copie pour vous.

Je ne me rappelle pas si vous lisez facilement l'anglais. Si oui, je vous ferai envoyer le livre d'un philosophe américain ami dont j'ai écrit l'introduction, et que je trouve très remarquable. Cela s'appelle THE INWARD MORNING, c'est un journal philosophique. On a eu la plus grande peine à trouver un éditeur en Amérique. J'aimerais qu'il paraisse en traduction ; mais je pense que ce sera presque impossible...

Je vous dis, mon cher ami, ma bien profonde affection, etc.

G. Marcel

209

Neggio, 7 février 1958

Mon bien cher ami

Je suis vraiment triste que vous voyagiez tant, cela ne vous fait pas de bien. Je comprends qu'il faut vivre et que la vie coûte cher. Mais je préfère vivre très restreint (en manière que je n'ai pas mis en train le chauffage, mais il faut dire que je ne souffre pas du froid ou que je souffre à peine) que de m'exposer aux dérangements de tant de voyages. Et j'ai découvert que l'argent qu'on peut rapporter chez soi, par les conférences, c'est peu. Quand on voyage on a toujours besoin d'argent et moi, pendant le voyage, je suis incapable de faire des économies. On m'a toujours bien payé, je reçois en général 300 - 500 marks, mais ce que je gagne, déduction faite des prix (quoiqu'on me paie le billet etc.) - c'est peu. Mais tout cela ne compte pas : vous devez en finir avec les voyages ou les restreindre au minimum - pour votre santé et pour vos amis qui vous aiment.

Je vous embrasse

Max Picard

210

25 février 1958

Mon bien cher ami

J'apprends aujourd'hui par un visiteur qu'on a joué une pièce de vous à Bâle et que vous avez été à Bâle. Si j'avais su ça, je serais allé à Bâle pour vous voir, et votre pièce. C'est aussi dommage que vous ne soyez pas venu à Neggio à cette occasion. Et une autre chose : il vous aurait fallu voir le Carnaval de Bâle, qui est l'unique authentique de tous les Carnavals, un phénomène vraiment « chthonique », apparition des dieux d'en-bas, rien à faire avec l'industrie touristique.

Je vous embrasse

Max Picard

211

Neggio, le 5 mars 1958

Mon bien cher ami

Ortega Y Gasset, c'est un bizarre, trivial et insolent. Je connais bien Robert Walser[1], c'était un Suisse, c'était un *vrai* poète. J'ai écrit un compte-rendu d'un livre qui parle de lui, je le joins. Je crois que mon article dépasse le livre dont je parle, c'est-à-dire qu'il contient des principes essentiels. Je vous prie de bien vouloir me le retourner bientôt.

Je vous embrasse

Max Picard

213

6 mars 1958

Mon bien cher ami

J'ai oublié de vous prier de me retourner bientôt mon compte-rendu, que je vous ai envoyé, je n'ai plus d'exemplaire. - Je vous écris sur la terrasse en plein soleil, regrettant que vous ne soyez pas près de moi. Le ciel a ce bleu doux qui n'ose pas encore exister mais le ciel se réjouit de sa propre *dolcezza*.

Les couleurs et les lignes des montagnes et des prés sont provocantes, véhémentes comme s'ils voulaient s'opposer au ciel, craignant une agression de la part du doux ciel, la terre est pleine de méfiance contre ce ciel doux. Je vous embrasse, mon bien cher ami

Max Picard

---

[1] WALSER Robert 1878 - 1956. Suisse d'expression allemande. *La famille Tanner* 1907. *L'employé* 1908. *Histoires, historiettes* 1914. Pudique et mélancolique.

214

8 mars (1958)

Mon bien cher ami

Je vous remercie beaucoup de m'avoir communiqué cet intéressant article que je vous renvoie ci-joint. J'ai fini la lecture de *Gehülfe*, c'est un beau livre. Vous me semblez bien sévère , et quelque peu injuste, pour Ortega.

Je pars dans un peu plus d'une semaine pour Rome, où je dois faire deux conférences. Je m'arrêterai à Milan au retour, le 24 et le 25, pour y participer à un colloque sur l'Europe, mais ne pourrai, hélas ! pousser jusqu'à Neggio. Car je dois rentrer précipitamment pour passer encore au moins deux jours ici avant de repartir pour la Corrèze où je vais avec mes enfants pour Pâques.

Très affectueusement à vous

G. M.

215

23 mars 1958

Mon bien cher ami

Je suis triste que nous ne nous rencontrions pas maintenant. Il ne faut jamais ajourner de tels revoirs. Je me souviens toujours qu'au mois d'octobre 1926 Rilke m'a télégraphié de venir le trouver quand il était tombé malade, je ne suis pas allé, et deux mois plus tard il était mort.

Je vous embrasse

Max Picard

216

27 mars (1958)

Mon bien cher ami

Vous m'avez encore gâté ! Je reçois à l'instant votre petit paquet. Merci mille fois. Vous savez combien je suis confus de vos attentions.

J'ai eu en outre votre carte qui m'a peiné et inquiété. Je me suis demandé si vous vous sentiez souffrant. J'espère bien que non.

Mes quelques jours à Rome ont été bien pleins. Mme de Margerie, chez qui j'ai habité, est une de vos grandes admiratrices, et a distribué à ses amis des exemplaires du livre sur l'Italie. J'ai vu plus de gens que de choses et en un sens je ne le regrette pas. Ce qu'on m'a montré de plus intéressant c'est la basilique de la Porta Maggiore avec ses sculptures orphiques. C'est très impressionnant.

Je pars mardi pour la Corrèze où je resterai quelques jours avec les miens. Si vous lisez facilement l'anglais, je vous ferai envoyer le livre de mon ami Bugbee, que j'ai préfacé. Je pense qu'il vous intéressera.

Je commence à lire dans la traduction italienne le livre de Pasternak : *Dr Jivago*. C'est ce qui a paru de plus important en Russie depuis la révolution.

A vous très affectueusement, et encore merci.

G. Marcel

217

4 avril 1958

Mon bien cher ami

J'ai entendu dire qu'il aurait paru dans une collection dirigée par vous chez Plon un livre : « Instinct et ... » (mot oublié) par Greef[1]. Pouvez-vous me le procurer ? J'en serais très reconnaissant. - Sur la carte vous

[1] Etienne de Greef. Criminologiste. *Notre destinée et nos instincts*, Plon, Paris, 1946.

voyez l'étable qui appartient à la maison et qui est plus belle que la maison, parce qu'elle a les proportions justes, chose que ne savent plus les architectes d'aujourd'hui.

A vous, etc.

Max Picard

Quand retournez-vous à Neggio ?

218

18 avril (1958)

Cher ami

Je vous envoie le livre de de Greef que vous m'avez demandé. Je ne sais trop ce qu'il vaut, je ne garantis rien. Merci beaucoup pour le nouvel envoi de chocolat et le petit poème en prose « Sur la route de Varen » , où il y a de belles notations, un sens spirituel du paysage.

Mes vacances en Corrèze ont été gâtées, comme beaucoup d'autres, par le mauvais temps, et je ne sens pas qu'elles m'aient vraiment reposé. Je repars mercredi pour faire trois conférences à Clermont, Montpellier et Toulouse. Cela ne m'amuse pas, je vous assure…

La situation politique est désastreuse et le changement de gouvernement ne pourra que l'aggraver.

J'ai parlé de vous avec Jean Huguet, à qui j'ai conseillé d'aller vous voir, cela se fera sûrement un jour. C'est quelqu'un de très sympathique. Lisez-vous assez bien l'anglais pour lire un livre philosophique américain remarquable dont j'ai écrit l'introduction ? Si oui, je vous le ferai envoyer. Je trouve qu c'est une œuvre importante. J'en ai parlé hier à un philosophe japonais qui est venu me voir et qui vient de faire un cours aux USA sur le bouddhisme Zen.

Malheureusement il ne parle aucune langue européenne. Il a fallu recourir à un interprète. Cela m'a rappelé les pires moments de mon séjour au Japon.

Je traverse une mauvaise période, une période de dépression et de découragement. La vie se passe à des tâches qui ne méritent pas qu'on s'y consacre.

Je vous envoie mes plus affectueuses pensées.

G. Marcel

219

20 mai (1958)

Mon bien cher ami

Votre envoi m'est parvenu au début de mai, je pensais vous en avoir remercié, mais ai peut-être confondu. Vous me gâtez beaucoup trop, je vous assure. Je croyais aussi vous avoir annoncé le livre sur moi de l'abbé Bagot[1], qui a dû vous être envoyé par l'éditeur. C'est bien – avec des coordonnées trop thomistes, vous vous en rendrez compte aisément. C'est une thèse qui a été soutenue à l'Université Grégorienne à Rome : beaucoup de précautions s'imposaient.

Merci d'avoir parlé de mes livres en Italie ; mes livres ne sont guère traduits là-bas sous prétexte que les gens cultivés savent le français.

Je ne vous dis rien des événements. Il n'y a jamais eu de menace de coup d'état ou de dictature ici. Mais la situation reste très délicate. Je pense qu'en n'appelant pas De Gaulle on manque une chance sérieuse d'en finir avec la guerre d'Algérie.

Très affectueusement à vous

G. Marcel

---

[1] Jean-Pierre BAGOT, *Connaissance et amour, essai sur le philosophie de Gabriel Marcel*, Beauchesne, 1958.

220

11 juin (1958)

Mon bien cher ami

Rien qu'un petit mot pour vous dire que je viens de voir Marcel Brion ; son article sur vous est écrit depuis longtemps, mais attend encore sur le marbre au « Monde ». Il trouve votre livre magnifique. Il l'avait eu déjà en allemand. Donc cela viendra…

Je ne puis rien vous dire des événements. J'ai un grand espoir, mais les difficultés et les risques sont immenses. Priez pour mon pays, voulez-vous, et pour De Gaulle.

Je vous embrasse

G. Marcel

221

Neggio, 16 juin 1958

Mon bien cher ami

Quant à De Gaulle, il a toute ma sympathie. Je suis heureux que ce parlementarisme purulent soit à sa fin, mais je crains qu'il ne se retire et n'attende une occasion pour revenir. Je crois aussi que les communistes, dirigés par Moscou, attendent jusqu'à ce que le gouvernement de Gaulle commence à s'user, d'ici quelques mois, ou trouve des difficultés : alors ils se présenteront, pour la destruction définitive. Mais ce qui me touche plus que tout c'est que je crois que M. De Gaulle est un homme qui a priori n'a pas de bonne fortune - par destin, avec toute son honnêteté, pureté, intelligence. Il lui manque ce qu'a Churchill : fortuna. De Gaulle me paraît un homme imprégné par Saturne. J'en suis triste : j'aime la France.

Je vous embrasse avec affection

Max Picard

222

24 juin (1958)

Mon bien cher ami

Je me suis vu décerner ces jours-ci le Grand Prix National des Lettres pour 1958. Je vous le dis parce que je sais que cela vous fera plaisir. Je vous envoie ci-joint l'article remarquable qu'Etienne Gilson m'a consacré à cette occasion dans les *Nouvelles Littéraires*.

Merci pour votre lettre. Je suis heureux de voir que vous comprenez ce qui se passe ici. La situation reste grave, mais l'espoir a reparu ; cela change tout.

A vous très affectueusement

G. Marcel

223

Neggio, 25 juin 1958

Mon bien cher ami

C'est seulement aujourd'hui que je reçois le numéro du *Monde* dans lequel je lis que vous avez reçu le Grand Prix National. Cela me remplit de joie, et tous ceux qui vous aiment. C'est aussi un événement important, car en vous attribuant le prix, à vous, la machinerie qui distribue des prix en séries et qui est le producteur continu des prix, et qui cherche, pour sa production, des consommateurs - finalement la voilà qui est arrêtée par un homme et soumise à cet homme, Gabriel Marcel. Je vous embrasse

Max Picard

224

Paris le 17 juillet 1958

Mon cher ami

Je reçois une lettre du P. Rietsch, de l'Université Sophia, à Tokyo, dont un passage vous concerne. Il me dit que M. Noguchi, traducteur de Dawson, de Berdiaëff, etc. voudrait s'atteler à un de vos ouvrages, de préférence à la *Fuite devant Dieu.* M. Noguchi est « Dean of the English Department in the Faculty of Linguistics ». Mais je me demande si cet ouvrage n'est pas déjà traduit. De toute manière, il serait bon que vous vous mettiez directement en rapport avec le P. Rietsch.

Je m'apprête à partir en vacances, heureusement, car je me sens cette année extrêmement fatigué, et cette fatigue tend à se porter aux yeux, ce qui est pour moi tout à fait nouveau.

Je sens qu'il va falloir que je me ménage beaucoup plus l'an prochain. Mais surtout, ne vous inquiétez pas. Le coffre reste bon. Seulement trop de gens en ont abusé.

A vous très affectueusement

G. Marcel

225

30 juillet (1958)

Mon bien cher ami

Merci pour votre lettre et votre carte. Merci de vous inquiéter ainsi de ma santé. L'analyse de sang a révélé un excès assez notable de cholestérol. Mon médecin me donne toute sorte d'indications de remèdes et de régime - difficiles à observer quand on n'est pas chez soi. Je ferai de mon mieux. Ce qui est fâcheux c'est que je supporte mal la chaleur et, dans le Midi où je vais passer quinze jours, je crains de cuire littéralement.

Pour Brion, je ne sais que vous dire. D'une façon générale c'est un homme sérieux et estimé. Mais j'avoue que je ne puis comprendre ce qui se passe pour l'article sur vous …

J'ai passé ici dix jours auprès d'une amie très chère, chez qui je suis venu souvent avec ma femme. C'est une personne d'une qualité spirituelle rare. Sa maison la reflète et surtout l'admirable paysage. Peut-être verrez-vous mon libraire et ami Flincker, qui doit aller à Lugano ; c'est un homme excellent, que j'estime grandement. On vient me chercher tout à l'heure pour m'emmener près d'Aix-en-Provence. Je resterai peu de temps là et irai ensuite chez Mme L. Picard (que vous connaissez), La Grivière, Cabris, Alpes Maritimes. Vers le milieu du mois je prendrai l'avion à Nice pour Londres, où j'assisterai à la première (à Londres) du *Chemin de crête* : en anglais *Ariadne.* C'est seulement ensuite que j'irai rejoindre mes enfants en Corrèze.

Cher ami, je vous redis ma profonde affection

G. Marcel

226

16 septembre 1958

Mon cher ami

C'est la sixième fois que nous sommes dans mon cher Vigevano et toujours nous disons : comme c'est dommage que vous ne soyez pas chez nous. La place est plus belle que celle de San Marco à Venise, faite selon un dessin de Léonard. La dernière fois à Vigevano nous fûmes dans un petit magasin, et entre un grand et vieux homme qui, regardant Michel, moi et Gabriel, me demanda : « C'est votre petit-fils ? » Il courba son grand corps et baisa Gabriel d'abord sur la tête et après sur le front et seulement maintenant il se présenta (il s'était présenté d'une manière plus belle par le baiser !), c'était le fameux général de corps d'armée Castoldi[1], il avait 84 ans et nous raconta sa vie.

Je vous embrasse

Max Picard

Savez-vous quelque chose sur la vente de mon livre chez Plon ?

227

Paris le 18 septembre 1958

Mon bien cher ami

Je suis fort en retard avec vous et je m'en excuse. Je suis rentré à Paris, il y a trois jours, fort content de mon été. Tout d'abord, j'ai été satisfait de la représentation du *Chemin de crête* à Londres. J'estime que la pièce a été fort bien jouée, et sans atteindre le grand public qui l'a sûrement trouvée trop subtile, elle a du moins été appréciée par une élite, ainsi que le prouve le texte de la discussion à laquelle la pièce a donné lieu à la B.B.C. Je souhaite maintenant que le metteur en scène, qui est le frère de Manès Sperber, monte la pièce à Berlin. Huchwelder, qui est son ami, est venu exprès de Zürich à Londres pour la représentation, et nous a promis de s'entremettre dans ce sens auprès d'un directeur de théâtre à Berlin, qu'il connaît. De Londres, avec les amis anglais dont j'étais l'hôte, je suis revenu en voiture, jusqu'en Corrèze, où j'ai rejoint mes enfants et petits-enfants. J'ai passé environ une quinzaine avec eux. Et des amis du Réarmement Moral sont venus me chercher pour m' emmener à Caux, où j'ai passé près d'une semaine. Ce séjour a été absolument passionnant. j'ai rencontré là des gens extraordinaires, en particulier d'Afrique Noire et d'Asie. J'écris actuellement l'introduction pour un livre sur tout cela, qui paraîtra en français, et qui comprendra un grand nombre de témoignages. C'est là, et seulement là, qu'un grand nombre de communistes de tous pays ont trouvé une idéologie supérieure, pour laquelle ils ont abandonné le marxisme.

---

1 Probablement, une erreur.

Je demanderai chez Plon comment marche votre livre, je ne sais rien de précis là dessus.

J'aurais voulu vous écrire une lettre plus vivante et plus intéressante, mais je suis un peu fatigué et ce sera pour une autre fois. Je n'ai jamais été à Vigevano, et je le regrette : cette place paraît en effet très belle.

Je vous envoie mes plus affectueuses pensées, etc.

G. Marcel

228

Neggio, le 21 septembre 1958

Mon bien cher ami

Je ne comprends pas que vous puissiez approuver Caux. C'est quelque chose de terrible, *stinkend*[1]. Justement ces derniers jours j'ai rompu avec N., en lui écrivant que sa personne allait périr, et que ce pourrait être beau quand un personne se dissout pour une cause : mais la chose de Caux où il aurait péri, serait *stinkend* et les Cauxiens voudraient guérir une chose *stinkend* par une chose encore plus *stinkend.* C'était tout. - Vous dites que les communistes trouvent là une idée plus haute que le marxisme. Je crois que le petit ouvrier se sent flatté en rencontrant un fabricant et se sent encore plus flatté d'être photographié avec l'industriel et reproduit dans un journal. Pour la vanité l'homme est capable de tout. Je crois aussi que pour être reproduit dans un journal Krouchtchev se laisse photographier avec Buchman qui a la figure d'un médiocre agent de change de la Bourse de Lille. Et il y a des comtesses auxquelles il plaît, à Caux, de laver les assiettes etc., pour se créer un alibi quand elles maltraitent leurs servantes chez elles. Les Cauxiens ont envahi l'Afrique du Sud pour réconcilier les Noirs et les Blancs : on voit l'effet. La canaille N. a vécu avec sa canaille de femme l'hiver dernier à Rabat pour réconcilier les Français et les Marocains - dans un hôtel de luxe, sur les frais du mouvement de Caux. Vous vous rappelez la belle

---

[1] Puant.

anecdote sur N., je l'ai racontée à une princesse de Java qui est venue chez moi pour me demander s'il faudrait aller s'associer à Caux, après elle a renoncé. Je regrette que vous vous soyez laissé entraîner à Caux. Votre bon et noble nom est abusé *sûrement*. Souvenez-vous s.v.p. de mon excellent instinct, je me permets de dire que je ne me trompe jamais dans ces choses. Mais je sais, c'est aussi mon défaut de ne jamais me tromper. Je souffre vraiment de ce que votre caractère noble et pur doive être utilisé pour la réclame de Caux, car Caux se sert seulement de vous pour abuser de vous, - pour la réclame. Regardez la figure de Buchman, de N. - cela suffit.

Veuillez croire à mes sentiments les plus affectueux et les plus amicaux.

Max Picard

229

27 septembre (1958)

Mon bien cher ami

Merci pour votre lettre et pour le Lindor, qui vient de me parvenir; vous me gâtez incorrigiblement.

Je pense que vous vous faites de Caux une idée tout à fait inexacte. Les petits côtés, les côtés puérils ou même ridicules existent, certes ; mais quand on a compris l'essentiel, quand on a vraiment sympathisé avec l'immense *bonne volonté* au sens évangélique, qui anime ce mouvement, on ne s'arrête plus à ces détails. Je voudrais savoir au juste ce que vous reprochez à N... et à sa femme, qui me paraît bien sympathique. Même s'il a eu des torts graves, vous ne pouvez savoir s'il ne s'en repent pas ; et en tout cas il n'y a pas à faire pâtir les autres de ses fautes à lui.

Nous voici à la veille du référendum ; c'est un moment décisif dans la vie de mon pays. Il faudrait que la proportion de oui fût considérable : 70 %, mais je doute fort que ce chiffre soit atteint.

A vous très affectueusement et encore merci

G. Marcel

C'est vrai que Fr. Buchman a un visage ingrat ; je ne vois pas ce qu'on peut en conclure ; et je pense que c'est un homme digne du plus grand respect. Les innombrables témoignages que j'ai recueillis en font foi.

230

Neggio le 13 octobre 1958

Mon bien cher ami

Non, je ne comprends pas que vous teniez à avoir le moindre rapport avec Caux. Tous ces mensonges ne sont pas pour vous. Quelle impertinence ! On met ensemble un industriel et trois ou quatre ouvriers, on assaisonne avec quelques formules pseudo-chrétiennes, et voilà le Capital et le Prolétariat réconciliés ! Et cela paraît dans les journaux ! c'était tout le but de l'opération, d'ailleurs. C'est comme quand un Américain quelconque fait état d'une interview de Krouchtchev : on en conclut aussitôt que le conflit américano-soviétique est résolu. C'est du mauvais comique, c'est impertinent et très coupable. Cela me rappelle les Berlinois des années 20 qui commençaient par s'empiffrer à l'hôtel Adlon, grand luxe, et pour le dessert, ils allaient au théâtre voir une pièce communiste, qui n'avait pourtant rien de sucré. A Caux, on vous sert une sucrerie écœurante, qui vous tient lieu de repas. Et ces comtesses qui lavent la vaisselle, pour pouvoir ensuite, d'un cœur léger, maltraiter leurs petites bonnes ! Et tout ce cirque, on dirait que les gens de Caux voudraient dominer le bruit du monde par davantage de bruit. Non seulement ils s'adaptent au monde du Néant, mais ils le surpassent, ils lui dament le pion. Et N. ! Il a besoin de Caux maintenant, des femmes, des riches, le pique-assiette. Il a une sœur veuve avec six enfants, il n'a pas pris un seul de ces enfants chez lui, et pourtant elle n'avait positivement pas à manger. II y a quelques années, il est venu me voir, et m'a demandé conseil car il songeait à abandonner le professorat à Zurich pour se consacrer à sa mission parmi les hommes, à la Caux. Je lui ai dit que ce n'était pas une raison pour abandonner le professorat. - Ne pourriez-vous être missionnaire dans votre entourage ? - Comment cela ? - N'avez-vous pas un neveu qui fait commerce de son corps aux homosexuels, à Bâle ? - Mais qu'est-ce que je peux faire pour le « changer » ? - Commencer par le prendre chez vous, à Zurich. - Mais ma femme ne voudra pas entendre parler de cela ! - Alors cela veut dire que vous avez dans votre plus proche entourage encore quelqu'un à « changer » : votre femme !

J'ai raconté cette histoire à une princesse javanaise qui me demandait si je lui conseillais de se rendre à Caux : après quoi elle a pris un crayon et a biffé le mot Caux de son carnet d'adresses.

Je vous embrasse avec mes salutations affectueuses.

Max Picard

231

27 octobre (1958)

Mon cher ami

Je m'excuse de n'avoir pas répondu à votre dernière lettre ; elle m'avait profondément peiné par la violence du ton et par l'évidente injustice de vos accusations (Je ne parle pas de l'histoire N., dont je ne sais rien). L'article que vous m'envoyez rend du moins hommage à l'œuvre accomplie depuis la guerre. Mais ce que l'auteur ignore, c'est que non seulement il vient de plus en plus de catholiques mais encore que des personnes placées très haut dans la hiérarchie - je pourrai les nommer - ont dans des entretiens privés exprimé une très vive sympathie pour le R.A.M. Dans l'introduction que j'ai écrite pour le livre qui va paraître en français, conformément à mes directives, je m'adresse à des amis supposés, qui ont à peu près votre attitude, et je réponds à leurs objections. Le livre, je vous l'enverrai quand il paraîtra, et vous ne pourrez pas ne pas être impressionné, en particulier par des témoignages de communistes qui par l'intermédiaire du Réarmement Moral ont retrouvé le chemin de l'Église et sont redevenus des chrétiens. C'est là un fait capital et dont il semble que vous ignoriez tout.

Dans l'état actuel du monde, il n'est pas permis de méconnaître le rôle que peut jouer un pareil concours de bonnes volontés.

A vous bien affectueusement

G. Marcel

232

Neggio le 30 octobre 1958

Mon bien cher ami

Je suis vraiment malheureux que me dernière lettre vous ait attristé. Naturellement cela me donne beaucoup à penser, et je me demande si j'ai raison, quand je vois le Réarmement Moral approuvé par un homme de votre intelligence et de votre discernement. Vous savez quel prix j'attache à votre jugement. Mais tout ce que j'ai entendu dire à ce sujet est négatif. Sans doute, je n'y suis pas allé moi-même. Je crois fermement que vous, vous pouvez réaliser le bien que les autres se bornent à souhaiter. Je crois fermement une autre chose, c'est que, si j'ai raison, s'il y a du mal et du mensonge là-bas, vous l'éliminerez. C'est une expérience que j'ai faite à plusieurs reprises : la pureté d'un homme a le pouvoir, sinon d'éliminer le mal, du moins de lui ôter son efficacité. C'est une chose consolante et vous savez la confiance que j'ai en vous.

Je vous serais bien reconnaissant de bien vouloir écrire à la machine, car j'ai le plus grand mal à déchiffrer votre écriture. J'aime mieux une lettre de vous écrite à la main que dactylographiée, mais je tiens à comprendre chaque mot venant de vous. Écrivez-moi vite que vous n'êtes plus fâché, et croyez, etc.

Max Picard

233

Neggio le 13 novembre 1958

Mon bien cher ami

C'était très gentil de m'avoir envoyé le livre de Julien Green, tout ce qui vient de lui m'intéresse et je comprends tout, souvent non par la langue, mais contre la langue, parce que l'œuvre de Julien Green m'est au cœur. J'y pense : voulez-vous faire envoyer un exemplaire de mon livre chez Plon à M. Green et aussi à M. Jean Wahl ? Je vous en serais très reconnaissant. Avez-vous reçu le chocolat que je vous ai envoyé il y a trois ou quatre jours ?

Vous ne m'avez rien dit sur la vente de mon livre chez Plon, M. X. m'a trahi, c'est un menteur et un traître parfait. Habeat sibi ! Je me permets de vous demander si vous savez que M. Buchman a fait l'éloge de Hitler en hauts termes, au temps de Hitler, probablement espérant que par cet éloge le Réarmement moral serait épargné. En tout cas il l'a fait. Moi-même je l'ai lu dans la « Neue Zürcher Zeitung ». - J'espère que vous allez bien et que vous ne travaillez pas trop et avant tout que vous ne voyagez plus - seulement à Neggio.

Cordialement

Max Picard

234

17 novembre (1958)

Très cher ami

J'ai bien reçu le merveilleux Lindor. Mille fois merci. Je vous envoie ces jours-ci *la dimension Florestan* (*Die Wacht am Sein*) qui vient de paraître. Cela vous amusera, je pense.

Vous aurez le compte de Plon à la fin de décembre. On ne semble avoir vendu que quelques centaines d'exemplaires, hélas. J'ai dit qu'on envoie le livre à J. Green et à J. Wahl si cela n'avait pas été fait. Je pars demain pour la Suisse, trois jours seulement, Lausanne, Genève.

Très affectueusement

G. Marcel

235

6 décembre 1958

Mon bien cher ami

Je vous envoie par Rentsch *Zeitgeist und Bernergeist* [1] de Gotthelf, c'est pour Noël, et ce livre me paraît le plus parfait de Gotthelf. Il a écrit ses livres avec un but d'éducation, mais la puissance poétique a de loin surpassé le but. - Je suis content de n'être pas allé à Munich pour les conférences. Suivez mon exemple ! C'est aujourd'hui une machine de conférences, une moulinerie qui veut être nourrie, et il paraît égal avec quoi on la nourrit. L'important est que la moulinerie fonctionne. - Je désire de vous, pour Noël, que vous veniez très bientôt me trouver, au plus tard au printemps. Je suis invité pour une conférence devant le « Verein Deutsche Industrie », devant les grands signori de l'industrie allemande. Ils veulent ainsi occuper l'espace de l'esprit : nouvelle expansion !

Amicalement

Max Picard

[1] Il l'avait déjà envoyé pour Noël 1950, mais G.M. n'avait pas dû le lire à ce moment-là.

236

Neggio le 7 janvier 1959

Mon bien cher ami

Je vous remercie beaucoup pour la documentation sur Caux, les témoignages sont dignes de créance et même au-delà, j'y consens. Néanmoins je garde mon aversion à l'égard de Caux (vous aviez ressenti cela en Alsace, jadis). Autre chose : entre notre monde monstrueux et ces petites festivités, quelle proportion y a-t-il ? Ce qui me fait horreur, c'est la fausseté intrinsèque des principes, car c'est avec des méthodes de ce siècle et, qui plus est, américanoïdes, que Caux, loin de s'opposer au monde monstrueux, en fait s'y associe. Pour vaincre le monde, il ne faut pas être de ce monde. J'ai la conviction qu'un yogi indien, un moine tibétain, peut-être aussi un ermite du Mont-Athos ou de tel autre monastère, est plus efficace dans sa prière et son silence pour vaincre le monde du mal, que tout le Réarmement Moral, fût-il encore mille fois plus puissant et plus développé. Cela me fait penser à l'erreur impardonnable que commet le Vatican depuis 1945 ; on a voulu que le Pape prenne rang parmi les puissances politiques, qu'il s'y mêle, qu'il agisse, qu'il participe, alors que ce qu'il y avait à faire, c'est une Église de silence, de prière et de sainteté. Le salut serait venu de là, et non des cent mille paroles du Pape. Pour venir à bout du monde monstrueux, il faut qu'agisse une puissance totalement autre.

Je sais d'ailleurs que si des hommes comme vous, des âmes élevées et pures, se mêlent d'une chose mauvaise, ils l'empêchent d'être mauvaise. C'est nécessaire qu'ils y aillent, et dans ce sens, je considère comme nécessaire que vous alliez à Caux.

Mais j'aimerais mieux que vous veniez à Neggio. Vous seriez heureux ici.

De tout cœur

votre Max Picard

237

Neggio, 16 mars 1959

Mon bien cher ami

Un journal allemand a annoncé la nouvelle de ma mort. Je lui ai répondu en ces termes :

Messieurs,

Je vous remercie beaucoup pour la nouvelle de ma mort, que j'ignorais. Mais comme en effet on est toujours le dernier au courant de ses propres affaires la chose est tout à fait vraisemblable. Je regrette que vous ne m'ayez pas fait part de l'heure de mes obsèques, car je serais bien venu à mon enterrement, non en cadavre, mais en habit noir et portant mon propre deuil. Avec l'expression de ma haute considération.

Mon bien cher ami, je vous ai envoyé aujourd'hui un peu de chocolat pour Pâques ; cette fois-ci je vous ai pris deux plaques de « Suvretta » au lieu de Lindor, je le trouve encore meilleur.

Bien à vous

Max Picard

238

Paris le 1er mars 1959

Mon bien cher ami

Merci de tout cœur pour vos deux cartes, pour l'article que vous m'avez envoyé il y a quelque temps (Glaube über dem Abgrund) et aussi pour le chocolat , que j'apporterai à mes petits-enfants pour Pâques. Je me réjouis de faire la connaissance de ce Suvretta que j'aimerai sûrement beaucoup. Je vais m'occuper des exemplaires de votre livre ; André Rousseaux l'a certainement reçu ; Mauriac, c'est moins probable, et je le lui ferai expédier, ainsi qu'un ou deux exemplaires pour vous.

Je reviens d'Irlande, où j'ai passé une semaine. J'y ai été admirablement reçu, et j'ai eu la très grande satisfaction de voir, pour la première fois, à Dublin en anglais naturellement - ma pièce *Le Monde cassé*, qui n'a jamais été jouée en France, ce qui est vraiment ridicule. La pièce était dans l'ensemble fort bien jouée, surtout par l'actrice principale. J'ai fait plusieurs conférences et j'ai vu assez bien Dublin et ses environs, mais pas les plus belles régions de l'île. C'est un singulier pays, très coupé du reste de l'Europe. J'irai passer quelque jours en Corrèze pour Pâques et m'en réjouis. Je me sens assez fatigué.

Cela a dû vous faire une étrange impression de voir que dans un journal on répandait la nouvelle de votre mort. On a dû confondre avec un homonyme.

Je ne sais pas s'il est opportun de faire en Allemagne des conférences sur le problème de la responsabilité allemande. On n'arrive pas à savoir s'il y a vraiment dans ce pays, comme certains le prétendent, une flambée néo-nazie. Au fond je ne le crois pas.

Personne ne voit ici quelle solution on pourra trouver pour Berlin. L'essentiel est de gagner du temps et à cet égard la conférence au sommet est peut-être souhaitable, pourvu qu'elle ne se termine pas par une rupture qui aggraverait considérablement la situation.

Vous recevrez au mois de mai mon livre *Présence et immortalité*, et aussi celui que Marie-Magdeleine Davy m'a consacré : ils paraîtront ensemble chez le même éditeur.

Je vous quitte, mon cher ami, en vous disant toute mon affection et toute ma gratitude pour toutes les preuves d'amitié que vous ne cessez de me donner.

G. Marcel

239

Neggio, le 15 avril 1959

Mon bien cher ami

C'est absolument exclu, il n'y aura pas de guerre pour Berlin. Les puissances occidentales sont d'une sottise rare, elles ne s'aperçoivent même pas que pour les Russes, Berlin n'est qu'un écran, qui dissimule ce qu'ils veulent réellement, à savoir le Moyen-Orient. Ils ont déjà l'Irak, et ne veulent pas s'en tenir là. Ils discutent à propos de Berlin, mais c'est au Moyen-Orient qu'ils agissent. Hitler a fait l'inverse, il a vociféré ; à mon tour. Il y a quelques années, au moment de la première affaire de Berlin, je n'ai pas cru une minute qu'ils voulaient Berlin, c'était pour couvrir leurs agissements en Chine. J'avais formulé ce diagnostic dès 1946.

Les Russes ne feront la guerre que lorsqu'ils seront sûrs de la gagner, et je suis bien tranquille, dans vingt ans ils seront dans toute l'Europe, vraisemblablement sans coup férir, ensuite l'Inde passera au communisme et cette petite pointe d'Occident sera avalée comme un grain de poussière par le monstre asiatique. L'Occident est absolument vide. Son christianisme se contente de belles phrases.

Le christianisme existe encore, mais représenté par des hommes isolés, et quand il n'y a aucun de ces hommes, le christianisme, en tant que force agissante et silencieuse, comme c'était le cas il y a cent cinquante ans, n'existe plus. Ce n'est pas dans les belles phrases qu'existe vraiment le christianisme occidental.

C'est une consolation que la présence de De Gaulle à la tête de la France. Plus encore que par sa réflexion, c'est par son intégrité absolue qu'il va agir. Penser cela, c'est consolant.

Avez-vous réussi à faire passer l'article de Beaujon sur Vlaminck ? Je voudrais bien faire ce plaisir à Beaujon, c'est quelqu'un de pur.

En juin, je dois parler devant de grands industriels allemands, il y aura aussi des banquiers, des gens de chez Krupp. J'appelle cela l'invasion allemande dans le domaine de l'esprit. Je ne sais pas encore si j'irai.

Vous devriez absolument lire les écrits de Hedwig Conrad-Martius (chez Kösel, à Munich) sur 1) l'Être 2) le Temps 3) l'Espace. C'est quelqu'un qui compte, mille fois plus solide et sérieuse que Jaspers.

Avec toute mon affection, etc.

Max Picard

239 a

Varese 30.5.1959

Mon bien cher ami

Je suis aujourd'hui à Varèse et je pense à vous toujours lorsque je suis dans un lieu qui me touche le cœur. J'ai lu, relu, « Histoire des Treize » de Balzac. Il a mieux compris la vie moderne sans ordre, mieux que Tocqueville. Mon bien cher ami, ne voyagez pas tant, cela ne vous fait pas de bien, j'ai peur pour vous.

Je vous embrasse

Max Picard

239 b

28.6.59

Mon bien cher ami

Je vous dirai que la phrase p. 24 : « Le monde des autres s'éclaire d'une lumière de plus en plus intense à mesure que le moi élucide davantage et plus héroïquement ses propres ténèbres », - je suis tellement d'accord avec vous que j'ai exprimé ça par les mêmes paroles dans un manuscrit. Quant à la mort et à l'immortalité, mon amie a dit ces paroles fondamentales : « Die Toten helfen uns, dass wir richtig nie urteilen, die Wahrheit über sie wissen »[1]. Je vous envoie la photo de ma maison pour faire croître en vous le désir de venir chez moi ici. Depuis que vous avez quitté Neggio, il n'y a pas d'ami qui a eu le permission de loger dans ma maison. Ce droit est seulement à vous.

Je vous embrasse

Max Picard

240

Starnberg

11 juillet 1959 - dictée

Mon bien cher ami

C'est moi-même maintenant qui tombe gravement malade, une infection, grande fièvre, mais il semble que je suis sauvé par la pénicilline. On a appelé Michel, ce que je n'aurais pas voulu, il est venu avec ma belle-fille et Gabriel. Je crois que tout cela passera bientôt.

Je vous embrasse.

Max Picard

---

[1] « Les morts nous aident à ne jamais prétendre que nous savons la vérité à leur sujet ».

241

13 juillet (1959)

Mon bien cher ami

Je reçois votre carte, qui me donne de l'inquiétude. Surtout faites-moi donner des nouvelles par Michel. J'espère bien que votre robuste tempérament, aidé par la pénicilline, vous permettra de surmonter sans trop de peine ce vilain accès de fièvre.

Je pars vendredi matin, Michel pourrait m'écrire un mot chez M. Chessex, 8 chemin de Roseneck, Lausanne.

Je crois que ces chaleurs sont dangereuses. J'ai été moi-même peu bien pendant quelques jours. Mais je ne crois pas avoir eu de fièvre. Je suis bien content que vos enfants soient près de vous.

Je réponds en retard à votre question. Oui, ma Tante était la sœur de ma mère. Pardon pour ce mauvais petit mot, qui a pour but unique de vous dire que je suis avec vous.

Croyez à toute mon affection.

G. Marcel

242

Loguivy de la Mer, 1er août (1959)

Cher ami

Je m'inquiète d'être sans nouvelles de vous ; et comme je n'ai pas avec moi votre adresse à Starnberg, je vous écris à Neggio. Je me demande si vous y êtes ; ce grand voyage risque de vous avoir fatigué. Heureusement Michel était là. Mais je crois plutôt que vous êtes encore à Starnberg.

Après un petit séjour en Suisse, je suis pour une semaine chez un très vieil ami[1] en Bretagne : nous avons été camarades de classe et avons

---

[1] Jean-Jacques Bernard.

partagé tant de choses... Il a perdu sa femme comme moi. Il a ici une maison charmante, au bord d'une baie solitaire ; les arbres descendent presque jusqu'à la mer. Je connais peu d'endroits aussi préservés. A la fin de la semaine je pars avec des neveux pour l'Espagne ; je vous donne mon adresse pour que vous puissiez me faire donner de vos nouvelles : Hôtel Manilla, San Vicente de la Barquera, province de Santander. Il me tarde de savoir quelque chose de vous. Je lis beaucoup mais ne suis pas capable de travailler vraiment.

Je vous envoie, avec mes vœux ardents de prochain rétablissement, mes pensées les plus affectueuses pour vous et les vôtres.

G. Marcel

243

Neggio le 15 août 1959

Mon bien cher ami

Je vous remercie de tout cœur de vos lettres. En effet, ma vie était en danger pendant quelques jours, il y avait un abcès provenant d'une dent qui causait une infection générale. J'ai reçu quelques injections de pénicilline et cela m'a guéri. Je suis de retour seulement depuis quelques jours, mais je n'ai pas envie de travailler, quoique j'aie promis une œuvre pour septembre. Je suis encore comme paralysé, pas le corps, mais l'esprit ou plutôt l'âme. Cela m'était impossible de lire les adresses que vous m'avez indiquées, il me faut donc envoyer cette carte à Paris - excusez-moi s.v.p. Pendant la maladie, j'ai pensé qu'il faudrait se revoir plus souvent, on ne sait jamais quand vient la fin. Mais j'étais toujours complètement tranquille.

Tout à vous,

Max Picard

244

Le Peuch, Ligneyrac par Meyssac (Corrèze)

(été 1959)

Mon très cher ami

Je suis bien heureux des nouvelles rassurantes que m'apporte votre carte. Je l'ai trouvée ici hier soir en arrivant d'Espagne où j'ai passé une dizaine de jours après de courts séjours en Suisse française et en Bretagne. Vous devez avoir été bien ébranlé physiquement. Heureusement Michel était là.

Je voudrais bien trouver une occasion d'aller vous voir cet hiver. Je vais à Vienne en septembre pour une conférence mais ne passerai pas par la Suisse. C'est trop long.

J'ai revu en Espagne des lieux admirables : Santander, Riano, Leon, et fait la connaissance de gens intéressants et lucides. La situation de ce pays reste affligeante au point de vue économique et aussi moral. On ne sait ce qui arrivera.

Je vous envoie mes pensées les plus affectueuses et mes vœux de prochain et complet rétablissement

G. Marcel

Je reste ici jusqu'à la fin du mois et peut-être un peu plus. Je jouis d'être avec mes enfants et petits-enfants.

245

28.9.59

Mon bien cher ami

Maintenant je me trouve bien rétabli ; un soir à Starnberg je croyais que tout était fini, mais je m'étonne comme j'étais complètement tranquille quoique j'aime à vivre et quoique je croie que même « i beati » au paradis ont envie de retourner à la terre, parce qu'elle est plus belle que le Paradis. Vos lettres, vos pensées m'ont aidé, elles étaient la meilleure médecine, et l'espoir que vous viendrez me trouver cet hiver m'est une consolation. Hier nous étions dans mon bien-aimé Vigevano (où est née la Duse). A Vigevano je suis là et pas là, partout et en aucun lieu, présent comme jamais et en même temps disparu et retourné. Peut-être je suis der « Urvater » (premier père, ancêtre, père fondateur) de Vigevano.

Je vous embrasse de tout mon cœur

Max Picard

Jean Huguet est un homme très rare, d'une âme toute pure et d'un esprit dirigé par la vérité.

245 (bis)

Neggio le 4 novembre 1959

Mon bien cher ami

Je vous remercie de tout mon cœur de m'avoir envoyé *L'heure théâtrale*[1] et d'y avoir inscrit un tel signe de votre affection envers moi. Je l'ai lu, pièce par pièce, et j'y trouve non seulement les principes du théâtre, mais de l'art en général. Ce que vous dites de la durée et du changement dans la durée, c'est mon propre avis. Je crois même que le vrai chef-d'œuvre, lui aussi, non seulement dans l'âme du lecteur, mais lui aussi, se change, a la faculté d'attirer les qualités des différentes époques, en manière que par exemple les pièces de Shakespeare présentent aujourd'hui *objectivement* un autre aspect que du temps de l'auteur. Je voudrais aussi vous dire que j'ai eu grand plaisir à pouvoir m'imaginer dans vos critiques, chaque fois, l'œuvre entière dont vous avez parlé - jusqu'aux spectateurs dans le théâtre. C'est le signe de votre perfection.

Je fais un travail qui ne me donne aucun plaisir avec Jaspers, Spranger, Jünger, d'autres encore ; il faut répondre, dans un grand essai, à la question : Où est l' homme d' aujourd'hui ? - Toute cette question et toute la réponse est depuis longtemps derrière moi, passé,

---

[1] Plon, Paris, 1959

je ne m'y intéresse plus, mais j'ai promis de faire cela au printemps et maintenant il est trop tard pour me retirer.

Veuillez croire, mon bien cher ami, etc.

Max Picard

246

Neggio le 8 décembre 1969

Mon bien cher ami

J'apprends seulement aujourd'hui que vous avez fêté vos soixante-dix ans. Je suis fâché de ne pas l'avoir su à l'avance. Mais de même que je n'aime pas les photographies de mes amis, pour le même motif je n'aime pas noter les jours de naissance. Un ami vit toujours dans mon âme et je sens comme une réduction de devoir me contenter d'une photographie ou d'un certain jour pour me souvenir de l'ami. Vous m'êtes présent, toujours vivant, et moi qui vis par les yeux je vois toujours devant moi votre visage qui m'accompagne. Je ne me trouve jamais isolé. Vous avez le grand don de pouvoir créer non seulement l'union des pensées fondamentales, montrer le fonds d'où elles naissent, mais aussi de créer l'union des âmes. Pour, tout cela, je vous remercie, et avant tout, d'être sur la terre. Je vous embrasse de tout mon cœur.

Max Picard

247

10 décembre (1959)

Très cher ami

Combien je vous remercie de votre lettre si affectueuse et si belle. Vous savez, n'est-ce pas ? ce que vous-même représentez pour moi et combien vous m'êtes nécessaire. Je reste décidé à aller vous voir en mars à l'occasion d'un voyage que je dois faire à Berne.

Cet anniversaire m'a valu de précieux témoignages, mais il n'en reste pas moins pénible, *quand on n'est plus deux*, deux cheminant ensemble vers l'indicible - d'avoir à prendre garde à son âge. Comme je le disais hier au cours d'un dîner qui m'était offert , je n'ai pas conscience d'avoir justement cet âge-là, mais plutôt tous les âges à la fois. Sentez-vous la même chose ?

Je vous dis ma profonde affection, cher ami - et merci, merci d'exister, d'être là…

votre

G. Marcel

248

24 décembre (1959)

Mon bien cher ami

C'est la veille de Noël, mais hélas ! je ne trouve en moi qu'angoisse et sombres pensées. J'aimerais savoir ce que vous ressentez, vous, dans cette maison que j'évoque si distinctement, à flanc de coteau.

Vous m'avez de nouveau gâté en m'envoyant de ce Lindor qui devient symbolique de quelque chose de précieux entre nous. Merci…

Voyez-vous, le peu d'avenir qui me reste est comme bouché, et je suis en proie à une grande fatigue plus morale que physique. Il m'a fallu acheter cet appartement où je suis depuis vingt-six ans et cela créera de grosses difficultés matérielles. D'autant que mon fils est de son côté dans la même obligation. La petite base de sécurité à partir de laquelle je pouvais penser librement est à peu près effondrée. Et puis mes enfants partent demain pour la Corrèze, je ne puis les accompagner parce que là-bas on ne peut chauffer qu'une pièce et qu'il me faut être tout le temps avec les enfants... Mais eux partis je me sens doublement seul et j'ai toujours peur qu'il ne leur arrive quelque chose en route. Je m'adresse à vous, vous voyez, comme à un médecin ou à un prêtre.

Je vous dis toute ma profonde affection.

G. Marcel

249

Neggio le 27 Février 1960

Mon bien cher ami

J'ai à vous faire deux communications, l'une triste, l'autre joyeuse. La triste : j'étais heureux tout l'hiver en pensant que je pourrais vous inviter dans ma maison ce printemps. Je n'ai plus de servante, il n'y en a pas, toutes les filles préfèrent travailler dans les fabriques, parce qu'on gagne mieux. Il ne reste pas autre chose à faire que d'écrire bientôt aux Sœurs Dominicaines de la Casa del Sole, Neggio, pour les prier de vous réserver une chambre. Je serais fort triste si vous ne pouviez pas venir. Peut-être mon amie viendra-t-elle en mars et avril de Starnberg, mais elle est si peu bien qu'elle peut à peine régler les petites choses dont elle a besoin. Elle ne peut pas aider. Il est aussi possible qu'elle ne soit pas assez bien pour venir et que je doive me rendre à Starnberg le mois prochain. En tout cas je serai de retour le 12 avril : M. Huguet vient me voir. Lui aussi habite chez les sœurs. Mais il est peu probable que je m'en aille à Starnberg, J'espère l'éviter.

La communication joyeuse est celle-ci. Un prêtre bouddhiste du Japon, qui avait lu mes livres dans l'édition japonaise, m'a écrit une lettre, en japonais, avec la traduction en allemand, et le post-scriptum suivant : « Les lignes du texte et l'encadrement de la lettre sont imprimés sur une matrice très ancienne, qu'on n'utilise que pour les textes sacrés du temple. Le pinceau est en bambou, la pointe en laine de mouton chinois, le papier est japonais. L'encre de Chine est celle qu'employait toujours le poète japonais Onoué, récemment disparu ».

Voilà des gens qui prennent le temps, qui aiment ce qu'ils font. Nous, nous n'avons jamais le temps, nous tuons le temps, et l'éternité avec.

J'ai lu le texte du P. Moeller sur vous ; c'est juste, vrai et beau. Je vous remercie beaucoup de me l'avoir fait envoyer. La lettre de Mlle Malard sur les cloîtres m'a fait du bien, elle aussi. Je vais écrire à l'un et à l'autre.

Ne travaillez pas trop. Vous représentez une telle force de concentration que le travail vient à vous de lui-même, vous n'avez pas à le rechercher.

Veuillez croire, etc.

Max Picard

250

Lundi

(1960)

Mon bien cher ami

Je reçois votre lettre et vous en remercie. Ne vous attristez pas : contrairement à ce que j'avais pensé, je devrai rentrer directement à Paris de Berne le 14 mars pour assister à 1a première du film de mon fils sur St Vincent de Paul. En revanche je retourne en Suisse en juin, pour une conférence à St-Gall, et compte en profiter pour aller vous voir du 10 au 12 ou au 13. J'habiterai chez les Dominicaines de façon à ne pas vous déranger.

Je n'ai pas bien pu lire ce que vous me dites du Japonais ; mais je comprends l'essentiel, qui ne me surprend pas. Je vous félicite. C'est dommage que vous n'y alliez pas. J'y retournerai peut-être dans un ou deux ans. Pourquoi n'iriez vous pas avec moi ?

En attendant, j'ai un énorme travail en perspective : on m'invite à donner à Harvard au printemps 1961 une série de dix conférences[1]. Je parlerai de la crise de l'homme dans la pensée contemporaine (à partir de Nietzsche et de Bergson, avec une introduction où je parlerai de Kierkegaard et de Marx).

Avez-vous quelques livres à me conseiller ? Je vais bien dans l'ensemble. Je pars dans huit jours pour Bayreuth, Erlangen, Bamberg et finalement Berne où je donne une conférence à la radio.

Donnez-moi des nouvelles de votre famille. Je suis peiné de ce que vous me dites de la santé de votre amie. Ne retombez pas malade à Starnberg, qui doit évoquer de bien mauvais souvenirs…

Connaissez-vous un auteur autrichien du XIXe siècle que j'ai découvert, Ferdinand von Saar ? C'est remarquable. J'ai trouvé à Hambourg son œuvre rééditée à Vienne. Je vous dis toute mon affection. Dieu vous garde.

G. Marcel

251

Neggio le 7 mars 1960

Mon bien cher ami

Je suis très heureux que vous veniez en juin. Vous me manquez vraiment, je ne connais personne, sauf Michel, qui me manque tant. Cette manière d'exister est si forte chez moi que je crois que je me vole le temps quand j'écris mes livres. Je vous embrasse avec affection

Max Picard

---

[1] Elles ont paru sous le titre : *La dignité humaine et ses assises existentielles.* Aubier, 1964.

252

Starnberg le 16 mars 1960

Mon bien cher ami

Je m'en doutais : j'ai dû aller à Starnberg parce que mon amie Mlle König est tombée malade. Pour moi je n'aurais pas fait le voyage, mais pour quelqu'un d'autre cela va. Pourquoi faire des voyages ? Tout ce qu'il y a au monde se trouve déjà à Neggio. Je préfère voir le monde tourner autour de Neggio que de faire tourner moi et Neggio autour du monde. Je vous embrasse avec affection

Max Picard

253

14 avril (?) 1960

Mon bien cher ami

Je suis si heureux que vous veniez. J'ai fait réserver une belle chambre chez les sœurs de Neggio et vous êtes mon hôte, c'est entendu, je ne pourrais pas faire autrement, n'en discutons pas.

Je vous envoie un essai sur Pascal, j'espère qu'il ne vous déplaira pas.

Je vous embrasse avec affection

Max Picard

254

30 mai (1960)

Mon bien cher ami

Je suis heureux de savoir que les livres vous sont parvenus ; je craignais qu'ils ne se fussent égarés. Je compte arriver de Zurich le

12 juin dans l'après-midi. Je n'ai pas d'horaire sous les yeux, et vous récrirai de Zurich le 8 juin pour vous dire l'heure exacte. Il faut voir aussi quand il y a une auto postale de Lugano pour Neggio. A Zurich j'habiterai chez mon ami Georges Poulet, 16 Langwattstrasse, Zollikerberg. Je repars de Zurich le 9 pour St-Gall et reviendrai à Zurich le 10.

Je suis très fatigué tous ces temps-ci et me réjouis de ces deux ou trois jours calmes que je passerai à Neggio. Ma jambe me fait souffrir ces jours-ci, et c'est surtout chez les Dominicaines que nous pourrons nous voir.

Je vous dis ma profonde affection.

G. Marcel

255

juin (1960)

Mon bien cher ami

Je viens de me renseigner exactement sur les heures de train. Je serai à: Agno dimanche à 14 h 21. Mais il n'y a pas de correspondance pour Neggio : il faudrait donc qu'on ait la grande obligeance de me chercher en voiture à Agno. Je m'excuse de cette complication. Mais autrement je ne pourrais arriver qu'à 19 h 30, et perdrais ainsi un après-midi. Je pars demain en avion pour Zurich. A bientôt, et très affectueusement

G. Marcel

256

Für meinen Herzensfreund[1]

Neggio

15 juin 1960

Très cher ami

Je ne veux pas attendre d'être à Paris pour vous dire comme cela a été merveilleux d'être avec vous, de vous écouter, et de sentir cette présence entre nous et en nous. J'ai été à bien des moments tout près des larmes, vous l'avez senti, n'est-ce pas ?

Non, je ne vous oublierai pas ; comment vous oublierais-je ? Je prierai pour vous ; pour votre sommeil et pour ceux que vous aimez.

Je vous embrasse avec une tendresse presque douloureuse

Gabriel

257

Paris le 18 juin 1960

Mon bien cher ami

Rentré à la maison, j'évoque avec émotion et gratitude les heures si précieuses que j'ai passées auprès de vous. Ce n'est pas là du passé, mais plutôt quelque chose qui enrichit mon présent. Je suis de nouveau sur la terrasse et je vous écoute avec ravissement. Je pense à tous ces êtres dont vous m'avez parlé d'une façon qui m'a captivé. Par exemple à cet Anwalt de Munich et à son amie juive, quelle émouvante et admirable histoire ! Et aussi à tout ce que vous m'avez dit de l'histoire de Mademoiselle König, elle aussi m'habite maintenant.

Mon voyage s'est très bien passé. Le changement de train m'a été grandement facilité par l'amie de Mme Kägy. Et par chance, je me

---

[1] L'ami de mon cœur, mon très cher ami.

suis trouvé après Bâle dans le même compartiment que quelqu'un avec qui je cherchais à reprendre contact depuis des mois.

Jamais je ne pourrai assez vous dire combien je vous remercie pour ces quelques jours. Dites aussi ma profonde affection à Michel. Je vais tâcher de trouver une pierre pour le petit garçon, mais pour éviter les ennuis de douane, je l'enverrai plus tard de Suisse où je retournerai sans doute en juillet.

Après cet intermède, je reprends le collier avec un courage souvent défaillant.

Mais il faut bien tâcher de tenir jusqu'au bout. J'aimerais pourtant très sincèrement que ce bout-là ne fût pas trop éloigné - ou du moins, il me semble que je l'aimerais : c'est peut-être une illusion, je suis sans doute plus fortement accroché à la vie que je ne le crois.

Je vous embrasse, mon ami, et fais des vœux à la fois pour votre sommeil et pour l'achèvement de ce livre mystérieux dont je ne sais rien.

G. Marcel

258

Le Peuch, Ligneyrac par Meyssac (Corrèze) (1960)

Mon bien cher ami

J'ai été heureux d'avoir de vos nouvelles mais vous ne me dites rien de votre santé et de votre travail. J'aimerais aussi savoir que les vôtres vont bien, je pense particulièrement au cher petit Gabriel. Le séjour à Sils Maria lui a-t-il été profitable ?

Mes vacances vont bientôt se terminer. Je suis depuis trois semaines en Corrèze dans cette vieille maison qui m'est si chère, mais où j'étouffe parfois de chagrin[1]. Je me prépare à une rentrée qui sera très lourde et commence à prendre des notes pour mes leçons de

---

[1] A cause de la mort d'Henri Boegner, frère de Jacqueline Marcel, et compagnon de toujours.

Harvard. Je vous renvoie la lettre de M. Sano qui est vraiment un ami extraordinaire de compréhension délicate. Je continue à penser que vous devriez accepter son invitation. Le Japon vous séduirait, j'en suis certain, tout au moins Kyoto et ses environs. Le voyage n'a plus rien d'effrayant.

La situation du monde reste bien angoissante.

Cher ami, je pense à vous avec tendresse, au cher Neggio et à nos heures sur la terrasse. Quelque chose de moi est resté là-bas, pour toujours.

Je vous embrasse...

votre G. Marcel

Rappelez-moi au souvenir de Mlle König. J'aimerais penser qu'elle est encore avec vous, mais c'est peu probable.

Je trouve très curieuse l'idée de M. Sano d'après laquelle la politique est affaire de physique. Ce n'est tout de même pas si simple, mais il est *vrai* que chacun de nous n'a pas à s'occuper de politique.

Je travaille en ce moment sur une idée que je vous soumets : dans nos démocraties plus ou moins socialistes chacun de nous est soumis à trop de réglementations, dont il est censé - faussement - être responsable, puisque l'État c'est soi-disant nous tous. D'où un avilissement, une dégradation de l'idée d'obligation, qui ne peut plus, comme au temps de Kant, fournir le principe d'une éthique digne de ce nom.

259

Paris le 12 septembre (1960)

Cher ami

Je viens de lire les pages inspirées que vous avez consacrées à l'Homme d'aujourd'hui. Elles éveillent en moi un profond écho. Vous n'avez rien écrit de plus dense et où vous soyez plus pleinement vous-même. Je pense avec vous - c'est une sorte de *mit-schwingen*, une sorte d'élan commun. Mais ce *Mehr*, ce *plus* dont vous parlez sans cesse m'intrigue ; personnellement je tâcherais d'exprimer cela de façon moins formelle. Au fond c'est de la création que vous parlez. Les abominables constructions qui sont maintenant autour de Paris comme une ceinture de laideur, de *Unheimlichkeit*[1] confirment par la négation tout ce que vous dites. Je m'y référerai sûrement dans mes leçons de Harvard, auxquelles j'ai commencé à réfléchir. Mais ce n'est pas encore tout à fait distinct dans ma pensée. J'ai une rentrée sombre et difficile, Pensez à moi... Vous m'aiderez de loin.

Je vous embrasse.

G. M.

260

Paris le 20 décembre 1960

Mon cher ami

Tout d'abord un grand merci pour les plaques de Lindor, qui comme toujours ont fait des heureux autour de moi. Votre affectueuse sollicitude ne se dément jamais. Je vais vous envoyer un très curieux roman, récemment paru dans ma collection « Feux Croisés », *l'Avocat du diable*[2], qui ne manquera pas, je crois, de vous intéresser, malgré la qualité médiocre de la traduction.

J'ai eu un trimestre entrecoupé de courts voyages en Grande-Bretagne, en Belgique et en Suisse, dans quelques villes de l'Ouest de la France, et ai passé moins d'un jour à Milan, entre deux avions. Il ne pouvait malheureusement être question d'aller jusqu'à vous. J'entre maintenant dans une période beaucoup plus sédentaire ce qui est indispensable pour que je puisse enfin préparer tranquillement les conférences que je dois donner l'automne prochain à l'Université de Harvard. Ce seront, je pense, surtout une série de méditations sur le problème de l'homme tel qu'il se pose aujourd'hui en présence des

---

1 Ce qui est contraire à l'intimité, angoissant.

2 De Morris West

menaces qui s'accumulent de toute part. Ai-je besoin de vous dire que la situation ici nous donne les plus graves préoccupations. J'avais constaté au mois de juin que Michel comprenait admirablement la nécessité pour l'Algérie de rester dans le cadre français. Mais De Gaulle a déclenché un processus fatal qui risque d'aboutir non seulement à une république algérienne, mais à une Algérie en passe d'être absorbée par le bloc communiste, ce qui serait une catastrophe, non seulement pour nous, mais pour l'Europe et la civilisation tout entière. La seule chose réconfortante actuellement c'est la sagesse remarquable dont font preuve les Africains francophones ; ils sont à peu près tous en garde contre les tentatives de séduction auxquelles se livrent les Soviétiques et les Chinois pour les attirer.

Il n'en reste pas moins que le danger est partout, notamment à Cuba, qui risque de devenir une tête de pont communiste en Amérique du Sud.

Je me demande ce que vous pensez de tout cela et aussi comment vous allez. Il y a longtemps que je ne sais rien de vous, et cela me manque. A quoi travaillez-vous ?

J'ai reçu tout récemment la visite d'un professeur à la faculté de médecine, M. Marois, qui cherche à mettre sur pied un Institut de la vie, destiné à défendre la vie contre toutes les forces qui tendent à la combattre ou à la stériliser ; de très nombreux concours étrangers sont déjà assurés ; il s'agit d'un institut international. Cela pourrait-il vous intéresser en quelque manière ? Il me tarde de vous lire ; en attendant, je vous envoie mes plus affectueuses pensées et mes vœux pour cette nouvelle année.

Votre ami

G. Marcel

Avec le livre, je vous enverrai un joli album pour Gabriel.

261

Neggio le 7 janvier 1961

Mon bien cher ami

Vous me demandez ce que je pense au sujet de votre pays. Eh bien ! rien de bon. De Gaulle se conduit comme s'il était son propre monument, hors de toute vie réelle, un monument sans public, dans une salle où on a fait le vide. C'est un homme qui a de la grandeur, de l'élévation, du répondant, peut-être est-il dépourvu de vanité, en tout cas désintéressé, vraiment noble, un homme comme il ne s'en trouve plus de nos jours. Mais toutes ces qualités ne font pas un homme politique car il est seul de son espèce, sans personne en face de lui qui puisse proposer une autre politique. D'ailleurs je pense qu'il n'y a rien à faire. Cela me fait de la peine, mais j'ai la certitude que la France doit se retirer totalement de l'Algérie. Une Algérie coupée en deux ne servirait qu'à susciter de nouvelles dissensions ; il n'y a aucun doute, les Algériens n'auront de cesse que les Français aient quitté l'Algérie. Que ce pays passe au communisme me paraît non impossible, mais improbable ; cela risquerait de se produire en cas de partage en deux, car alors le FLN s'appuierait sur les communistes, mais sinon, je ne le crois pas. Mais plus on retarde l'opération chirurgicale, si pénible ! plus la France en sortira affaiblie, et moi je ne voudrais pas que la France soit faible. Je suis sûr que De Gaulle voit parfaitement la nécessité de donner l'indépendance à l'Algérie, seulement il lui manque la force d'opérer définitivement. C'est l'homme des décisions à très longue portée (1940 !) , mais non des décisions rapides, instantanées. Tout cela me fait infiniment de peine.

Je vous remercie pour le roman, que je n'ai encore pu lire. Demain, le 8 janvier, Gabriel a douze ans ; je vais donner un livre du grand Gabriel au petit Gabriel, cela, lui fera un tel plaisir. Je n'ai jamais vu un enfant doué d'un sens de l'observation aussi aigu, tout en gardant intacte son enfance.

J'ai reçu un coffret de laque japonaise sur lequel M. Sano, mon traducteur, a tracé, en japonais, en lettres d'or, le mot « fidélité » ; le directeur du service des lépreux à l'Université a écrit « amour », et le troisième de mes amis, un prêtre bouddhiste, a mis « vénération ». Dans sa lettre, M. Sano me dit qu'un cadeau venant de trois personnes a plus de valeur qu'un cadeau venant d'une seule : n'est-ce pas beau ?

Je voudrais que vous cessiez de voyager tant et tant. On en tire peu de bénéfice en définitive, et une santé compromise, c'est trop cher pour ce peu d'avantages matériels. Cela ne me fait pas plaisir que vous fassiez tant de voyages.

De tout cœur votre fidèle

Max Picard

262

Neggio le 24 février 1961

Mon bien cher ami

Je lis aujourd'hui dans le journal que Joseph Knecht vient de faire paraître votre livre *Augenblick und Unsterblichkeit*[1]. Je serais très heureux si vous vouliez me faire parvenir un exemplaire de cette traduction allemande. Il y a quelques jours, je vous ai envoyé un paquet de chocolat.

Amicalement

Max Picard

[1] En français : *Présence et Immortalité.*

263

28 février (1961)

Cher ami

Merci pour tout, pour le chocolat, pour le poème en prose sur la neige, pour le texte reçu hier, que je n'ai pas encore lu. Je vous ferai envoyer le livre par Knecht, mais vous l'avez lu en français, sûrement.

Je vais bien, mais j'ai les yeux très fatigués et dois beaucoup les ménager. Je prépare mes leçons pour Harvard, c'est difficile. Je veux surtout montrer le chemin que j'ai suivi en direction d'une problématique de l'homme. J'ai aussi commencé une pièce, mais qui n'est pas encore mûre.

Peut-être va-t-on arriver à un dénouement du drame algérien, mais ce ne sera pas facile.

Je pense à vous avec toute mon affection. J'évoque les jours de Neggio, l'an dernier.

Votre ami

Gabriel

264

Starnberg, le 23 juin 1961

Mon bien cher ami, je dois à l'abonnement au Monde que Michel m'a donné pour ma fête d'avoir lu que vous avez reçu un prix de l'Institut des Sciences Morales et Politiques. Je vous en félicite et croyez-moi, je me sens honoré comme vous par un honneur qui vous est attribué, tant je suis lié à vous. Je suis depuis un mois ici à Starnberg chez mon amie Mlle König, après avoir vécu de cruelles nuits avec peu de sommeil. Maintenant je me porte bien et je dors bien, c'est tout ce que je veux. - Je regrette que vous alliez en Amérique, je n'aime pas que vous alliez si loin.

Je vous embrasse,

Max Picard

265

Paris le 28 juin 1961

Mon cher ami

Merci beaucoup pour votre carte et pour vos affectueuses félicitations. Ce prix n'est pas en lui-même très important, mais cependant m'a fait plaisir.

J'avais lu avec intérêt votre petit article du *Rheinische Merkur* sur le Ciel. Vous exprimez là une idée profonde. C'est un thème sur lequel il faudra revenir. La situation ici nous donne les plus grands soucis. Elle présente à bien des égards un caractère pré-révolutionnaire. L'anarchie gagne et j'ai l'impression très nette que le chef de l'État ne domine absolument plus la situation. Les procès militaires posent à la conscience un problème des plus angoissants.

Je vous assure que je ne me réjouis pas du tout d'aller aux États-Unis. Mais je n'avais pas le droit de refuser. Ce sera extrêmement fatigant et je voudrais déjà être de retour. Heureusement, cela ne durera que deux mois et non pas trois comme je l'avais d'abord cru.

Je ne puis vous écrire plus longuement aujourd'hui, mais vous envoie, mon très cher ami, l'expression de ma profonde affection. Dites à Michel combien je lui suis reconnaissant de la peine qu'il a prise pour moi[1]. Mais les Wahl vont, je crois, retourner dans les Dolomites. Je ne songe nullement à aller les rejoindre. La région du Haut-Adige va devenir d'ailleurs elle aussi un foyer de terrorisme.

G. Marcel

[1] Il s'était occupé de trouver pour l'été des chambres pour les Wahl.

266

24 août 1961

Rêve de Gabriel, dans la nuit du 6 au 7 août.

Quand il se réveilla, il alla vers sa mère et lui dit : « Tu sais, Maman, j'ai la bouche toute pleine de rêve ». Il lui raconta son rêve et, dans l'après-midi, il vint avec son père et je lui demandai de me raconter son rêve, à moi aussi. Le voici.

« C'était dans le cimetière de Sant'Abbondio, près de Montagnola. Les morts étaient là. Le fossoyeur et les autres personnes croient que les morts sont morts, mais ils vivent. Je les voyais, moi, mais le fossoyeur ne les voyait pas. J'ai dit : « C'est beau, cette vie, cette vie des morts ». Je n'avais pas pensé exactement que c'étaient des morts, je ne savais pas ce que c'était, et tout à coup j'étais mort aussi, sous la terre.

Je suis mort pour les gens, mais pour nous, les morts, que je voyais, je n'étais pas mort. On me faisait un enterrement, je le voyais de ma tombe. Mais je n'étais pas dans un cercueil, j'étais sous la terre, un demi-mètre de terre au-dessus de moi. J'ai vu qu'elle n'était pas belle, cette tombe, avec des pierres, et j'ai dit : « Ce n'est pas beau, ici, » et aussitôt des fleurs se sont mises à pousser, des petites fleurs jaunes avec beaucoup de branches, des chrysanthèmes. La tombe devenait plus grande. Quand l'enterrement a été fini, j'ai essayé de me lever, je me redresse, je m'assieds, je sors de la tombe, je vois mes amis et je leur parle. Nous parlons ensemble. Le fossoyeur ne nous voit pas, il ne nous entend pas parler. Nous passons juste devant lui, nous allons dans la prairie jouer à chat.

La petite fille que j'aime bien est arrivée, elle était morte pour les gens mais pas pour nous. Nous sommes allés à sa rencontre. Nous jouions aux ombres chinoises, nous faisions des silhouettes de dragons avec des gueules qui mordaient. Pour nous, c'étaient des ombres, mais pour les gens c'étaient des dragons vrais. D'autres amis arrivaient, nous nous sommes remis à jouer à chat.

Tout autour du cimetière il y a un mur, enfin, un mur pour les gens, parce que pour nous c'était un mur transparent, qui s'en allait loin, loin, jusqu' à l'horizon, en remontant vers le ciel, dans l'infini.

Il y avait une vieille route le long du cimetière, une route qui faisait un coude, avec une petite chapelle, peinte en bleu à l'intérieur. Dedans, il y avait une Sainte Vierge. La petite chapelle était fermée avec une grille de fer. La Sainte Vierge vivait dedans, mais sans manger. Une sorcière l'avait ensorcelée et personne ne savait qui c'était, la sorcière. Pour les gens qui vivent sur la terre c'était juste une Sainte Vierge peinte sur le mur, mais nous, nous savions bien qu'elle était vivante, elle parlait, souvent même elle nous donnait de bonnes idées. Pour nous, il n'y avait pas de nuits comme pour les gens. Une fois par semaine, la Sainte Vierge sortait de la chapelle sous la forme d'une colombe blanche, qui volait au-dessus du cimetière, en spirales, pour finir par disparaître dans le ciel. Puis elle revenait dans la petite chapelle. Lorsqu'elle disparaissait, elle restait peinte sur le mur de la chapelle, pour les gens ; mais nous, nous savions.

Il y avait aussi un petit démon, avec de petites cornes, plutôt sympathique, pas méchant du tout ; il ne faisait rien de méchant. Quand nous allions dormir sous la terre, il nous chatouillait pour nous réveiller. Il était farceur, il aimait bien jouer.

Mon camarade de l'école, celui qui à fait une chute l'année dernière et est mort, eh bien ! lui, il s'est relevé de sa tombe et il a rejoint les vivants de la terre et nous n'avons plus rien su de lui. Les garçons qui étaient vivants pendant que lui était mort, sont venus nous rejoindre.

Une fois, nous étions trois, nous avons décidé d'aller nous baigner ; nous étions morts, personne ne nous voyait. Sur la plage, nous sommes redevenus vivants, comme tous les gens, nous ne menions plus la vie des morts. Nous nous sommes baignés, nous nous sommes noyés dans le lac, nous sommes redevenus morts pour les gens de la terre - mais nous étions vivants. Plusieurs fois, ça a recommencé, nous sortions du cimetière, nous vivions avec tous les gens, puis de nouveau c'était la vie des morts.

Mais quand nous étions vivants avec tous les gens, nous pouvions quand même voir la Sainte Vierge en chair et en os, ce n'était pas une peinture, nous parlions avec elle.

***

Mon cher ami

Je vous envoie le rêve de Gabriel, auquel je n'ai ni ajouté ni retranché un mot. Pas besoin de commentaire. Dieu soit loué ! les commentaires ne feraient que l'appauvrir. Ce qui est extraordinaire, c'est que le sens de son rêve échappe à Gabriel, ce qui l'intéresse c'est avant tout d'être avec les autres garçons, ses amis. Lorsque j'entends les bavassages des curés sur l'immortalité de l'âme, je reste de glace, je ne crois pas un mot de ce qu'ils racontent, je deviens plus voltairien que Voltaire même. Le rêve de Gabriel s'enveloppe d'immortalité comme d'un manteau.

Je vous embrasse

Max Picard

267

Le Peuch, 3 septembre (1961)

Très cher ami

Je trouve votre lettre ici, où je suis arrivé hier soir après avoir beaucoup circulé.

Comme je vous remercie de m'avoir envoyé ce rêve de Gabriel, que je garderai précieusement comme un témoignage de ce monde invisible, sans lequel ce monde-ci ne peut plus être supporté. L'étau se resserre chaque jour davantage et je pense que celui qui tient les rènes chez nous a perdu la raison. La désaffection et la défiance ici sont générales.

Je rentre à Paris le 10 et ai beaucoup à faire encore avant mon départ pour les U.S.A. le 15 octobre.

Les miens vont bien, il y a un petit enfant en plus chez mon fils, qui s'appelle Vincent et que nous trouvons merveilleux.

Pardon pour ce mot hâtif, que je continuerai peut-être un peu plus tard.

4 septembre. J'emporterai le rêve de Gabriel avec moi dans mon voyage aux États-Unis comme un talisman contre la tristesse et le découragement. Car je ne saurais vous dire à quel point ce voyage me pèse. Je vais parler dans je ne sais combien d'Universités, et il me semble que je n'ai pas grand chose à dire. J'ai lu le tome I du Nietzsche de Heidegger. L'avez-vous lu ? C'est en partie intéressant, mais la prétention de Heidegger est vraiment exaspérante.

Cher ami, je vous envoie mes pensées les plus affectueuses pour vous et les vôtres

G. Marcel

268

7.4.62

Mon bien cher ami

Je suis si heureux que vous soyez retourné de l'Amérique, j'y ai pensé avec souci et aussi chagrin. C'était trop pour vous, j'en ai peur. Je vous envoie la semaine prochaine du chocolat. Lisez s.v.p. le livre de Emmanuel Levinas, c'est le dernier livre de lui, j'ai oublié le titre. C'est un livre exceptionnel.

Je vous embrasse

en fidélité

Max Picard

269

Paris le 11 avril 1962

Mon bien cher ami

Merci beaucoup pour votre carte (j'aime tant Guardi) et aussi pour la chocolat, que je reçois à l'instant. Vous êtes vraiment trop bon d'avoir toujours de semblables attentions.

J'ai eu l'occasion de retourner à Hambourg il y a quelques semaines et de parler de vous avec Mlle Schiller. Je dois encore aller deux fois en Allemagne avant l'été, l'une en Allemagne du Nord, la seconde à Nuremberg où je dois recevoir la médaille Pirckheim. Au cours de ce second voyage, j'irai aussi à Freiburg et à Ravensburg, que je ne connais pas encore. Si jamais vous étiez en Allemagne à cette époque, nous pourrions nous rencontrer quelque part.

Je ne vous étonnerai pas en vous disant que les événements récents nous ont fortement secoués. Si les accords d'Evian sont correctement appliqués, ils peuvent être le point de départ d'une période meilleure. Mais il faudrait que les fous de l' O.A.S. fussent définitivement mis hors d'état de nuire. Par leurs méthodes abominables, ils se sont mis au ban de l'humanité - ce qui ne veut pas dire bien entendu que les Européens d'Algérie ne soient pas très à plaindre. Tout cela est un terrible drame qui n'est certes pas terminé.

Je connais fort bien la thèse de Lévinas, car on m'a demandé, chose tout à fait inhabituelle puisque je ne suis pas professeur à la Sorbonne, de faire partie de son jury. C'est un livre où il y a beaucoup à prendre et je vois très bien ce que vous aimez en lui.

Vous devriez écrire à Lévinas, je suis sûr que cela lui ferait très grand plaisir, (École Normale Israélite, 59 rue d'Auteuil, Paris XVI°). L'homme est fort bien et d'une intégrité certaine.

Je vous signale à tout hasard un roman allemand que j'ai lu avec le plus grand plaisir et que nous allons publier, c'est *Der Maulwurf und die Schwalbe* de Roland Marwitz. Le livre a paru chez Hegner. Cela se passe à Berlin à l'époque d'Agadir, et je trouve que c'est d'une qualité rare.

Je ne sais pas du tout encore ce que sera mon été. Il est possible que je passe quelques jours dans le Valais auprès de mon amie

Mme Chessex, qui a perdu son mari. C'était un homme excellent, et elle est inconsolable. Je n'oublierai jamais que c'est de chez eux que j'ai été à Caslano la première fois. Ma femme était encore là, mais pour bien peu de temps.

Donnez-moi des nouvelles de Michel et de sa famille. Vous savez comme ils sont près de mon cœur, ne serait-ce que parce qu'ils sont vous-même.

Je vous embrasse avec ma profonde affection.

G. Marcel

270

4 mai (1962)

Très cher ami

Je viens de recevoir votre si beau, si précieux petit livre, et je viens tout de suite vous dire le plus profond merci. Les pages d'introduction *sont parmi les plus belles que vous ayez écrites*. Et ces visages sont bouleversants[1].

J'en parlerai dans un texte destiné à la Radio italienne, sur le dernier livre de Thibon, *Vous serez comme des dieux*, une sorte de drame philosophique qui se situe dans un monde où les hommes ont vaincu la mort et de ce fait perdu leur âme.

Je pars demain pour Dusseldorf où je fais une conférence. En hâte et très affectueusement, et encore merci.

G. Marcel

---

[1] *Le visage humain* (Die Grenze der Physiognomik) chez Buchet-Chastel.

271

Paris le 28 septembre 1962

Monsieur

Monsieur Gabriel Marcel, étant en clinique depuis quelques jours pour y subir examens et radios, et, selon les résultats de ces derniers, probablement une opération, m'a priée de vous remercier de votre carte et de vous dire qu'il regrettait de ne pouvoir vous écrire personnellement en ce moment, et de vous transmettre toutes ses affectueuses pensées.

Veuillez, etc.

la secrétaire

Denyse Lanoé Mallet

272

Clinique St-Jean de Dieu

Mardi

(automne 1962)

Très cher ami

Deux mots pour vous dire que je me remets très bien de l'opération, qui s'est faite sans difficulté. Je pense rentrer chez moi dans huit jours environ. Je ne souffre plus du tout.

Mais moralement c'est tout de même une dure épreuve quoique tout le monde soit si affable, si bon…

Donnez-moi de vos nouvelles. Je pense à vous avec toute mon affection.

G. Marcel

273

Neggio, le 6 octobre 1962

Mon bien cher ami

Je suis très triste que vous soyez malade et encore plus triste que vous soyez dans une clinique. J'espère que vous êtes dans les mains d'un homme humain, pas dans le mécanisme d'une fabrique de malades. Mais avant tout il faut avoir du courage, et le prendre comme naturel de guérir. Vous avez l'esprit qui a la suprématie sur le corps. Je connais un ami qui, selon les opinions des médecins, et des meilleurs, devrait être mort déjà depuis vingt-cinq années; en effet il a un pouls très, très petit, à peine à trouver, et un cœur non seulement arythmique mais anarchique. Et il fait des promenades à pied de sept ou huit heures par jour. Mais c'est son esprit et son âme qui guident son corps. Vous aussi avez la force de l'esprit et de l'âme pour vaincre la maladie. Il ne faut pas penser à la maladie ou à l'opération chirurgicale future, il faut penser que tout cela est déjà passé avant qu'il soit passé.

Je vous embrasse.

Max Picard

274

Clinique St-Jean de Dieu 16 octobre (1962)

Cher ami

Merci pour votre lettre.

Ceci est pour vous rassurer : *je rentre chez moi demain*, pour revenir à la clinique dans cinq à six semaines pour la seconde et dernière opération. Je suis aussi bien que possible et ai même très bonne mine. Je pense à vous, et à tout ce qui vous enveloppe et vous fait vous, - et je vous aime beaucoup

G.

275

Neggio le 5 janvier 1963

Mon bien cher ami

J'apprends avec satisfaction que vous êtes rétabli, je suis tranquille maintenant. J'ai seulement peur que vous n'abusiez de vos forces en allant au Maroc. Faites attention, je vous en prie. Je me permets de vous prier de faire un compte-rendu du *Visage humain* dans une revue ou un journal (Figaro littéraire ?). C'est la première fois que j'ose vous demander une chose pareille. Mais c'est pour moi cette fois très important, excusez-moi, s.v.p. Et seulement si cela ne vous dérange pas.

De nouveau mes meilleurs vœux

votre très fidèle ami

Max Picard

276

23 janvier (1963)

Mon cher ami

Je voudrais que vous m'expliquiez quelque chose que je ne comprends pas. Le volume français « le visage humain » et le volume allemand « Das Menschengesicht » *ne se correspondent pas*. D'autre part je ne retrouve pas votre volume sur « Die Grenzen der Physiognomik », qui m'aurait peut-être éclairé.

J'ai passé à la Table Ronde une petite étude[1] où je comparais votre conception du Visage et celle de Lévinas. Mais je voudrais d'abord un éclaircissement de votre part sur cette non-correspondance entre le volume français et le volume allemand[2].

---

1 'Imago Dei' *La Table ronde*, avril 1963.

2 Cf. lettre du 4 mai 1962, n. l.

Je vais bien, mais le froid est éprouvant. Comment est-ce à Neggio ?

Très affectueusement

G. Marcel

277

2.1.63

Mon cher ami

Vous avez raison, le titre *Le visage humain* ne correspond pas à *Das Menschengesicht. Le visage hunain* de Buchet-Chastel contient *Die Grenzen der Physiognomik* et Buchet-Chastel ont changé le titre, contrairement au contrat avec Rentsch. Au contrat entre Rentsch et Buchet-Chastel était fixé le titre ainsi : *L'homme et son visage*, et ce titre aurait correspondu au contraste qui peut exister entre l'homme et son visage. Naturellement nous avons protesté contre cette violation de contrat. Je me permets de répéter combien je serais heureux et reconnaissant si vous vouliez faire un compte-rendu du livre. J'espère que votre « recréation » continuera et j'espère aussi que vous ne vous chargerez pas trop d'activité, il vous faut plus de repos et une activité plus « adagio ».

Je dis ça par amour pour vous.

Amicalement

Max Picard

277 a

28 mars 1963

Mon bien cher ami

Je suis triste, de n'avoir pas de vos nouvelles. Je suis inquiet quand des semaines se passent sans savoir comment vous vous portez. Je suppose que vous êtes retourné du Maroc. Je vous ai envoyé il y a quelques semaines une interprétation d'un poème de Brecht, ne l'avez-vous pas reçu ? Je trouve ce poème très très beau. Mon interprétation est parue dans l'« Universitas » et je vous ai envoyé un exemplaire. J'attends de vos nouvelles et je vous prie de croire à mon amitié toujours fidèle.

Max Picard

278

Dimanche

(début avril 1963)

Très cher ami

Je trouve votre carte au retour du Maroc où je viens de passer trois semaines (conférences). Très beau et intéressant voyage ; mais que peut ce pays sans nous ? A peu près rien. A notre départ ils n'ont gagné que des satisfactions d'amour-propre. Il reste beaucoup de Français, surtout dans l'enseignement. Ceux que nous avons vus ici sont en général remarquablement sympathiques. Je dis « nous » parce qu'une jeune femme m'accompagnait, remplaçant une secrétaire.

J'ai un sixième petit-enfant, un nouveau garçon. Mais nous avons de grandes peines ; une de mes belles-sœurs meurt lentement d'un cancer. On n'en aura jamais fini avec ce fléau.

J'ai corrigé les épreuves d'un article sur vous que je donne à la Table Ronde. Titre : « Imago Dei, introduction â la lecture de Max Picard. » Vous verrez ce que je dis.

Je vous quitte, ami ; ce soir je ne tiens plus debout après ce voyage fatigant la nuit dernière. Il fallait que j'arrive à temps pour entendre ma pièce *le Monde cassé*, donnée à la radio par les artistes de la Comédie Française. Émission remarquable.

Je vous serre la main avec ma profonde affection

G. M.

Le poème et le commentaire dont vous me parlez sont peut-être arrivés à mon adresse, je ne les ai pas encore vus. Je suis sans secrétaire ces jours-ci. C'est odieux.

279

Neggio, 6 avril 1963

Mon bien cher ami

J'ai été très ému en lisant votre essai sur moi dans la Table Ronde, et presque épouvanté en apprenant qui je dois être. Vous devez savoir que je n'ai conscience ni de ma personne, ni de mes livres. Souvent, quand je suis cité par un autre écrivain, ou quand je trouve une phrase de moi comme *motto* sur la couverture d'un livre, je m'épouvante de la vérité de ce qui est écrit, j'ai complètement oublié que c'est moi qui suis l'auteur de la phrase en question. Vous comprenez maintenant que j'ai pris quasi pour la première fois connaissance de moi-même... Et si je perds encore la connaissance de ma personne, je suis tranquille, je sais qu'elle est conservée, de la manière la plus noble, chez vous. Merci.

Votre fidèle ami

Max Picard

280

Paris le 6 décembre 1963

Mon cher ami

Savez-vous que je m'inquiétais beaucoup à votre sujet, n'ayant eu aucune réponse à ma lettre. Je m'inquiétais même d'autant plus que Michel, à qui j'avais écrit ne m'a pas répondu non plus. J'étais sur le point d'écrire aux Dominicaines de Neggio pour leur demander ce qui se passait et si vous étiez malade. Le petit volume de Hebel, reçu hier, et qui porte une dédicace de vous, me rassure en partie, mais pas complètement. J'ai tout de même l'impression que quelque chose ne va pas. Je vous en prie, écrivez-moi, ne serait-ce que quelques lignes.

Merci beaucoup pour ce petit volume de Hebel. J'avais justement failli acheter ses Œuvres complètes à Cologne où j'étais, il y a quelques jours. J'ai lu hier soir le beau récit que vous commentez et qui s'intitule « Unverhatftes Wiedersehen ». Est-ce que je me trompe en pensant qu'il y a une assez intime parenté entre Hebel et un certain Schubert, mais pas le Schubert funèbre et grandiose des dernières années.

Je vais rester tranquille pendant à peu près deux mois et voudrais bien pouvoir en profiter pour écrire quelque chose d'un peu neuf, car je suis fatigué et dégoûté d'avoir eu tellement à me répéter aux États-Unis et encore récemment en Allemagne.

J'ai fait une rencontre très émouvante à Bonn. Il s'agit de la fille d'une cousine d'Allemagne, que J'ai connue avant son mariage. Cette cousine était juive, mais elle s'est convertie. Elle a épousé le petit-fils de Théodore Storm[1], qui était médecin d'enfants dans la Ruhr. A cause des lois raciales, ils se sont séparés en 1936 et cette malheureuse femme s'est vu coupée de ses enfants, et obligée de vivre dans une autre ville. Elle devait mourir en déportation à Theresienstadt. C'est sa fille dont je viens de faire la connaissance. Je sais qu'elle est restée extrêmement attachée à sa mère et j'ai pu lui dire quel souvenir je gardais d'elle. Elle a épousé tardivement un journaliste de Bonn, elle a un enfant et en attend un autre. Elle avait un frère qui a été tué à la

[1] Storm 1817 - 1888. Contes, nouvelles poétiques. « Personne, hors Dickens n'a rendu comme Storm le côté fuligineux de la vie, le silence des âmes qui ne peuvent pas s'exprimer » (Ed. Jaloux).

guerre, et une sœur qui a été assassinée par son fiancé dans une crise de jalousie. Mais elle-même me semble avoir gardé, après toutes ces tragédies, une sorte de paix intérieure qui vient peut-être d'une foi profonde, je ne sais ; ce qui paraît certain, c'est que sa mère a été soutenue jusqu'à la fin par sa foi chrétienne.

Je ne sais trop pourquoi je vous raconte tout cela. Mais c'est vraiment un être pour qui il faut prier. Je suis décidé à rester en relation épistolaire avec elle. C'est comme si sa mère ou sa grand-mère, de l'au-delà, me le demandait.

Cher ami, j'espère que l'année 1964 ne se passera pas sans que nous nous voyions, mais je n'ai aucun projet précis, sauf peut-être un second voyage en Amérique. Je ne saurais dire à quel point j'ai été ému par la nature intacte l'on trouve dans les États du nord-ouest. Et c'est au fond pour avoir l'occasion d'y retourner que je vais demander à refaire des conférences au Canada. Donnez-moi des nouvelles de Michel et des siens. Je pense que Gabriel vous donne toujours beaucoup de joie.

Très affectueusement à vous.

Gabriel

281

27 octobre (1963)

Cher ami

Je m'inquiète d'être depuis si longtemps sans nouvelles de vous. Je reviens d'un voyage de quatre semaines aux États-Unis, fatigant, mais très intéressant et utile à tous points de vue. Que devenez-vous ? Écrivez-moi un mot pour me tranquilliser.

Votre ami fidèle et angoissé

G. Marcel

282

10 décembre 1963

Mon bien cher, bien cher ami

Vous avez malheureusement bien pressenti, j'ai souffert depuis une année et particulièrement depuis Pâques d'une manière indescriptible, j'ai souffert et souffre encore d'une insomnie terrible ; je me trouve comme inclus dans un mur, non, c'est moi-même qui suis le mur, je n'ai pu parler, je n'ai pu écrire, même les lettres les plus nécessaires, d'affaires. J'ai maigri de vingt kilos, maintenant cela va un peu mieux et j'ai aussi augmenté de poids. Priez pour moi, mon bien cher ami. - Pardonnez donc si je ne vous ai pas écrit depuis longtemps. J'ai pu vivre (*erleben*) les signes les plus extrêmes de l'amitié : un ami médecin est souvent parti de Lausanne (où il travaille à la clinique universitaire) à deux heures de nuit pour arriver à Neggio à neuf heures du matin, il est venu pour me donner des conseils, et il est parti le même jour à dix heures du soir pour arriver à Lausanne à cinq heures du matin et il me téléphone tous les jours pour savoir comment cela va et selon ma réponse il dirige ses conseils. Un autre ami médecin qui dirige une clinique près de Stuttgart est venu samedi pour me donner ses conseils et reparti dimanche matin, ce dernier dimanche. Je suis indépendant de toute chose extérieure, de la chaleur, du froid, du manger, mais je suis extrêmement dépendant du sommeil, Michel m'a dit une fois : « Ton sommeil est devenu pour toi une idole, et maintenant l'idole te dévore. » Priez pour moi, pour mon sommeil, j'en ai besoin comme de l'air pour respirer. - Ce que vous m'avez écrit de votre cousine allemande m'a profondément touché. Mais la conduite du mari de cette malheureuse, qui s'est séparé de sa femme, est détestable. Maintenant les Allemands ne débordent plus dans les atrocités, dans les guerres, mais dans l'alcool. Mon ami de Stuttgart, le directeur de la clinique, m'a dit qu'il avait des salles pleines de jeunes hommes de seize à vingt ans qui souffrent de delirium tremens.

Je vous embrasse et vous prie de m'écrire bientôt

Max Picard

283

Paris le 13 décembre 1963

Mon bien cher ami

Votre carte m'apporte les nouvelles que je demandais. Mais combien j'aurais souhaité qu'elles fussent différentes ! Je suis effrayé d'apprendre à quel point vous aviez maigri à la suite de cette terrible insomnie. Vous me dites que vous reprenez un peu de poids. Mais cette amélioration relative paraît encore bien précaire. Je prie très peu et très mal, mais soyez sûr que j'aurai une prière pour vous. Je mesure les effets dévastateurs du manque de sommeil. Il est beau que vous ayez des amis comme ce médecin de Lausanne qui semble vraiment avoir été parfait. Mais j'aimerais savoir quel est ce diagnostic. On est là à une frontière du physique et du psychique où tout devient terriblement obscur. J'ai très près de moi un cas de cette sorte et qui est des plus angoissants.

J'aimerais savoir qu'on fait tout pour vous rendre cette situation un peu moins pénible. Est-ce que Michel peut venir suffisamment ?

Cher ami, je mets mes mains bien affectueusement dans les vôtres et prie le Ciel que vous soyez libéré de cette si dure épreuve.

G. Marcel

284

Neggio le 8 février 1964

Mon bien cher ami

Je vais beaucoup mieux, j'ai presque regagné mon poids normal, le sommeil va mieux, également, mais, je vous en prie, *continuez à prier pour moi.* Pendant cette maladie, j'ai été entouré de multiples témoignages d'amitié et de fidélité, jusque depuis le Japon. Le plus émouvant, c'est peut-être l'architecte qui a construit cette maison ; pendant la période la plus mauvaise, il venait tous les matins à sept heures pour me raser, et c'est un homme débordé de travail, voilà quatre ans qu'il n'a pas pris de vacances. Votre fidélité à vous aussi, mon très cher ami, m'a, beaucoup touché : vous avez continué à m'écrire, alors que j'étais incapable de vous répondre. Il y a encore une chose bien pénible, c'est que mon amie Mlle König a du diabète maintenant, elle s'est tellement fait de souci pour moi et la voilà à bout.

Et vous, comment allez-vous ? Merci pour la lettre, arrivée aujourd'hui.

Je vous embrasse, cher ami,

Max Picard

285

26 mars 1964

Mon bien, bien cher ami

Je me porte beaucoup mieux et je vous suis plus que reconnaissant pour vos prières, continuez. Maintenant Mlle König est malade, elle s'est consumée pour moi. J'en suis fortement triste. - Je commence à lire le livre de Pierre Emmanuel : Le goût de l'Un. C'est un éminent, grand livre*. Écrivez-moi comment vous vous portez ? Et quand nous nous reverrons ?

Je vous embrasse

Max Picard

Le dernier Numéro, n° 376, des Cahiers du Sud , contient un article sur moi.

* Pierre Emmanuel est-il d'origine juive ? Je l'espère.

286

Paris le 13 avril 1964

Mon bien cher ami

Merci pour vos deux cartes, auxquelles je me reproche de n'avoir pas encore répondu. Je suis bien heureux de savoir que vous allez vraiment mieux. J'ai parlé de vous encore avant-hier avec une dame de la Télévision allemande, dont je ne me rappelle plus le nom, mis qui vous a vu plusieurs fois à Neggio. Je suis aussi très content de ce que vous me dites du petit Gabriel qui a l'air de vous donner vraiment beaucoup de satisfaction. J'aimerais le revoir.

J'ai passé quelques jours dans notre maison de Corrèze, mais le temps a été en partie très mauvais. Je recommence ces jours-ci mes voyages, des voyages assez courts, du reste ; le premier, en Rhénanie septentrionale. Je passerai une journée chez Jurgen Rausch dont j'ai fait la connaissance à Brême et qui est un esprit remarquable. Et à la fin du mois, je vais à Bayonne et à Madrid, où je ne suis pas retourné depuis plus de dix ans.

Je suis assez fatigué ces temps-ci et ai de la peine à travailler, j'aurais besoin d'une détente prolongée, mais où et quand ?

Est-ce que Gabriel lit bien le français ? Si oui, j'aimerais bien lui envoyer un fois un livre.

Très affectueusement à vous

G. Marcel

287

Neggio, 12 mai 1964

Mon bien cher ami

Je viens d'apprendre à l'instant que vous avez reçu le Prix des Libraires allemands. J'en suis extrêmement heureux. Par votre œuvre, vous comblez le gouffre qui s'est creusé en l'homme, vous lui apportez quelque chose de bienfaisant, vous ne minimisez pas le gouffre, vous allez aussi profond que lui et c'est là, dans le gouffre des hommes, que vous leur faites du bien : il fallait à votre action bienfaisante un tel gouffre, pour le combler.

Je vais vraiment très bien, mais néanmoins ne cessez pas de prier pour moi...

Je vous embrasse, etc.

Max Picard

288

14 ma i 1964

Mon bien cher ami

J'ai lu dans ce moment dans la « Frankfurter Allgemeine Zeitung » le récit que vous avez écrit sur vous-même. Je suis heureux que vous ayez pensé à moi et je vous remercie beaucoup pour ces paroles, qui m'ont touché au fond. Quand nous reverrons-nous ?

Je vous embrasse de tout mon cœur

Max Picard

289

Paris le 15 mai 1964

Mon bien cher ami

Je vous remercie beaucoup de votre lettre, que je n'ai malheureusement pas pu très bien lire ; mais ce que j'ai lu m'a beaucoup touché. Vous savez combien votre adhésion m'est précieuse. Je vous écris un mot en hâte à Neggio pour vous dire que je donnerai une conférence à Munich, le 26 mai, à l'Auditorium Maximum de l'Université, en allemand, sur *Science et sagesse.* Je serais très heureux si, par hasard, il vous était possible de l'entendre. Je repars le lendemain, dans l'après-midi, pour Augsbourg ; je n'aurai donc pas la possibilité d'aller vous voir à Starnberg, si vous y êtes déjà. J'espère que votre amie va beaucoup mieux et que vous pourrez faire auprès d'elle un séjour bienfaisant.

Veuillez croire, cher ami, à toute ma fidèle affection,

G. Marcel

290

Neggio le 19 mai 1964

Mon bien cher ami

Je regrette infiniment de ne pouvoir partir d'ici avant le 8 juin, J'aurais été heureux de pouvoir vous voir à Munich et assister à votre conférence « Science et sagesse ». Actuellement, la science est exclusivement ce qu'elle est , elle ne s' ouvre pas sur autre chose et faute de cette autre chose, elle ne peut accéder à le sagesse. Seule la science qui tire son origine de ce « *Mehr* »[1], selon mon expression s'étend plus loin qu'elle-même et accède à la sagesse, à ce moment-là, elle est la sagesse même.

Pensez à moi à Munich, ne m'oubliez pas. Oh ! Comme j'aimerais vous montrer ce qui est spécifiquement munichois, cela ne se trouve pas à la Pinacothèque, mais au marché, parmi les comestibles.

De tout cœur votre fidèle

Max Picard

---

1 « *Das Mehr* »: le « plus », ce qui surabonde dans les choses; une conception fondamentale chez M.P.

291

29 mai 1964

Mon bien cher ami

J'ai oublié de vous dire que j'ai écrit au Président de la Bayerische Akademie des Beaux-Arts à Munich (dont je suis membre) de vous élire membre correspondant. C'est la plus noble et la plus renommée de toutes les Académies d'Allemagne.

Je ne peux pas partir d'ici avant le 15 juin, probablement plus tard. Je vous embrasse en fidèle amitié

Max Picard

292

Starnberg le 20 août 1964

Mon bien cher ami

Merci pour votre lettre ; mais je me fais du souci pour vous, vous ne cessez de voyager, et les voyages ne font pas de bien à des gens de notre âge. C'est la raison pour laquelle je ne fais plus de conférences. Ces derniers temps, on m'en a demandé à plusieurs reprises, mais j'ai refusé, non pas seulement à cause de ma santé, mais parce qu'à présent, ce ne sont plus de vraies conférences que l'on fait, mais uniquement de la pitance qu'on apporte pour faire tourner la machine à conférences. J'aurais été disposé, éventuellement, à aller rencontrer des étudiants et à répondre à toutes les questions qu'ils voudraient me poser, mais je dépends encore de mon sommeil. En ce moment je ne peux pas prendre de risque. Ici, à Starnberg, je connais la maison de Mlle König depuis cinquante ans, mais je n'oserais pas me risquer à passer la nuit chez des amis à Zurich, et c'est aussi la raison pour laquelle je ne puis pas aller à Francfort quand vous y serez. Je le regrette énormément.

Ci-joint un poème en prose que j'ai écrit ces jours-ci, Mlle König a cent-cinquante ou deux cents poèmes de ce genre, mais je ne peux me résoudre à les faire publier malgré l'insistance de l'éditeur.

Restez en bonne santé, ménagez-vous. De tout cœur votre fidèle

Max Picard

293

Cabris, 3 septembre (1964)

Cher ami

Je vous remercie pour votre lettre, et pour le beau poème en prose, que je garderai précieusement. Il faudrait absolument faire éditer ces poèmes : je ne vois pas du tout la raison pour laquelle vous vous y opposez.

Mon séjour à Cabris s'achève ; dimanche je pars pour Rome, où je ferai une conférence à un petit congrès qui a lieu à l'Aquila. Ensuite je prendrai l'avion pour Francfort, où je suis attendu le 20.

Peut-être ne vous rendez-vous pas suffisamment compte que sans mes conférences, j'aurais du mal à équilibrer mon budget ; c'est pour moi un gagne-pain. Et la vie à Paris est devenue affreusement chère.

Quand retournez-vous à Neggio ? Je voudrais venir vous voir là-bas, en 1965. Mais sera-ce possible ? Je n'en suis pas sûr. En mars, je vais de nouveau aux États-Unis, et à l'automne, je ferai un voyage au Japon et au Canada.

Je vous embrasse, mon très cher ami.

G. Marcel

294

Cabris, 4 septembre (1964)

Cher ami

Ma lettre et votre carte se sont croisées ; du moins à présent ai-je votre adresse à Starnberg.

Je comprends parfaitement qu'il ne puisse être question pour vous de venir à Francfort[1]. Je n'avais jamais compté là-dessus, et dans cette foule de gens nous n'aurions pas pu nous voir vraiment.

Avec toute mon affection, mon cher ami, - et saluez de ma part Mlle König,

G. Marcel

295

Le 29 septembre 1964

Starnberg,

Mon bien cher ami

Je retourne demain à Neggio, Mlle König se porte beaucoup mieux. Je répète : je serais heureux si vous vouliez venir me trouver avant vos grands voyages. Mais je répète aussi : vous vous déplacez trop.

Je vous embrasse fidèlement

Max Picard

1 Conférence : « Le viol de l'intimité et le dépérissement des valeurs » cf. *Gabriel Marcel et les injustices de ce temps*, Aubier, 1983.

296

Neggio le 10 novembre 1964

Mon bien cher ami

Merci infiniment pour votre article sur Sartre*, avec lequel je suis bien d'accord, sans toutefois aller jusqu'à dire que la destruction provient entièrement de lui. Certes, il a de la force, mais pas jusque-là. L'origine de la destruction existe objectivement, en-dehors de l'homme, c'est ce qui fait sa force. Et lorsque la force de destruction se trouve en excès *à l'intérieur de l'homme*, elle déborde et devient quelque chose d'objectif, qui de soi-même vient se réinfiltrer dans l'homme avec d'autant plus de violence. Sartre était simplement l'homme le plus disposé à accueillir la destruction. Ce qu'il fait, quelqu'un d'autre aurait pu le faire, cependant Sartre était plus disponible que quiconque, en vertu de son immense machine cérébrale. Mais à tout prendre, il occupe la place, sans plus. Les responsabilités vraies incombent à tous les hommes.

Le Concile montre que Hochhuth n'avait pas tort, dans ses accusations contre Rome. Aucun doute n'est permis, le Vatican attache plus de prix à la diplomatie qu'à la vérité et au Christ. Une nouvelle preuve en est son attitude à l'égard de la Déclaration sur les Juifs. Il importe plus au Vatican d'avoir de bons rapports avec les états nassériens que de respecter la vérité sur les Juifs.

Mon cher ami, cela me donne tant de souci de savoir que vous ne cessez de voyager. C'est une telle tension ! Restez-nous en bonne santé sur la terre, la terre est heureuse de porter un homme tel que vous.

De tout cœur

Max Picard

---

* Cf. *Gabriel Marcel lecteur et juge de J.P.Sartre*, Vrin 1981.

297

24 novembre 1964

Mon bien cher ami

J'ai lu avec joie et avec fierté les articles sur vous à l'occasion du Prix de la Paix, et quant à ce que vous avez écrit vous-même, j'en ai été fort ému. Je suis tout à fait seul, je dois faire tout moi-même, le ménage, la cuisine, les courses ; la petite femme de ménage est malade et Mlle König est malade, elle aussi. Je suis triste de ce que Mlle König est malade, mais les tâches ménagère ne me dépriment en rien, et cela fait près de deux mois que je m'y emploie. Que pensez-vous du livre de Pierre Emmanuel, « Le goût de l'Un » ?

Je vous embrasse, etc

Max Picard

298

14 décembre 1964

Mon bien cher ami, vendredi dernier un acteur du théâtre de Fribourg (en Brisgau) est venu me trouver et je l'ai prié d'attirer l'attention de son directeur sur votre œuvre théâtrale, afin qu'on représente au moins une pièce. Et comme l'acteur m'est très attaché, il donnera suite à ma demande, sûrement. Je vous prie de vous soigner bien, pensez s.v.p. d'abord à votre santé. Je suis libéré si vous me dites que vous vous soignez. Bien amicalement

Max Picard

P.S. Je suis plein d'admiration pour M. de Gaulle. Son existence me touche. Il a quelque chose d'innocent et de pur.

299

Paris le 21 décembre 1964

Mon très cher ami

Merci pour votre très belle carte qui évoque pour moi cette chapelle que je connais bien et tout ce pays auquel j'ai donné un peu de mon cœur, et aussi pour le très court récit *Der Mörder* (l'assassin), dont je ne suis pas sûr d'avoir compris le sens. J'aimerais que vous m'éclairiez là-dessus.

Je ne retrouve malheureusement pas votre petit volume sur *l'Atomisation de l'Art*[1], auquel je veux me référer explicitement dans une conférence que je dois faire à Cologne au mois de février. Puis-je vous demander d'avoir la grande bonté de m'en renvoyer un exemplaire. J'aurais dû le ranger dans ma bibliothèque, à côté de vos autres livres, mais je constate que je ne l'ai pas fait.

Je reviens d'Angleterre où je n'ai passé que quelques jours et vais rester à peu près tranquille jusqu'à mon départ pour les États-Unis, au début de mars. Comme je vous l'ai déjà dit, c'est principalement pour des raisons matérielles que j'entreprends une telle tournée. La vie est hors de prix et je ne pourrais pas tenir autrement.

Croyez, mon cher ami, à ma fidèle et profonde affection et ne m'oubliez pas auprès de Michel et des siens.

G. Marcel

300

Paris le 18 janvier 1965

Mon bien cher ami

J'ai un double remerciement à vous adresser. D'abord pour l'envoi du petit volume sur *l'Atomisation dans l'Art* et aussi pour le chocolat que vous avez eu l'extrême gentillesse de me faire parvenir. Je suis aussi

---

[1] *L'atomisation dans l'art moderne*, Vitte, 1960.

bien en retard pour vous adresser mes vœux pour la nouvelle année. J'aimerais savoir que vous avez retrouvé le sommeil. L'esprit même le plus ferme ne peut résister à une insomnie prolongée. Quant à moi, je vais bien dans l'ensemble. Je vous enverrai prochainement un petit volume[1] qui contiendra mon discours de Francfort, mais aussi, et c'est cela qui est nouveau pour vous, une pièce inachevée que j'avais écrite en 1918 sur la guerre, et qui a été présentée en Allemagne ces temps-ci. D'après les témoignages qui me parviennent, elle a très profondément impressionné les nombreux étudiants qui sont venus la voir.

La ville de Salzbourg m'a demandé de faire le discours inaugural de l'été prochain. J'ai accepté et je prépare ce discours, où il sera surtout question de Mozart et de Hofmannsthal. Mais je constate avec étonnement que celui-ci s'est relativement peu exprimé au sujet de Mozart. Vous allez froncer les sourcils : au début de mars, je partirai pour une tournée d'un mois aux États-Unis. Comme je vous l'ai déjà expliqué, il me serait impossible d'équilibrer mon budget si je ne consentais à ce qui est évidemment pour moi une épreuve. En revanche, je compte reporter au printemps 1966 le second voyage que je dois faire au Japon. Veuillez croire, mon très cher ami, à ma fidèle et profonde affection

G. Marcel

301

Paris le 26 mars 1965

Mon cher ami

Je réponds en hâte à votre carte si amicale que j'ai reçue hier, je croyais vous avoir remercié pour le chocolat et m'excuse beaucoup si je ne l'ai pas fait. Mais ce devait être, me semble-t-il dans les premiers jours de l'année.

---

[1] *Paix sur la terre*, Aubier, 1965.

En tout cas, vous êtes vraiment trop gentil de penser ainsi à ma gourmandise. J'ai dit à Glock de vous envoyer le Tome II de mon théâtre, qui vient enfin de paraître, et auquel j'attache une importance toute particulière. Ces cinq pièces sont vraiment au centre de tout ce que j'ai écrit.

Je vais également vous faire envoyer le petit livre qui paraît ici, ces jours-ci, et qui contient, avec mon discours de Francfort, l'important fragment de pièce que j'ai écrit en 1918 et sur lequel j'attire votre attention.

Je pars dans huit jours pour les Etats-Unis où je resterai environ quatre semaines. J'espère que vous allez bien et que vous dormez.

Très affectueusement

G. Marcel

302

17 mars 1965

Mon bien cher ami, je vous remercie de m'avoir envoyé « *Paix sur la terre* ». Tous ceux qui ont entendu ces paroles ou lu ces lignes ne peuvent que se sentir directement interpellés. Il ne peut en être autrement. Le tragique est vraiment le fondement et le fil qui lie toute votre œuvre.

De tout cœur à vous

Max Picard

303

Tesserete, jeudi soir (été 1965)

Très cher ami

Un mot seulement pour vous dire que j'ai eu une peine profonde à vous voir ainsi[1]. Il m'a semblé qu'un prisonnier torturé appelait au secours sans être sûr que quelqu'un l'entende. Je prierai pour vous. Je vous embrasse.

G. Marcel

Je suis à Salzburg jusqu'au 29, chez M. et Mme Seifert, 19 Arenbergstr., puis chez Mme L. Picard, La Grivière, Cabris (Alpes-Maritimes).

304

Cabris (été 1965)

Très cher ami

Je suis consterné d'apprendre que vous avez fait cette chute et que vous vous êtes cassé le col du fémur. Heureusement l'opération a été réussie. Ce n'est qu'une question de patience. Je vous dis toute mon affection.

G. Marcel

---

1 En se rendant au Festival de Salzbourg, où il devait prononcer le discours d'ouverture, Gabriel Marcel s'était arrêté à Neggio pour rencontrer son ami. Mais il l'avait trouvé au fond de la dépression.

INDEX DES NOMS

(Les chiffres renvoient au n° des lettres)

647365 - Avril 2016
Achevé d'imprimer par